会计报表分析

林 丽 主 编
高 巍 高 原 副主编

清华大学出版社
北京

内 容 简 介

本书围绕企业财务状况质量分析理论构建战略视角下的会计报表分析框架，将会计报表分析内容与最新的会计准则概念体系和报表体系紧密结合，将会计改革中蕴含的最新会计理念融入会计报表分析的相关环节，精耕细作，介绍了资产负债表分析、利润表分析、现金流量表分析、所有者权益变动表分析、会计报表附注分析、合并会计报表分析等内容，并对企业的资产资本结构、偿债能力、盈利能力、营运能力和企业自身发展能力等财务指标进行阐述；同时在企业会计报表分析的基础上，阐述如何运用杜邦分析法、沃尔比重分析法等方法，对企业的综合财务状况、经营状况和面临的风险等进行分析评价。

本书可作为高等本科院校会计及金融类学生的专业教材，也可作为企业管理人员和研究人员的参考用书。

本书封面贴有清华大学出版社防伪标签，无标签者不得销售。
版权所有，侵权必究。举报: 010-62782989, beiqinquan@tup.tsinghua.edu.cn。

图书在版编目(CIP)数据

会计报表分析/林丽主编. —北京: 清华大学出版社，2023.4
ISBN 978-7-302-63075-3

Ⅰ.①会… Ⅱ.①林… Ⅲ.①会计报表—会计分析 Ⅳ.①F231.5

中国国家版本馆 CIP 数据核字(2023)第 045026 号

责任编辑: 孟 攀
封面设计: 杨玉兰
责任校对: 徐彩虹
责任印制: 杨 艳

出版发行: 清华大学出版社
    网　　址: http://www.tup.com.cn, http://www.wqbook.com
    地　　址: 北京清华大学学研大厦 A 座　　邮　编: 100084
    社 总 机: 010-83470000　　邮　购: 010-62786544
    投稿与读者服务: 010-62776969, c-service@tup.tsinghua.edu.cn
    质量反馈: 010-62772015, zhiliang@tup.tsinghua.edu.cn
    课件下载: http://www.tup.com.cn, 010-62791865
印 装 者: 北京嘉实印刷有限公司
经　　销: 全国新华书店
开　　本: 185mm×260mm　　印 张: 15.75　　字 数: 380 千字
版　　次: 2023 年 4 月第 1 版　　印 次: 2023 年 4 月第 1 次印刷
定　　价: 49.80 元

产品编号: 093458-01

前　言

会计报表是企业经营状况的真实写照，是企业对外输送会计信息的载体。一套规范的会计报表，不仅能客观地反映企业的财务状况、经营成果、现金流量及所有者权益的变动情况，而且能真实地说明企业会计工作的质量和企业经营管理的水平。随着经济的快速发展、"大智移云物区环"(指大数据、人工智能、移动互联网、云计算、物联网、区块链等构成的整体的生态环境)的变化、资本市场的日益繁荣以及"财务数据共享""互联网+智能会计""业财融合"等新业态的不断涌现，报表使用者对会计信息质量的要求越来越高。而要全面系统地了解企业的财务状况和经营成果等，就必须学会分析企业的会计报表。因此，企业会计报表的分析，一直是会计理论研究、课堂教学以及实务工作的重心。

本书结合新文科背景下知识性和价值性的双重属性，围绕新修订的会计准则，解决专业变化与多学科交叉带来的教学问题，融入典型的会计报表分析案例和实训，同时强化价值引领，把握"术"和"道"的结合，着力发挥课程的思政引导作用。本书以企业的会计报表为基础，以会计报表分析方法为重点，以提高读者的会计报表分析能力为导向，将会计改革中蕴含的最新会计理念融入会计报表分析的相关环节，精耕细作，全方位地展示会计报表的来龙去脉。本书内容主要有：解读资产负债表，学会看家底；揭秘利润表，透视企业运营玄机；探究现金流量表，警惕"海市蜃楼"；解析所有者权益变动表，了解股东权益变化；披露会计报表附注，揭示报表各项目明细、进行财务分析和综合分析，引导看清偿债能力、盈利能力、营运能力和发展能力。本书还介绍了会计报表的粉饰与识别，学会避开财务陷阱，抓住财务本质。本书旨在提高会计报表分析者将会计报表中的丰富资料转化成对经营决策与管理有指导意义的信息的能力，读懂和理解企业的财务信息。本书的主要特点在于以下几点。

(1) 前瞻性，既总结了我国财务分析的技巧和"数智"时代的变化，又以开放的心态大胆借鉴西方财务分析的理论与方法，以及最新研究成果。

(2) 务实性，结合我国会计实际工作和案例进行财务分析，着重探索财务分析的一般原理、程序、规则与技巧，为各种不同的会计报表分析主体指点迷津，独辟蹊径，并希望对实践具有指导作用。

(3) 启迪性，本书加入了典型的财务案例，有助于读者拓展思路。

(4) 可理解性，力求将复杂的问题阐述得通俗易懂、深入浅出，本书增加了一些图表，以使相关内容的介绍更为简明、形象，便于教学。

(5) 可操作性，在内容上方便授课教师灵活组合，易于让教师因材施教，并适合不同课时安排。

(6) 数字化,力求创新数字化资源,拓展知识空间。资源内容具体包括与课程教学相匹配的"课程方案/教学辅助视频""测试习题""案例代码包"等,以使读者获取更高阶的拓展提升和精准服务。

本书由哈尔滨金融学院林丽副教授担任主编,高巍和高原老师担任副主编。各章分工如下:第二章至第六章由林丽编写;第一章、第八章、第九章由高巍编写;第七章、第十章、第十一章由高原编写。全书由林丽总纂定稿。

本书既可作为高等院校会计、财务管理、审计以及相关专业的教材使用,也可以作为报考各类社会考试的参考教材,还可以作为会计人员、经济管理人员、银行信贷人员、证券工作人员等的自学和培训教材。

本书在编写过程中,尽管我们已经竭尽全力,但限于学识水平和实践经验,可能还会有不尽如人意的地方,恳请广大读者与同人批评指正。

编 者

目 录

第一章 会计报表分析概述 ... 1

第一节 会计报表分析基础 ... 3
- 一、财务报告的含义及作用 ... 3
- 二、财务报告的使用者及其需求 ... 5
- 三、财务报告列报的基本要求 ... 6
- 四、财务报告的法规环境 ... 8

第二节 会计报表分析的意义和作用 ... 10
- 一、会计报表分析的含义 ... 10
- 二、会计报表分析的意义 ... 11
- 三、会计报表分析的作用 ... 12

第三节 会计报表分析的基本方法 ... 12
- 一、比较分析法 ... 12
- 二、比率分析法 ... 13
- 三、趋势分析法 ... 15
- 四、因素分析法 ... 17

第四节 会计报表分析的局限性 ... 19
- 一、采用的方法对会计报表可比性的影响 ... 19
- 二、通货膨胀的影响 ... 19
- 三、信息的时效性问题 ... 20
- 四、报表数据信息量的限制 ... 20
- 五、报表数据的可靠性问题 ... 20

本章小结 ... 20
思考题 ... 21

第二章 资产负债表分析 ... 23

第一节 资产负债表概述 ... 24
- 一、资产负债表的性质和作用 ... 24
- 二、资产负债表的格式和结构 ... 26
- 三、资产负债表的编制方法 ... 29
- 四、资产负债表的局限性 ... 32

第二节 资产类项目分析 ... 33
- 一、资产类项目分析概述 ... 33
- 二、流动资产项目分析 ... 34
- 三、非流动资产项目分析 ... 39

第三节 负债类项目分析 ... 45
- 一、负债类项目分析概述 ... 45
- 二、流动负债项目分析 ... 45
- 三、非流动负债项目分析 ... 48

第四节 所有者权益类项目分析 ... 51
- 一、所有者权益类项目分析概述 ... 51
- 二、所有者权益项目分析 ... 51

第五节 资产负债表综合分析 ... 54
- 一、资产负债表水平分析 ... 54
- 二、资产负债表垂直分析 ... 58

本章小结 ... 63
思考题 ... 64

第三章 利润表分析 ... 65

第一节 利润表概述 ... 67
- 一、利润表的性质和作用 ... 67
- 二、利润表的格式和结构 ... 67
- 三、利润表的编制方法 ... 70
- 四、利润表的局限性 ... 72

第二节 利润表项目与综合分析 ... 72
- 一、利润表项目分析 ... 73
- 二、利润表综合分析 ... 81

本章小结 ... 87
思考题 ... 87

第四章 现金流量表分析 ... 89

第一节 现金流量表概述 ... 90
- 一、现金流量表的性质和作用 ... 90
- 二、现金流量表的格式和结构 ... 92
- 三、现金流量表的编制方法 ... 96
- 四、现金流量表的局限性 ... 100

第二节 经营活动产生现金流量项目分析 ... 101
- 一、经营活动现金流量项目分析 ... 101
- 二、经营活动现金流量的真实性分析 ... 101
- 三、经营活动现金流量质量分析 ... 102

第三节 投资活动产生现金流量项目
　　　　分析 103
　　一、投资活动现金流量项目分析 103
　　二、投资活动现金流量质量分析 104
第四节 筹资活动产生现金流量项目
　　　　分析 104
　　一、筹资活动现金流量项目分析 104
　　二、筹资活动现金流量质量分析 105
第五节 现金流量表综合分析 105
　　一、现金流量表水平分析 105
　　二、现金流量表结构分析 108
　　三、现金流量表财务比率分析 114
本章小结 116
思考题 116

第五章　所有者权益变动表分析 117

第一节 所有者权益变动表概述 118
　　一、所有者权益变动表的性质和
　　　　作用 118
　　二、所有者权益变动表的格式和
　　　　结构 119
　　三、所有者权益变动表的编制
　　　　方法 122
第二节 所有者权益变动表详细分析 123
　　一、所有者权益变动表规模分析 123
　　二、所有者权益变动表结构分析 124
　　三、所有者权益变动表主要项目
　　　　分析 125
本章小结 127
思考题 128

第六章　会计报表附注分析 129

第一节 会计报表附注概述 130
　　一、会计报表附注的性质和作用 130
　　二、会计报表附注的内容 132
　　三、会计报表附注的形式 135
第二节 会计报表附注详细分析 135
　　一、会计报表附注重点项目分析 135
　　二、会计报表附注分析中的钩稽
　　　　关系 144
本章小结 144

思考题 145

第七章　合并会计报表分析 147

第一节 合并会计报表概述 149
　　一、合并会计报表的概念及合并
　　　　范围 149
　　二、合并会计报表的编制原则 150
　　三、合并会计报表编制的前期准备
　　　　工作 151
　　四、合并会计报表的编制程序 151
　　五、合并会计报表的局限性 152
　　六、合并会计报表分析的程序 153
第二节 合并资产负债表分析 154
　　一、合并资产负债表的概念 154
　　二、合并资产负债表的格式 154
　　三、合并资产负债表项目的分析 156
　　四、合并资产负债表的比较分析 161
第三节 合并利润表分析 162
　　一、合并利润表的概念 162
　　二、合并利润表的格式 162
　　三、合并利润表项目的分析 165
　　四、合并利润表的比较分析 166
第四节 合并现金流量表分析 166
　　一、合并现金流量表的概念 166
　　二、合并现金流量表的格式 166
　　三、合并现金流量表项目的分析 168
第五节 合并所有者权益变动表分析 170
　　一、合并所有者权益变动表的
　　　　概念 170
　　二、合并所有者权益变动表的
　　　　格式 170
　　三、合并所有者权益变动表项目的
　　　　分析 173
第六节 合并会计报表附注分析 173
　　一、合并会计报表附注的概述 173
　　二、合并会计报表附注的披露
　　　　要求 173
　　三、合并会计报表附注披露的
　　　　内容 174
本章小结 174

思考题 174

第八章 财务能力分析 175

第一节 偿债能力分析 177
一、短期偿债能力分析 177
二、长期偿债能力分析 181

第二节 盈利能力分析 187
一、与资产有关的盈利能力分析指标 187
二、与销售有关的盈利能力分析指标 188
三、与股东有关的盈利能力分析指标 189

第三节 营运能力分析 192
一、流动资产营运能力分析 192
二、固定资产营运能力分析 194
三、总资产营运能力分析 195

第四节 发展能力分析 196
一、总资产增长率 196
二、营业收入增长率 196
三、营业利润增长率 197
四、资本保值增值率 197

本章小结 198
思考题 198

第九章 财务报告综合分析 199

第一节 财务综合分析方法 201
一、财务综合分析的内涵 201
二、财务综合分析的目的 202
三、财务综合分析的特点 202
四、财务综合分析的评价方法 203

第二节 杜邦财务分析体系 203
一、杜邦财务分析体系的含义和特点 203
二、杜邦财务分析体系的基本步骤 204
三、杜邦财务分析体系的基本框架 205
四、杜邦财务分析体系的作用 207
五、杜邦财务分析体系的局限性 207

第三节 沃尔比重分析法 208
一、沃尔比重分析法的原理 208
二、沃尔比重分析法的基本程序 209
三、沃尔比重分析法应用举例 211
四、沃尔比重分析法的局限性 212

本章小结 212
思考题 212

第十章 会计报表分析报告 213

第一节 会计报表分析报告概述 214
一、会计报表分析报告的概念 214
二、会计报表分析报告的作用 215
三、会计报表分析报告的类型 216

第二节 会计报表分析报告写作 217
一、会计报表分析报告写作的基本步骤 217
二、会计报表分析报告的格式与内容 225
三、会计报表分析报告写作的要求 226

本章小结 227
思考题 227

第十一章 会计报表粉饰与识别 229

第一节 粉饰会计报表的主要动机 230
一、为优化企业经营业绩考核 231
二、为获取信贷资金和商业信用 231
三、为发行股票 231
四、为偷逃税款 232
五、为隐瞒违法行为 232

第二节 粉饰会计报表的常见手段 233
一、利用资产重组调节利润 233
二、利用关联方交易调节利润 233
三、利用虚拟资产调节利润 234
四、利用利息资本化调节利润 234
五、利用会计政策的选择调节利润 234
六、利用政府补贴调节利润 235
七、利用往来账户调节利润 235

第三节 会计报表粉饰的识别方法 235
一、不良资产剔除法 235
二、关联交易剔除法 236

三、异常利润剔除法 236
　　四、现金流量分析法 236
第四节　审计报告的阅读及分析 237
　　一、审计报告的基本类型 237
　　二、审计报告的内容 238
　　三、审计报告的分析 241
　本章小结 241
　思考题 241

参考文献 242

第一章

会计报表分析概述

【学习目标】

通过本章学习,使学生了解财务报告体系的构成,明确不同报表使用者对会计报表的需求,理解企业基本会计报表之间的关系,明确会计报表分析的作用和意义,重点掌握会计报表分析的基本方法及其运用。

【知识结构图】

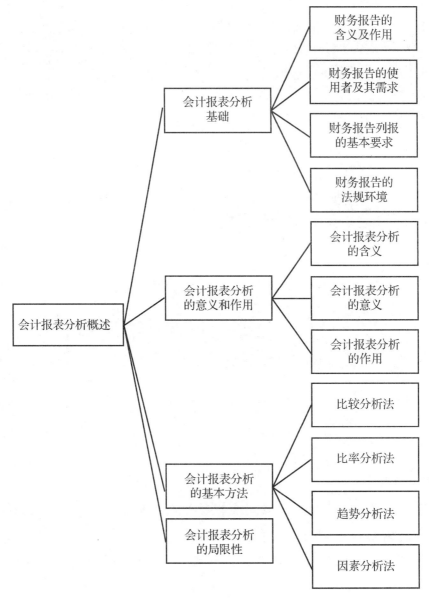

【引例】

小李是一个初涉股票市场的投资者，他熟悉各种投资分析工具，但不太了解公司的财务信息系统。小李看中了一家药品类公司的未来发展，准备将其纳入投资组合中。他需要知道该公司及其所处行业的整体盈利水平和发展潜力，因此他查看了公司公开披露的年度报表。在公司资产负债表上，他发现该公司的资产过亿，但其中应收账款金额很大，无形资产所占比重也很高，公司负债水平很高；在公司年度利润表上，公司主营业务利润很高但净利润为负；公司年度现金流量表中现金及现金等价物净增加额为负。他难以理解这一状况，无法作出是否购买该股票的决策。

其实，公司所有的购销以及投融资活动都会通过公司的会计报表以及附注的形式表现出来，不懂得会计报表分析，就不能理解公司的会计报表信息，因而也就无法作出决策。那么，如何才能看懂公司的会计报表，会计报表分析能给决策提供哪些帮助呢？会计报表分析的方法又包括哪些呢？本章我们一起来学习一下。

第一节 会计报表分析基础

一、财务报告的含义及作用

(一)财务报告的含义

财务报告也称财务会计报告，是指企业对外提供的反映企业报表日的财务状况和报表期间经营成果及现金流量等会计信息的书面文件。一般国际准则或区域会计准则都对财务报告有专门的独立准则。"财务报告"从国际范围来看是较通用的术语，但是在我国现行有关法律行政法规中使用的是"财务会计报告"术语。为了保持法规体系的一致性，基本准则仍然沿用"财务会计报告"术语，但同时又引入了"财务报告"术语，并指出"财务会计报告"又称"财务报告"，从而较好地解决了立足国情与国际趋同的问题。

一般来说，财务报告包括会计报表及其附注，以及其他财务报告。其中，会计报表是财务会计报告的核心内容，是会计信息使用者了解企业的主要途径，它涵盖企业对外提供的主要财务信息。

一套完整的会计报表至少应当包括资产负债表、利润表、现金流量表、所有者权益(或股东权益，下同)变动表以及会计报表附注。企业按要求对外提供的财务会计报告的内容、会计报表的种类和格式及报表附注的主要内容等，由企业会计准则规定；企业供内部经营管理需要编制的会计报表的内容、格式由企业自行规定。

资产负债表、利润表和现金流量表是企业最重要的三类报表，它们分别从不同角度反映企业的财务状况、经营成果和现金流量。资产负债表是反映企业在某一特定日期拥有或控制的资产、已负担的债务以及所有者(股东)拥有的净资产情况；利润表是反映企业在一定会计期间的经营成果，即盈利或亏损的情况；现金流量表是反映企业在一定会计期间现金(包含现金和现金等价物)流入和现金流出的情况。

所有者权益变动表反映构成所有者权益的各组成部分当期的增减变动情况。企业的净利润及其分配情况是所有者权益变动的组成部分，相关信息已经在所有者权益变动表及其附注中反映，企业不需要再单独编制利润分配表。

会计报表附注是财务报表不可或缺的组成部分，是对在资产负债表、利润表、现金流量表和所有者权益变动表等报表中列示项目的文字描述或明细资料，以及对未能在这些报表中列示项目的说明等。

其他财务报告作为会计报表的辅助报告，提供的会计信息十分广泛。其涵盖内容既包括货币性和定量信息，又包括非货币性和定性信息；既包括历史性确定性信息，又包括预测性不确定性信息。根据现行国际惯例，其他财务报告的主要内容有企业管理当局的分析与讨论预测报告、物价变动影响报告和社会责任报告等。

企业对外提供的财务报告的内容、会计报表的种类和格式、会计报表附注的主要内容等,《企业会计准则》中都有明确规定;企业内部经营管理需要的会计报表和其他财务报告,编制基础与方式不受会计准则的约束,可以由企业自行确定,以灵活多样的形式提供各种相关的会计信息,包括定性信息和非会计信息。

(二)财务报告的作用

在财务报告体系中,不同财务报告因其不同的目的,披露的内容侧重点不同,所能发挥的作用也各不相同。一般来说,财务报告的作用体现在以下几个方面。

1. 为投资者和债权人作出正确决策提供依据

企业的资金来源有两种:一种是由投资者投入的、无须偿还的永久性资本;另一种是债权人提供的、需到期还本付息的信贷资金。因此也就形成了他们对一个企业所拥有资产的两种要求权或主张权,这就是会计上所说的所有者权益和债权人权益。所有者(即投资者)和债权人所面临的决策即为投资决策和信贷决策,这两种决策均以企业的财务报告为分析依据。企业的投资者在决定出资前,需要考虑很多问题,如向哪一家企业投入永久性资本或购买哪一家公司的股票,控股比例为多少合适,收购股权或购买股票的价格为多少才比较合理等。债权人在决策时也需要分析很多问题,如决定是否向信贷资金申请人发放贷款,是否购买其发行的债券,提供贷款时是否需要债务人以资产作抵押担保等。企业财务报告应该披露有关企业资金的来源和对企业所拥有资产要求权的状况,以及与此有关的变动信息。

2. 为企业管理当局明确管理责任提供依据

财务报告所反映的信息是对企业经营活动业绩的概括。企业的经营者通过将本期的报表资料与本期计划进行对比,了解本期计划的完成情况,为进一步评价和制订下一期的经营计划提供依据;通过将本期报表资料与历史资料对比,了解企业的发展方向和成长速度;通过分析财务报告,明确企业当前的财务状况和本期的经营成果,为未来改善企业财务状况和进一步提高经营业绩提供帮助。从长远来看,企业管理者不仅要重视当前的财务状况,具备一定的偿债能力,也要关注企业未来的盈利能力和发展能力,保持企业良好的发展势头,增强会计报表使用者对企业的信心。因此,企业管理者需要保证企业资产结构的合理化,如货币资金、应收账款、存货、固定资产等项目的比例合理,所有者权益、短期负债和长期负债的资本结构合理等。同样,企业管理者还需权衡企业的短期偿债能力与盈利能力之间的关系。企业的短期偿债能力,表现为资产的短期变现能力,即资产的流动性。从某种意义上来说,变现能力与盈利能力是相互矛盾、此消彼长的关系,变现能力最强的资产也是盈利能力最差的资产。企业管理者的主要责任就是增强企业盈利能力的同时,又不能让企业因短期偿债能力不足面临短期内无钱还债,陷入财务困境的风险。

3. 为政府宏观管理部门制定合理的宏观经济调控政策提供依据

在我国,国家的政府宏观管理部门包括国有资产管理部门、财政部门、税务部门和企业的主管部门。

国有资产管理部门通过对企业财务报告进行考核,检查国有企业是否执行国家所制定的各项国有资产管理制度,严格控制费用开支,履行其保证国有资产的保值增值的义务。

财政部门在制定年度财政政策时，通过分析企业财务报告，全面了解企业整体经济发展情况，掌握固定资产投资方向、投资规模、经济发展速度及其变化情况，并制定适当的经济政策，使国民经济走上健康运行的轨道。

税务部门通过分析财务报告，检查其是否按照税法规定及时、足额地缴纳各项税款。

企业的主管部门通过分析财务报告，了解企业计划的执行情况，并通过由下向上、逐级汇总，为国家对市场经济进行宏观调控提供有效信息。

二、财务报告的使用者及其需求

财务报告的使用者一般包括：投资者(包括企业投资者和个人投资者)、债权人、商品或劳务供应商、企业管理团队、顾客、企业职工、政府管理部门(如税务局、工商局和证监会)、社会公众和竞争对手等。这些利益关系人构成了企业的所谓利害关系集团，由于利益关系人与企业的经济关系不同，因此他们对企业财务信息的需求也不同。

(一)投资者

投资者既包括现有的投资者也包括潜在投资者，他们主要考虑是否向某一企业投入永久性资本或者是否保留其在该企业的投资，为了作出相关的决策，投资者需要了解企业的经营管理现状、发展前景和风险应变能力等，需要估计企业的未来收益能力与风险水平。而投资者只有通过对企业财务报告提供的信息，进行分析、评价，才能明确企业的偿债能力、盈利能力和应对风险的能力，并以此作为决策的依据。

对于上市公司而言，股东们还会关心其持有的公司股票的市场价值。另外，公司现金(货币资金)流入和流出方面的信息也会引起他们的关注，因为良好的现金流动状况既能使公司有效地维持其日常经营活动，还能使股东们在公司年末分红时较大可能地获取现金股利。

(二)债权人

债权人分为短期债权人和长期债权人。其中，短期债权人提供的贷款期限在12个月以内(或一个营业周期以内)，他们对企业资产流动性的关注远远超过其对企业获利能力的关注；长期债权人则更关心其本金和利息是否能按期得以清偿。对企业而言，只有具备一定的长期获利能力和良好的现金流动性，才能保证其按期清偿到期的长期贷款及利息。

(三)商品或劳务供应商

商品或劳务供应商通过向企业赊销商品或劳务，成为企业的债权人，因而他们与企业的债权人关注的重点类似。大多数商品或劳务供应商更关注企业的短期偿债能力，他们需要通过对财务报告信息进行分析，来确定企业资金充足的程度和流动性的强弱，明确企业的信用额度，进而判断企业能否支付所需商品或劳务的价款，以作出是否对该企业赊销商品或劳务的决策。另外，有些供应商可能与企业存在着长期稳固的经济往来，他们更关心企业的长期偿债能力。

(四)企业管理团队

企业的管理团队是受企业投资者的委托，对企业投资者投入企业的资本负有保值和增值责任的团体。他们负责企业的日常经营活动，确保定期支付给股东与经营风险相应的收益，保证到期的银行债务和供应商的货款能够及时偿还，并能合理有效地利用企业的各种经济资源。因此，企业的管理团队需要关注企业财务信息反映出来的各方面内容，并对企业的财务状况进行分析，为其对企业的经营、投资和筹资活动作出及时正确的决策提供依据。

(五)顾客

企业将商品或劳务销售给顾客，那么，企业很有可能成为某个顾客的重要的商品或劳务供应商。在这种情况下，顾客更关心的是销售企业能否连续提供商品或劳务。因此，顾客需要根据财务报告提供的信息，进行财务分析，以此判断企业的长期发展能力、长期获利能力，并据此作出是否与企业长期合作的决策。

(六)企业职工

企业职工通常与企业存在着长久、持续的关系。他们关心工作岗位的稳定性、工作环境的安全性以及获取报酬的前景。因而，他们对企业的获利能力和偿债能力比较感兴趣。企业职工需要通过对企业的财务信息以及他们掌握的其他内部信息进行分析，来判断企业目前和将来潜在的获利能力和偿债能力。

(七)政府管理部门

政府管理部门一般包括财政、税务、国有资产管理局和企业主管部门等。一般来讲，政府部门作为企业的宏观调控者和协调人，通过对财务报告信息进行综合分析，了解企业发展状况；税务部门通过对财务报告信息进行分析，确定企业生产经营成果和税源，了解企业纳税状况；国有资产管理部门则通过对财务报告信息进行分析，侧重掌握、监控企业国有资产保值增值情况等。

(八)社会公众

社会公众只关心特定的企业，而对其感兴趣的企业所给予的关注也是多方面的。一般而言，他们除了关心这些企业的就业政策、环境政策、产品政策等信息，还可以通过分析财务报告信息了解这些企业获利能力和长期发展能力，进而获得明确的印象。

(九)竞争对手

竞争对手希望获取全部关于企业财务状况的会计信息及其他信息，据此判断企业间的相对效率，知己知彼，进一步调整和完善自己的经营战略决策。与此同时，还可能为未来出现的企业兼并活动提供信息。基于上述原因，竞争对手对企业财务状况的各个方面，如毛利率、销售信用政策、销售指标增长的速度等都很关注。

三、财务报告列报的基本要求

财务报告的列报主要是指财务会计报表的列报。列报是指企业发生的各种交易和事项在会计报表和报表附注中的列示及披露。列示通常是指会计信息在资产负债表、利润表、现金流量表和所有者权益变动表等报表中反映的内容，"披露"通常是指在会计报表附注中反映的会计信息。

按照《企业会计准则第 30 号——财务报表列报》的规定，企业编制财务会计报表应当符合下列几点基本要求。

(一)以持续经营为基础列报

企业应当按照《企业会计准则——基本准则》(以下简称《企业会计准则》)和其他各项会计准则的规定，以持续经营为基础，将实际发生的交易和事项进行确认和计量，并在此基础上编制财务报表。企业不应当将会计报表附注披露代替会计确认和计量，充分披露相关会计政策也不能纠正不恰当的确认和计量。如果按照各项会计准则规定披露的信息不足以让会计报表使用者了解特定交易或事项对企业财务状况和经营成果的影响时，企业还应当披露其他的必要信息。

在编制财务报表的过程中，企业管理层应当利用所有可获得的信息来评价企业自报告期末起至少 12 个月的持续经营能力。评价时需要考虑宏观政策风险、市场经营风险、企业目前或长期的盈利能力、偿债能力、财务弹性以及企业管理层改变经营政策的意向等因素。

评价结果表明对持续经营能力产生重大怀疑的，企业应当在附注中披露导致对持续经营能力产生重大怀疑的因素以及企业拟采取的改善措施。

企业如果有近期获利经营的情况且有明确财务资源支持的现象，那么通常表明企业以持续经营为基础编制财务报表是合理的。

企业正式决定或被迫在当期或在下一个会计期间进行清算或停止营业的，则表明以持续经营为基础编制财务报表不再合理。在这种情况下，企业应当采用其他基础编制财务报表，并在附注中声明财务报表未以持续经营为基础编制的事实、披露未以持续经营为基础编制的原因和财务报表实际采用的编制基础。

(二)权责发生制

除了现金流量表，企业应当按照权责发生制原则编制财务报表。(现金流量表按照收付实现制原则编制)

(三)列报的一致性

财务报表列报的项目应在各个会计期间保持一致，一经确定不得随意变更，以保证各个会计期间会计信息的可比性。但下列两种情况除外。

(1) 会计准则要求改变财务报表列报的项目。

(2) 企业经营业务的性质发生重大变化或对企业经营影响较大的交易或事项发生后，变更财务报表项目的列报能够提供更可靠、更相关的会计信息。

(四)按重要性原则进行项目列报

财务报表是通过对大量交易或事项进行处理而生成的，这些交易或事项按照性质或功能汇总归类形成财务报表中的项目。这些项目在财务报表中是单独列报还是合并列报，应当根据重要性原则来进行判断。

在编制财务报表时，性质或功能不同的项目，应当在财务报表中单独列报，但不具有重要性的项目除外。性质或功能类似的项目，其所属类别具有重要性的，应当按其类别在财务报表中单独列报。

某些项目的重要性程度不足以在资产负债表、利润表、现金流量表或所有者权益变动表中单独列示，但对附注却具有重要性，则应当在附注中单独披露。

(五)项目金额不得相互抵销

财务报表中资产项目和负债项目的金额、收入项目和费用项目的金额不得相互抵销，也就是说，报表中不得以资产、负债、收入以及费用的净额列报。但是下列情况不属于抵销，可以以净额列示。

(1) 资产项目按扣除资产减值准备后的净额列示，不属于抵销。
(2) 企业非日常活动产生的损益，不属于抵销，可以用收入扣减费用后的净额列示。

(六)比较信息的列报

针对当期财务报表的列报，企业至少应当提供所列报项目上一会计期间的可比数据，以及与分析当期财务报表相关的文字说明。提供比较信息的目的是向财务报表使用者提供可比数据，提高财务报表使用者的分析判断及决策能力。列报比较信息这一要求适用于财务报表的所有组成部分，既适用于报表，也适用于会计报表附注。

(七)表首的列报要求

企业应当按照《企业会计准则》编制的财务报表与企业其他信息一起公布，并且将财务会计报告同一起公布的其他信息相区分。

财务报表一般分为表首和正表两部分，其中，在表首部分企业应当概括说明下列几点基本信息。

(1) 财务报表编制单位的名称。
(2) 资产负债表日或财务报表涵盖的会计期间。
(3) 货币名称及计量单位，按照我国《企业会计准则》规定，企业应当以人民币做记账本位币，应标明人民币元、人民币万元等。
(4) 财务报表是合并财务报表的，应当予以标明。

(八)报告期间的列报要求

企业至少应当按年度编制财务报表。根据《中华人民共和国会计法》(以下简称《会计法》)的规定，会计年度以日历年度为标准，自公历1月1日起至12月31日止。年度财务报表涵盖的期间短于一年的，应当披露年度财务报表的涵盖期间、短于一年的原因以及报表数据不具可比性的事实。

四、财务报告的法规环境

企业会计报表的编制，如果没有一定的法规制约，将会对报表信息质量产生严重的影响。世界各国(地区)大都对企业会计报表的编制与报告内容制定了一些法规，使报表信息的提供者在编制报表时操纵报表信息的可能性受到了限制。

在我国，制约企业编制会计报表的法规体系包括会计制度体系以及约束上市公司信息披露的法规体系。从目前的情况来看，制约我国企业编制会计报表法规体系中的会计制度体系主要由《会计法》《企业会计准则》《企业会计制度》构成。简要介绍如下。

(一)《会计法》

《会计法》是调整我国经济活动中会计关系的法律总规范，是会计法律规范体系的最高层次，是制定其他会计法规的基本依据，也是指导会计工作的最高准则。《会计法》由全国人大常委会制定发布。

(二)《企业会计准则》

《企业会计准则》是有关财务会计核算的规范，是企业的会计部门从事诸如价值确认、计量、记录和报告等会计活动所应遵循的标准。

我国会计准则体系由基本会计准则、具体会计准则、会计准则应用指南和解释等组成。

1. 基本会计准则

根据《国务院关于〈企业财务通则〉、〈企业会计准则〉的批复》(国函〔1992〕178号)的规定，财政部对《企业会计准则》(财政部令第 5 号)进行了修订，修订后的《企业会计准则》自 2007 年 1 月 1 日起施行。该基本会计准则对会计核算的一般要求以及会计核算的主要方面作出了原则性的规定。同时，基本会计准则也为具体会计准则以及会计制度的制定提供了基本框架。

2014 年 7 月 29 日，财政部作出对《企业会计准则》的修改决定，对《企业会计准则》第四十二条第五项进行了修改，《企业会计准则》根据决定作相应修改，重新公布并自发布之日起施行。财政部先后发布了多项准则的增补或修订版，2017 年印发《企业会计准则第 42 号——持有待售的非流动资产、处置组和终止经营》，现行企业会计准则体系包括 1 项基本会计准则和 42 项具体会计准则。

2. 具体会计准则

具体会计准则是根据基本会计准则的要求而制定的。具体会计准则就经济业务的会计处理以及报表披露等方面作出具体规定。截至 2017 年，我国已经发布了 42 项具体会计准则。

3. 会计准则应用指南和解释

2006 年 10 月 30 日，财政部发布了《企业会计准则——应用指南》。该应用指南是对具体准则的重点和难点问题作出的操作性规定，对于全面贯彻执行新准则具有重要的指导作用，对于为投资者提供更加有价值的信息具有全面的保障作用，对于建设与国际趋同的新准则具有划时代的重要意义。指南和解释是随着企业会计准则的贯彻实施，针对实务中遇到的实施问题而对准则作出的具体解释。

为了规范小企业会计确认、计量和报告行为，促进小企业可持续发展，发挥小企业在国民经济和社会发展中的重要作用，财政部制定了《小企业会计准则》，自 2013 年 1 月 1 日起在小企业范围内施行。2004 年 4 月 27 日发布的《小企业会计制度》同时废止。

(三)《企业会计制度》

为了解决企业会计核算与财务信息披露的具体操作问题,财政部曾经根据企业会计准则的要求,结合各行业生产经营的不同特点与信息披露的具体要求,将国民经济划分为若干个行业,分行业制定了 13 个行业会计制度。此外,由于股份有限公司的特殊性,财政部又专门制定了《股份有限公司会计制度——会计科目和会计报表》(简称《股份有限公司会计制度》)。从 2001 年 1 月 1 日起,行业会计制度和《股份有限公司会计制度》废止,取而代之的是全国统一的《企业会计制度》。

为规范上市公司年度报告的编制及信息披露行为,保护投资者合法权益,根据《公司法》《证券法》等法律、法规及中国证券监督管理委员会的有关规定,制定了《公开发行证券的公司信息披露内容与格式准则第 2 号——年度报告的内容与格式》(2012 年修订),自 2013 年 1 月 1 日起施行。

第二节 会计报表分析的意义和作用

一、会计报表分析的含义

会计报表分析是企业财务分析的重要方面,主要是通过收集、整理企业财务会计报告中的有关数据,并结合其他有关的会计信息,对企业的财务状况、经营成果及现金流量变动情况进行综合比较分析,并通过相关财务指标来评价企业的偿债能力、营运能力、盈利能力和发展能力,为企业投资者、债权人和其他利益关系人作出决策提供重要依据。

通过会计报表分析的定义,可以揭示会计报表分析的以下三个特征。

1. 会计报表分析是以会计报表披露信息为基础,进一步提供和利用财务信息

会计报表分析是以会计报表为主要研究对象进行的,它是在会计报表披露信息的基础上开展的,它能进一步提供和利用财务信息,是企业以后各期会计报表编制工作延续和发展的重要依据。

2. 会计报表分析是一个对企业判断、评价和预测的过程

在会计报表分析过程中,通过对企业财务信息进行比较分析,观察其开展经营活动的数量及其差异、结构比重、比率等方面的变化,找出发生变化的主要原因,从而对企业的经营活动作出合理的判断。在准确分析和判断的基础上,再作出进一步的评价和预测。因此,会计报表分析就是通过财务数据的比较分析,对企业的经营活动进行判断、评价和预测的过程。

3. 会计报表分析的重要手段是科学的评价标准和恰当的分析方法

会计报表分析的主要目的是找出影响企业经营活动及其绩效的多方面因素,实现全面、客观、公正地作出判断、评价和预测的目的,这就要求我们必须采用科学的评价标准和恰当实用的分析方法,并且把某一方面的分析和整体分析相结合。由此可见,科学的评价标准和恰当的分析方法在会计报表分析中有着重要作用，它既是分析的重要手段，也是作出判断、评价和预测的基础。

二、会计报表分析的意义

不同的会计报表信息使用者由于关注的内容不一样，因而会计报表分析的意义也有所不同，主要体现在以下几个方面。

(一)为投资者合理决策提供依据

投资者最关心的是企业投资回报率水平和风险程度，他们希望了解企业的短期盈利能力和长期发展潜力。会计报表分析中有大量揭示企业财务目标是否实现的信息，为投资者作出投资决策提供了重要依据。

(二)为债权人信贷决策提供依据

债权人更多地关心企业的偿债能力，关心企业的资本结构及长期、短期负债比例。一般来说，短期债权人更多地考虑企业的经营方针、发展方向、项目性质及潜在财务风险等。会计报表分析的全面性从不同角度，对不同债权人对信息的要求均给予了较大帮助。

(三)为经营者进行经营管理提供依据

会计报表分析是对企业一定时期财务活动的总结，在企业经营管理中具有重要意义。首先，通过对企业会计报表和其他相关资料的分析，可以全面了解企业的生产经营状况、财务状况及经营成果，有助于企业经营者及各部门、各层次的管理人员结合具体情况解决经营管理中的很多重大问题，诸如经济前景预测未来计划的编制，筹资、投资、供产销等决策，实施财务控制，经营业绩的评价与考核等；其次，企业财务管理的目的是实现企业价值最大化。在市场经济条件下，每个企业都面临着激烈的市场竞争，为了实现价值最大化，企业必须通过会计报表分析，对企业财务状况和经营成果进行评价，研究财务管理中存在的薄弱环节，分析其产生的原因，不断改善企业财务状况、挖掘经营成果的潜力，以采取有效措施促使企业市场经营活动按照财务管理的目标良性运行。

(四)为政府等部门加强管理、有效监督提供依据

企业的经营管理活动受工商、税务、财政、审计等政府部门的监管，它们主要通过定期了解企业的财务信息，来判断企业是否依法经营、依法纳税。同时，在市场经济环境下，国家为了维护市场竞争的正常秩序，也必然会利用会计报表分析资料来监督和检查企业在整个经营过程中是否遵守国家制定的各项经济政策、法规和有关制度等。

(五)为社会中介机构提高服务质量提供保证

与企业相关的重要中介机构主要有会计师事务所、律师事务所、资产评估事务所以及各类投资咨询公司、税务咨询公司、资信评估公司等，这些中介机构站在第三方的立场上，对企业发行股票和债券、股份制改组、企业联营及兼并、清算等各项经济业务，提供独立、客观、公正的服务。因此，根据财务会计报告分析的结论全面了解和掌握企业的财务状况，

有助于提高其服务质量。

三、会计报表分析的作用

会计报表分析工作，可以正确评价企业的财务状况、经营成果和现金流量情况，揭示企业未来的报酬和风险，可以检查企业预算完成情况，考核经营管理人员的业绩，为建立健全合理的激励机制提供帮助。会计报表分析从不同角度看，作用是不同的，这里主要从会计报表分析对评价企业的过去、反映企业的现状及预测企业的未来三个方面加以说明。

(1) 会计报表分析可以正确评价企业的过去。正确评价过去是反映现状和预测未来的基础。会计报表分析通过对实际会计报表等资料的分析，能够准确地说明企业过去的业绩状况，指出企业的成绩、问题及产生的原因，这不仅对于正确评价企业过去的经营业绩十分有益，而且可以对企业投资者和债权人的行为产生正确的影响。

(2) 会计报表分析可以全面反映企业的现状。财务会计报表及管理会计报表等资料是企业各项生产经营活动的综合反映。但会计报表的格式及提供的数据往往是根据会计的特点和管理的一般需要设计的，它不可能全面提供不同目的报表使用者所需要的各方面的数据资料。会计报表分析对于全面反映和评价企业的现状有重要作用。

(3) 会计报表分析可用于预测企业的未来。会计报表分析不仅可用于评价过去和反映现状，更重要的是它可以通过对过去与现状的分析与评价，预测企业未来发展状况与趋势。会计报表分析可以为企业未来财务预测、财务决策和财务预算指明方向；可以准确评估企业的价值及价值创造；可以为企业进行财务危机预测提供必要的信息。

第三节　会计报表分析的基本方法

会计报表的分析方法很多，既有基础方法，也有技术方法。一般来说，最常用的方法有四种，分别是比较分析法、比率分析法、趋势分析法和因素分析法。在对会计报表进行分析之前，首先应了解被分析企业的性质、规模、生产经营特点及其他情况，然后将上述四种方法综合运用，得出分析结论，进而从总体上评价企业财务状况和经营成果。

一、比较分析法

比较分析法又称对比分析法，是指通过经济指标在数量上的比较，来揭示经济指标的数量关系和数量差异的一种方法。财务报告分析者通过比较会计事项中两个或两个以上存在内在联系的相关指标，了解会计事项中的各种情况，发现存在的问题，找出差异，并分析差异产生的原因及其影响程度，得出初步结论，最终提出解决问题的方法。例如，如果发现企业销售收入增长 10%时，营业成本增长了 15%，也就是说，销售成本比销售收入增加得快，这与我们经营初期的假设是相悖的。我们通常假设，在产品和原材料价格相对稳定时，营业收入和营业成本呈同比例增长。而现在出现的这种差异，一般有三种原因：一是产品销售价格下降；二是原材料采购价格上涨；三是企业生产效率降低。要最终确定具体的原因，还需要借助其他分析方法和会计资料作进一步的分析，但是通过比较分析法可以快速地发现需要重点分析的报表项目和存在的问题。

比较分析法的主要作用在于反映财务活动中各指标的数量关系及其存在的差距，从中发现问题，为进一步分析原因、挖掘潜力指明方向。比较分析法是最基本的分析方法，没有比较就没有分析，比较分析法不仅在财务分析中被广泛应用，而且是其他分析方法的基础。

1. 比较分析法的形式

根据分析的目的和要求的不同，比较分析法有以下三种形式。

(1) 实际指标与预算指标进行比较。实际指标与预算(计划或定额)指标进行比较，可以揭示实际发生额与预算(计划或定额)之间的差异，了解该项指标预算的完成情况。

(2) 本期指标与上期指标或同一指标历史最好水平进行比较。本期指标与上期指标或该指标历史最好水平进行比较，可以了解前后不同会计期间有关指标的变动情况，进一步明确企业生产经营活动的发展趋势和发展方向，了解企业管理工作的改进情况。

(3) 本企业指标与国内外同行业先进指标进行比较。本企业指标与国内外同行业先进指标进行比较，可以找出该企业与国内外先进企业之间的差距，对本企业改善经营管理方法、提高经营管理水平、赶超国内外同行业先进水平具有重要意义。

2. 比较分析法应注意的问题

进行比较时采用的指标应在时期、范围、内容、项目、计算方法上大致一样，若口径不一致或环境条件不同，应按规范的方法换算后再做比较，否则得出的结论没有可比性。

【例1-1】ABC公司2020年的利润总额为5 632万元，2021年的利润总额为9 805万元，2021年与2020年相比，利润总额增加了4 173万元，或者说，该公司2021年的利润总额为2020年的174.09%，增加了74.09%。

这是一种简单的横向比较分析，通常用于差异分析。

二、比率分析法

比率是相对数，是指财务报告分析者利用报表中的一个指标除以另一个指标的比例关系，进行比率数值分析的一种财务分析方法。比率分析法是将财务相对数指标进行比较、分析，进一步得出评价结论。采用这种方法，首先要把需要分析对比的指标变成相对数，计算出各种需要的比率指标，然后将这些比率指标进行比较，从分析的比率差异中发现问题。采用这种分析方法，能够把在某些条件下不能进行比较的指标变为可以比较的指标，以利于进行财务分析。

1. 比率指标的主要形式

比率指标主要有以下三种形式。

(1) 构成比率。构成比率又称结构比率，它用来计算某项经济指标的各个组成部分占整体的比重，反映部分与整体的关系。其典型计算公式为

$$构成比率 = \frac{某个组成部分数额}{总体数额} \times 100\%$$

如固定资产占总资产的比重、实收资本占所有者权益的比重、形成坏账的应收账款占全部应收账款的比重等，都属于构成比率指标。利用构成比率指标，可以考察整体中某个部分的分布和结构是否合理，以便企业协调各项财务活动。

(2) 效率比率。效率比率是用以计算某项经济活动中所费与所得的比例，用来反映投入与产出的关系。比如成本费用与销售收入的比率、成本费用与利润总额的比率、投资总额与投资收益总额的比率、资金占用额与利润总额的比率等。企业通过效率比率指标的分析，可以进行生产经营及投资活动得失的比较，考察经营成果的同时，对企业经济效益的水平进行评价。

(3) 相关比率。相关比率用以计算在部分与整体关系、投入与产出关系之外具有相关关系指标的比率，它反映有关经济活动的联系。比如流动资产与流动负债的比率、所有者权益与资产的比率、所有者权益与净利润的比率等。企业通过对相关比率指标的分析，可以考察和评价有联系的相关业务的安排是否合理，以保障生产经营活动的顺利运行。相关比率指标的分析在财务分析中的应用十分广泛。

2. 比率分析法应注意的问题

(1) 比率指标中的对比指标要有相关性。比率指标从根本上来说都是相关比率指标。对比的指标必须有关联性，把不相关的指标进行对比是没有意义的。在构成比率指标中，部分指标必须是总体指标这个大系统中的一个小系统，小系统只能处在这个大系统中而且必须全部处在这个大系统中，才有比较的可能。在效率比率指标中，投入与产出必须有因果关系，费用应是为取得某项收入而花费的费用，收入必须是花费相应的耗资而实现的收入。没有因果关系的得失比较不能说明经济效益水平。相关指标中的两个对比指标也要有内在联系，才能评价有关经济活动之间是否协调均衡，安排是否合理。

(2) 比率指标中对比指标的计算口径要一致。同比较分析法一样，在同一比率中的两个对比指标在计算时间、计算方法、计算标准上应当口径一致。特别要注意的是，如果比率指标中的对比指标是两个含义不同的指标，由于取得的资料来源不同，可能所包括的范围有一定差异，使用时必须使其口径一致，便于对比。有些容易混淆的概念，如主营业务收入和其他业务收入、现销收入和赊销收入、营业利润和主营业务利润等，使用时也必须注意划清界限。

(3) 采用的比率指标要有对比的标准。财务比率能从指标的联系中，揭露企业财务活动的内在关系，但它所提供的只是企业某一时点或某一时期的实际情况。为了说明问题，还需要选用一定的标准与之对比，以便对企业的财务状况作出评价。通常用作对比的标准有以下几种。

① 预定目标，是指企业自身制定的、要求财务工作在某个方面应该达到的目标。将实际完成的比率与预定的经营目标比较，可以确定差异，发现问题，为进一步分析差异产生的原因提供线索。

② 历史标准，是指本企业在过去经营中实际完成的数据，它是企业已经达到的实际水平。将企业本期的比率与历史上已达到的比率对比，可以分析和考察企业财务状况和整个经营活动的改进情况，并预测企业财务活动的发展趋势。

③ 行业标准，是指本行业内同类企业已经达到的水平。行业内同类企业的标准有两种：一种是先进水平，另一种是平均水平。将本企业的财务比率与先进水平对比，可以了解同先进企业的差距，挖掘本企业潜力，提高经济效益；将本企业的财务比率与平均水平对比，可以了解本企业在行业中所处的地位，明确努力的方向，处于平均水平以下者要追赶平均水平，达到平均水平者应追赶先进水平。

④ 公认标准，是指经过长期实践经验的总结，为人们共同接受，达到约定俗成程度的某些标准。例如，反映流动资产与流动负债关系的流动比率，一般公认标准为 2∶1，速动比率一般公认标准为 1∶1。企业分析时可以此为标准，借以评价企业的流动比率是否恰当及偿债风险的大小。

3. 比率分析法的局限性

虽然比率分析法被认为是财务分析的最基本或最重要的方法，但应用比率分析法时必须了解它的不足：第一，比率的变动可能仅仅被解释为两个相关因素之间的变动；第二，很难综合反映比率与计算它的会计报表的联系；第三，比率给人们不保险的最终印象；第四，比率不能给人们会计报表关系的综合观点。

【例 1-2】ABC 公司是一家机械制造企业，其资产情况如表 1-1 所示。

表 1-1　ABC 企业资产情况明细

项　目	金额/元		比重/%	
	2020 年	2021 年	2020 年	2021 年
流动资产合计	6 835 907.32	8 594 315.35	70.40	69.05
非流动资产合计	2 874 563.28	3 852 491.82	29.60	30.95
资产合计	9 710 470.60	12 446 807.17	100.00	100.00

该企业 2021 年流动资产的比重为 69.05%，2020 年流动资产的比重为 70.40%。通过比率分析法进行分析，ABC 公司 2021 年流动资产的比重比 2020 年略有所下降，尽管这样，但两年指标基本保持稳定，都在 70%左右。作为机械制造类的企业，流动资产所占比重越大，说明公司资产的流动性和变现能力越强，具有一定的偿债能力和承担风险的能力。但针对 ABC 公司这一结构是否合理，还需要结合公司的其他信息进行综合分析，如其所属的行业及公司的盈利水平等。

三、趋势分析法

趋势分析法是将企业连续两期或数期财务报告中的同一指标或比率进行对比，比较分析它们增减变动的数额、方向和幅度的一种方法。采用这种方法分析财务报告，可以直接揭示企业财务状况、经营成果和现金流量的变化情况，找出引起指标发生变化的主要原因、变动的性质，进而预测企业未来的发展前景。

1. 趋势分析法的相关指标

趋势分析法是研究上市公司成长性的一种方法，该方法通过揭示上市公司过去几年的销售增长率、净利润增长率、加权平均每股收益增长率等重要财务指标的变化，来总结企业的发展趋势。

1) 销售增长率

历年销售增长率的计算公式为

$$r = \left(\sqrt[n]{\frac{S_n}{S_0}} - 1\right) \times 100\%$$

这里，r 为 n 年的销售增长率；S_0 是初始年份的销售额，S_n 为 n 年后的销售额；常见的是 n 为奇数，比如 3、5。通过这种方法计算出的增长率也叫销售的复利增长率或环比增长率。

【例 1-3】以 ABC 公司 2018—2021 年的销售收入变化为例，其 2018 年的主营业务收入净额为 2 403 854 415.66 元，2021 年的主营业务收入净额为 4 903 640 638.52 元。因此，$n=3$ 年；2 403 854 415.66 元是初始年份的销售总额，即 S_0；4 903 640 638.52 元是 3 年后的销售总额，即 S_n。套用前述公式计算 3 年年均销售增长率为

$$r = \left(\sqrt[3]{\frac{4\,903\,640\,638.52}{2\,403\,854\,415.66}} - 1\right) \times 100\% = 26.82\%$$

所以，该公司 3 年的年均销售增长率为 26.82%，而同业均值仅为 16.78%，前者高出后者 10.04 个百分点。

【例 1-4】假如我们考虑上述公司 2016—2021 年的销售年均增长率，由于其 2014 年主营业务收入净额为 982 713 675.25 元，经过 5 年的增长达到 4 903 640 638.52 元。那么根据上述公司计算 5 年年均销售增长率为

$$r = \left(\sqrt[5]{\frac{4\,903\,640\,638.52}{982\,713\,675.25}} - 1\right) \times 100\% = 37.92\%$$

可见，该公司 5 年的年均销售增长率为 37.92%，而同业均值仅为 15.12%，前者高出后者 22.80 个百分点。

2) 净利润增长率

历年净利润增长率的计算公式为

$$r = \left(\sqrt[n]{\frac{P_n}{P_0}} - 1\right) \times 100\%$$

这里，r 为 n 年的净利润增长率；P_0 是初始年份的净利润总额，P_n 为 n 年后的净利润额；常见的是 n 为奇数，比如 3、5。这样计算出的增长率也叫净利润的复利增长率或环比增长率。

【例 1-5】上述公司 2018 年和 2021 年的净利润分别为 241 308 375.25 元和 668 151 120.36 元。因此，$n=3$ 年；241 308 375.25 元是初始年份的净利润总额，即 P_0；668 151 120.36 元是 3 年后的净利润总额，即 P_n。应用前述公式计算 3 年年均净利润增长率为

$$r = \left(\sqrt[3]{\frac{668\,151\,120.36}{241\,308\,375.25}} - 1\right) \times 100\% = 40.42\%$$

可见，该公司 2018—2021 年这 3 年的年均净利润增长率为 40.42%，而同业均值仅为 10.4%，该公司年均净利润增长率高出同业均值 30.02 个百分点。

【例 1-6】ABC 公司 2016 年和 2021 年的净利润总额分别为 316 917 877.22 元和 668 151 120.36

元。此处，$n=5$ 年；316 917 877.22 元是初始年份的净利润总额，即 P_0；668 151 120.36 元是 5 年后的净利润总额，即 P_n。应用前述公式计算 5 年年均净利润增长率为

$$r = \left(\sqrt[5]{\frac{668\,151\,120.36}{316\,917\,877.22}} - 1\right) \times 100\% = 16.09\%$$

所以，该公司 5 年的年均净利润增长率为 16.09%，而同业均值仅为 10.37%，前者高出后者 5.72 个百分点。

3) 加权平均每股收益增长率

历年加权平均每股收益增长率的一般计算公式为

$$r = \left(\sqrt[n]{\frac{EPS_n}{EPS_0}} - 1\right) \times 100\%$$

此处，r 为加权平均每股收益的增长率；n 为年份；EPS_0 为加权平均每股收益的初始值，EPS_n 为 n 年后加权平均每股收益。

【例 1-7】ABC 公司 2018 年和 2021 年的加权每股收益分别是 0.952 5 元和 1.801 5 元，应用前述公式计算 3 年年均加权平均每股收益增长率为

$$r = \left(\sqrt[3]{\frac{1.801\,5}{0.952\,5}} - 1\right) \times 100\% = 23.67\%$$

可见，3 年年均加权平均每股收益增长率为 23.67%，而同业均值为 6.25%，前者高出后者 17.42 个百分点。

【例 1-8】上述公司 2016 年和 2021 年的加权每股收益分别是 0.75 元和 1.801 5 元，应用前述公式计算 5 年年均加权平均每股收益增长率为

$$r = \left(\sqrt[5]{\frac{1.801\,5}{0.75}} - 1\right) \times 100\% = 19.16\%$$

可见，5 年年均加权平均每股收益增长率为 19.16%，而同业均值为 5.65%，前者高出后者 13.51 个百分点。

2. 趋势分析法应注意的问题

进行趋势分析时，应注意以下几点。
(1) 用于进行对比的各期指标，在计算口径上必须一致。
(2) 分析前剔除偶然性因素的影响，以使分析的数据表现正常的经营情况。
(3) 分析的项目应适合分析的目的，如通过利润率的变化趋势分析企业赚取利润能力的发展趋势。
(4) 分析时需要突出经营管理上的重大特殊问题，如成本的增加或减少等，研究其产生的原因，以便采取对策，趋利避害。

四、因素分析法

有的经济指标是受多种因素影响形成的，只有把这种综合性的指标分解为构成它的各种要素，才能知晓形成该指标完成好坏的真正原因。这种把综合性指标分解为多种因素的

方法称为因素分析法。因素分析法是在某个经济指标比较分析的基础上，进一步研究指标的影响因素及其影响关系，并按照一定的计算程序和方法从数量上测算各因素变动对指标的影响程度的分析方法。一个经济指标的完成往往是由多种因素造成的，只有把这种综合性的指标分解为它的各种构成要素，才能分析出影响指标完成好坏的真正原因。因素分析法的理论依据是现象之间的相关性，即经济变量之间存在着某种因果关系。

在具体运用时，首先要确定被分析指标受哪些因素影响，并且把它们之间的关系列成算式，然后选用一定的计算方法，测算各因素对指标的影响程度。常用的计算方法有两种，即连环替代法和差额计算法。

1. 连环替代法

连环替代法，是在计算中以连续、依次替换的方式测算各因素对指标的影响的方法。连环替代法的计算步骤如下。

(1) 将基准数代入反映指标及其影响因素关系的算式，基准数即作为比较标准的数据，可以是计划数或上期数等。

(2) 确定各个因素的替代顺序，一般而言，实物量指标在前，货币量指标在后；数量指标在前，质量指标在后；大范围指标在前，小范围指标在后。按照排列顺序依次以一个因素的实际数替代基准数，计算出每次替代后的指标数值，直到把所有的因素都以实际数替代为止。

(3) 把相邻两次计算结果相比较，测算每一个替代因素的影响方向和影响程度。

(4) 各因素的影响程度之和与指标的实际数与基准数的差额相等。

【例1-9】ABC公司的有关销售收入及其影响因素指标的数据如表1-2所示。

表1-2　ABC公司有关数据

项　目	计划数(基准数)	实际数
销售量(件)	1 000	1 100
单位售价(元/件)	100	90
销售收入(元)	100 000	99 000

销售收入 ＝ 销售量 × 销售单价

基准数　　　　　1 000 × 100 = 100 000　　　①
替换数量因素　　1 100 × 100 = 110 000　　　②
替换售价因素　　1 100 × 90 = 99 000　　　　③
销售量的影响=② － ① = 110 000 － 100 000 = +10 000
售价的影响= ③ － ② = 99 000 － 110 000 = －11 000
两个因素共同影响=(+ 10 000) + (-11 000) = －1 000

2. 差额计算法

差额计算法是连环替代法的简化形式，这种方法是依次以各因素实际数与基准数差额代入计算式，直接测算各因素对指标的影响的方法。

接前例，运用差额计算法测算过程如下。

销售量的影响 = (1 100-1 000) ×100 = +10 000
售价的影响 = 1 100 × (90-100) = -11 000
两因素的共同影响 = (+10 000) + (-11 000) = -1 000

连环替代法和差额计算法在计算过程中，都是假定其中某个因素变动而其他因素不变，逐次测算各因素的影响，当因素变动的先后顺序发生变化时，计算的各因素影响的数值就会发生变化，但是总的影响值不变。

第四节 会计报表分析的局限性

会计报表分析对于会计信息使用者了解企业的财务状况和经营成果，评价企业的偿债能力、营运能力和盈利能力，作出正确的经济决策，都有着重要的作用。但由于受多种因素的影响，会计报表分析也存在一定的局限性。主要体现在以下几个方面。

一、采用的方法对会计报表可比性的影响

在会计核算上，采用不同的会计处理方法及分析方法计算的数据会有差别。例如固定资产计提折旧时，采用直线法和加速法，计算出来的折旧费不同。企业长期股权投资的核算，采用成本法和权益法所确认的投资收益也不一样。因此，如果企业前后各期针对某一方面的会计处理方法改变，对前后各期会计报表该数据的对比分析就会有影响。同样，一个企业与同行业其他企业比较，如果两个企业对同一事项的会计处理采用不同的方法，这样数据的可比性也会大大降低。所以，在会计报表分析时，还要关注报表附注，注意企业采用的是什么方法以及前后各项会计处理方法有无变更等。

从会计报表分析方法来看，某些指标计算方法不同也会给不同企业之间的比较带来不同程度的影响。例如应收账款周转率、存货周转率等，其平均余额的计算，会计报表使用者由于数据的限制，往往用期初数与期末数进行平均，这样平均计算应收账款余额与存货余额，在经营业务一年内各月各季较均衡的企业尚可，但在季节性经营的企业或各月变动情况较大的情况下，如期初与期末正好是经营旺季，其平均余额就会过大，如是淡季，则又会过小，从而影响指标的准确性。

此外，会计报表分析、指标评价要与其他企业以及行业平均指标比较才有意义。但各企业不同的情况，如环境影响、企业规模、会计核算方法的差别，会对可比性产生影响。而行业平均指标，往往是各种各样情况的综合或折中，如果行业平均指标是通过采用抽样调查得到的，在抽到极端样本时，还会歪曲整个行业情况。因此，在对比分析时，应慎重使用行业平均指标，对不同企业进行比较时应注意调整一些不可比因素的影响。

二、通货膨胀的影响

由于我国的会计报表是以历史成本为计价基础编制的，发生通货膨胀时，有关数据会受到物价变动的影响，使其不能真实地反映企业的财务状况和经营成果，引起报表使用者

的误解。例如，以历史成本为基础的资产价值可能小于资产当前的价值，以前以 200 万元购买的固定资产，现在的重置成本可能为 300 万元，但账上及报表上仍反映为 200 万元固定资产原价。如不知道该资产的购买年份，仅仅靠这个数据，就不能正确理解一个企业的生产规模。进一步说，折旧费是按固定资产原价提取的，利润是扣减这种折旧费计算出来的，由于折旧费定低了，企业将无力重置价格已上涨的资产；同时因折旧费定低了，利润算多了，可能会导致企业多交所得税，多付利润，最终可能使企业的简单再生产也难以维持。

三、信息的时效性问题

会计报表中的数据，均是企业过去经济活动产生的结果，是以历史成本为主要计价基础的，这就使它所提供的会计信息缺乏一定的时效性，从而影响到会计报表分析对未来经济事项的预测结果。

四、报表数据信息量的限制

由于报表本身的原因，其提供的数据是有限的，没有涵盖公司所有可以利用的经济资源。一方面，会计报表中反映的是符合货币计量前提要求的可计价的经济资源；另一方面，现行会计报表附注等主要侧重的是对公司会计政策与会计估计的选择与确定及其变更，或有事项、表外事项、关联方关系及关联方交易等事项的说明，以及对盈亏、投资、融资等重大事项的解释说明等。但是非财务性的业绩评价指标，如管理层的能力、团队合作精神、综合竞争力、创新能力等，却常常未能在会计报表中披露。而这些内容对会计报表分析以及相关的经营与投资决策等也具有重大影响。因此，以财务报告为主要信息依据的财务分析结果，难免会存在反映内容方面的局限性。

五、报表数据的可靠性问题

对同一会计事项的账务处理，会计准则有时允许企业自行选择可行的规则和程序，这就存在着通过改变会计政策来扭曲企业实际情况的可能性。如财务比率分析过程中使用的大部分指标为时点指标，例如流动比率、速动比率、权益乘数等，此类指标较容易被修正。这往往就为企业运用不同的会计政策修改报表数据，从而粉饰自己的业绩提供了一个途径。即使针对一些时期指标，企业财务人员也可按财务指标的要求进行主观修改，使得会计指标的计算结果无法反映实际情况，为报表使用者带来错误的信息。

本 章 小 结

本章重点介绍了会计报表分析的含义、意义和作用，以及会计报表分析的基本方法。会计报表分析是企业财务分析的重要方面，它主要是通过收集、整理企业财务会计报告中的有关数据，并结合其他有关的会计信息，对企业的财务状况、经营成果及现金流量变动情况进行综合比较分析，并通过相关财务指标来评价企业的偿债能力、营运能力、盈利能力和发展能力，为企业投资者、债权人和其他利益关系人作出决策提供重要依据。

思 考 题

1. 财务报告的主要内容包括什么？
2. 财务报告体系的各组成部分之间的关系如何？
3. 会计报表分析对不同主体的意义有哪些不同？
4. 会计报表分析有哪些作用？
5. 会计报表分析的基本方法有几种？每种方法都需要注意哪些问题？

第二章

资产负债表分析

【学习目标】

通过本章学习,使学生了解资产负债表各项目的含义,理解资产负债表各项目之间的关系,掌握资产负债表的编制方法,重点掌握资产负债表的项目分析及资产负债表的综合分析。

【知识结构图】

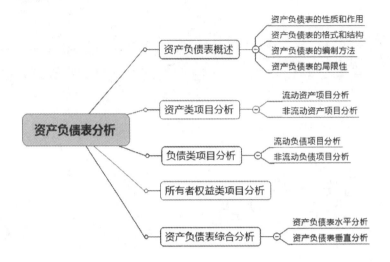

【引例】

2019年4月29日，康美药业发布公告称，公司从2018年12月28日被证监会立案调查后，进行了自查，发现在2018年之前营业收入、营业成本、费用及款项收付方面存在账实不符的情况。公告对2017年财务报表进行了重述，货币资金多计299.44亿元，应收账款少计6.4亿元，存货少计195亿元，在建工程少计6.3亿元，营业收入多计88.98亿元，销售费用少计4.97亿元，财务费用少计2.28亿元。更正后，康美药业2017年每股收益由0.78元降至0.39元。此前，市场对此已经有质疑，康美药业账面上有近300亿元的资金，却到处借债，到2018年年中报表，康美药业短期借款由15亿元增至124.52亿元。账上数百亿元现金既不购买理财产品，也不还贷，令人不解。2019年5月17日，证监会通报康美药业案调查进展情况：已初步查明，康美药业披露的2016—2018年财务报告存在重大虚假，涉嫌违反《证券法》等相关规定。一是使用虚假银行单据虚增存款；二是通过伪造业务凭证进行收入造假；三是部分资金转入关联方账户买卖本公司股票。

在现实工作生活中，常常需要对资产负债表进行分析，只有对资产负债表进行全面、系统的分析，才能为信息使用者提供更有帮助的决策信息。

(资料来源：http://vip.stock.finance.sina.com.cn/corp/view/vCB_AllBulletinDetail.php?gather=1&id=5343803,
https://zhuanlan.zhihu.com/p/442856602)

第一节　资产负债表概述

一、资产负债表的性质和作用

(一)资产负债表的性质

资产负债表是反映企业在某一特定日期的财务状况的报表，属于静态报表。它是以"资产=负债+所有者权益"这一会计等式为理论依据，按照一定的分类标准和一定的次序，把企业在一定日期的资产、负债和所有者权益予以适当排列，按照一定的编制要求而制成的。它表明企业在某一特定日期所拥有或控制的经济资源、所承担的现有义务和所有者对净资产的要求权。

(1) 资产，反映由过去的交易或事项形成的、由企业拥有或控制的、预期会给企业带来经济利益的资源。资产应当按照流动资产和非流动资产两大类别在资产负债表中列示，在流动资产和非流动资产类别下按性质进一步分项列示。

流动资产是指预计在一个正常营业周期中变现、出售或耗用，或者主要为交易目的而持有，或者预计在资产负债表日起一年内(含一年)变现的资产，或者自资产负债表日起一年内交换其他资产或清偿负债的能力不受限制的现金或现金等价物。

资产负债表中列示的流动资产项目通常包括：货币资金、交易性金融资产、应收票据、应收账款、预付款项、其他应收款、存货、合同资产、持有待售资产和一年内到期的非流动资产等。

非流动资产是指流动资产以外的资产。资产负债表中列示的非流动资产项目通常包括：债权投资、其他债权投资、长期应收款、长期股权投资、其他权益工具投资、其他非流动金融资产、投资性房地产、固定资产、在建工程、无形资产、开发支出、长期待摊费用、递延所得税资产以及其他非流动资产等。

(2) 负债，反映在某一特定日期企业所承担的、预期会导致经济利益流出企业的现时义务。负债应当按照流动负债和非流动负债在资产负债表中进行列示，在流动负债和非流动负债类别下再进一步按性质分项列示。

流动负债是指预计在一个正常营业周期中清偿，或者主要为交易目的而持有，或者自资产负债表日起一年内(含一年)到期应予以清偿，或者企业无权自主地将清偿推迟至资产负债表日后一年以上的负债。资产负债表中列示的流动负债项目通常包括：短期借款、交易性金融负债、应付票据、应付账款、预收款项、合同负债、应付职工薪酬、应交税费、其他应付款、持有待售负债、一年内到期的非流动负债等。

非流动负债是指流动负债以外的负债。资产负债表中列示的非流动负债项目通常包括：长期借款、应付债券、长期应付款、预计负债、递延收益、递延所得税负债和其他非流动负债等。

(3) 所有者权益(或股东权益)，是企业资产扣除负债后的剩余权益，反映企业在某一特定日期股东(或投资者)拥有的净资产的总额，它一般按照实收资本(或股本，下同)、其他权益工具、资本公积、其他综合收益、专项储备、盈余公积和未分配利润分项列示。

对资产负债表的解读和分析历来是企业财务报告分析的重点，尤其是对债权人和投资者进行偿债能力分析和资本保值分析有着重要意义。另外，对资产结构的分析也有助于判断企业的盈利能力。

(二)资产负债表的作用

(1) 能够帮助报表使用者了解企业所掌握的各种经济资源，以及这些资源的分布与结构。

资产负债表把企业所拥有或控制的资产按经济性质、用途等分为流动资产、长期投资、无形资产等，各项目之下又具体分成明细项目，如流动资产项目下又分为货币资金、存货等。这样，报表使用者就可以一目了然地从资产负债表上了解企业在某一特定时日所拥有的资产总量及其结构。

(2) 能够反映企业资金的来源构成，即债权人和所有者各自的权益。

资产负债表的资产方反映了企业拥有的经济资源及其结构，即企业资金的占用情况。企业资金的来源：一是债权人提供，二是所有者投资及其积累。资产负债表把债权人权益和所有者权益分类列示，并根据不同性质将负债又分为流动负债和非流动负债，把所有者权益又分为股本、资本公积、盈余公积、未分配利润，这样，企业的资金来源及其构成情况便可在资产负债表中得到充分反映。

(3) 可以了解企业的财务实力、偿债能力和支付能力，也可以预测企业未来的盈利能力和财务状况的变动趋势。

(4) 可以衡量企业的财务弹性。

财务弹性是指企业面对未预期的现金需求或投资机会时，能采取有效策略以改变现金流量的金额与时间的能力，也就是企业使用财务资源以适应生存环境变迁的能力。我们可以通过资产负债表来评估企业在不影响正常运营下变卖非流动资产取得现金的能力。

通过了解企业资产项目的构成，可以分析企业资产的流动性和财务弹性，进而判断企业的偿债能力和支付能力。通过对企业资产结构和权益结构的分析，可以了解企业筹集资金和使用资金的能力，即企业的财务实力。另外，资产是未来收益的源泉，也会在将来转化为费用，因而，通过了解企业资产项目的构成，还可以对企业未来的盈利能力作出初步判断。

二、资产负债表的格式和结构

资产负债表的正表有报告式和账户式两种格式。

(一)报告式

报告式资产负债表是上下结构，上半部列示资产，下半部列示负债和所有者权益。具体排列形式有两种：一是按"资产=负债+所有者权益"的原理排列；二是按"资产-负债=所有者权益"的原理排列。报告式资产负债表的优点在于方便编制比较资产负债表，即在一张报表中，除列出本期的财务状况外，可增设几个栏目，分别列示过去几期的财务状况。其缺点是资产和权益间的恒等关系并不一目了然。报告式资产负债表简化格式如表 2-1 所示。

表 2-1 资产负债表

编制单位：XYZ 公司　　　　　　2021 年 12 月 31 日　　　　　　　　　　单位：元

项　目	金　额
资产	
流动资产	3 033 777 842.27
非流动资产	684 430 782.35
资产合计	3 718 208 624.62

续表

项 目	金 额
负债	
流动负债	2 303 437 734.49
非流动负债	99 151 079.86
负债合计	2 402 588 814.35
所有者权益	
实收资本	532 800 000.00
资本公积	16 746 848.17
盈余公积	145 433 776.90
未分配利润	620 639 185.20
所有者权益合计	1 315 619 810.27

(二)账户式

账户式资产负债表是左右结构，即按照"T"形账户的形式设计资产负债表，将资产列在报表左方(借方)，负债及所有者权益列在报表右方(贷方)，左右两方总额相等。账户式资产负债表的优缺点与报告式资产负债表正好相反。资产和权益间的恒等关系一目了然，但要编制比较资产负债表或做一些旁注可能比较困难。

我国企业的资产负债表采用账户式结构。左方为资产项目，按资产的流动性大小排列，流动性大的资产如"货币资金""交易性金融资产"等排在前面，流动性小的资产如"长期股权投资""固定资产"等排在后面。右方为负债及所有者权益项目，按要求清偿时间的先后顺序排列，"短期借款""应付票据""应付账款"等需要在一年以内或者一年以上的一个正常营业周期内偿还的流动负债排在前面，"长期借款"等在一年以上才需偿还的非流动负债排在中间，在企业清算之前不需要偿还的所有者权益项目排在后面。账户式资产负债表中的资产各项目的合计等于负债和所有者权益各项目的合计，即资产负债表左方和右方平衡。因此，通过账户式资产负债表，可以反映资产、负债、所有者权益之间的内在关系，即"资产=负债+所有者权益"。我国企业资产负债表的基本格式和内容如表2-2所示。

表2-2　资产负债表

编制单位：XYZ公司　　　　　　2021年12月31日　　　　　　单位：元

项 目	期末余额	年初余额	项 目	期末余额	年初余额
流动资产：			流动负债：		
货币资金	346 864 417.75	422 233 694.47	短期借款		
交易性金融资产			交易性金融负债		
衍生金融资产			衍生金融负债		
应收票据	1 611 337 465.21	1 278 816 333.70	应付票据	1 024 095 943.41	903 656 592.47
应收账款	287 605 443.29	139 851 123.20	应付账款	736 287 139.96	677 211 504.26
应收款项融资			预收款项	300 964 188.52	240 423 978.72

续表

项 目	期末余额	年初余额	项 目	期末余额	年初余额
预付款项	111 780 393.60	108 288 121.62	合同负债		
其他应收款	11 494 873.79	9 218 662.81	应付职工薪酬	62 371 896.64	38 102 839.52
存货	664 695 248.63	583 495 273.39	应交税费	54 210 310.26	77 053 586.61
合同资产			其他应付款	125 508 255.70	81 751 877.57
持有待售资产			持有待售负债		
一年内到期的非流动资产			一年内到期的非流动负债		
其他流动资产			其他流动负债		
流动资产合计	3 033 777 842.27	2 541 903 209.19	流动负债合计	2 303 437 734.49	2 018 200 379.15
非流动资产：			非流动负债：		
债权投资			长期借款		
其他债权投资			应付债券		
长期应收款			其中：优先股		
长期股权投资	1 859 623.76	21 551 258.34	永续债		
其他权益工具投资			租赁负债		
其他非流动金融资产			长期应付款		
投资性房地产			预计负债		
固定资产	440 156 201.29	378 757 108.18	递延收益		
在建工程	73 551 575.20	50 691 517.66	递延所得税负债		
生产性生物资产			其他非流动负债	99 151 079.86	101 927 471.00
油气资产			非流动负债合计	99 151 079.86	101 927 471.00
使用权资产			负债合计	2 402 588 814.35	2 120 127 850.15
无形资产	131 744 634.37	134 688 931.85	所有者权益(或股东权益)：		
开发支出			实收资本(或股本)	532 800 000.00	532 800 000.00
商誉			其他权益工具		
长期待摊费用			其中：优先股		
递延所得税资产	37 118 747.73	40 128 526.02	永续债		
其他非流动资产			资本公积	16 746 848.17	16 746 848.17
非流动资产合计	684 430 782.35	625 817 342.05	减：库存股		
			其他综合收益		
			专项储备		
			盈余公积	145 433 776.90	113 303 065.98
			未分配利润	620 639 185.20	384 742 786.94
			所有者权益合计	1 315 619 810.27	1 047 592 701.09
资产总计	3 718 208 624.62	3 167 720 551.24	负债和所有者权益总计	3 718 208 624.62	3 167 720 551.24

三、资产负债表的编制方法

资产负债表各项目均需填列"年初余额"和"期末余额"两栏。其中"年初余额"栏内各项数字,应根据上年末资产负债表的"期末余额"栏内所列数字填列。

"期末余额"栏主要有以下几种填列方法。

(1) 根据总账科目余额填列。如"短期借款""资本公积"等项目直接根据有关总账科目的余额填列;"货币资金"项目根据"银行存款""库存现金"和"其他货币资金"三个总账科目余额合计填列。

(2) 根据明细账科目余额计算填列。如"应收账款"项目,需要根据"应收账款"和"预收账款"两个科目所属的明细科目的期末借方余额计算填列;"预收款项"项目,需要根据"应收账款""预收账款"两个科目所属明细科目的贷方余额计算填列;"应付账款"项目,需要根据"应付账款"和"预付账款"两个科目所属的相关明细科目的期末贷方余额计算填列;"预付款项"项目,需要根据"应付账款"和"预付账款"两个科目所属的相关明细科目的期末借方余额计算填列;"开发支出"项目,需要根据"研发支出"科目中所属的"资本化支出"明细科目期末余额计算填列。

【例2-1】某企业2021年12月31日结账后有关科目所属明细科目借贷方余额如表2-3所示。

表2-3 部分科目所属明细科目余额

科目明细	借方余额/元	贷方余额/元
应收账款——A	1 600 000	100 000
预付账款——B	800 000	60 000
应付账款——C	400 000	1 800 000
预收账款——D	600 000	1 400 000

该企业2021年12月31日资产负债表中相关项目的金额为:

① "应收账款"项目金额为:1 600 000 + 600 000 = 2 200 000(元)
② "预付账款"项目金额为:800 000 + 400 000 = 1 200 000(元)
③ "应付账款"项目金额为:60 000 + 1 800 000 = 1 860 000(元)
④ "预收账款"项目金额为:1 400 000 + 100 000 = 1 500 000(元)

(3) 根据总账科目和明细账科目余额分析计算填列。如"长期借款"项目,需要根据"长期借款"总账科目余额扣除"长期借款"科目所属的明细科目中将在一年内到期且企业不能自主地将清偿义务展期的长期借款后的金额计算填列。

【例2-2】某企业长期借款情况如表2-4所示。

表2-4 长期借款科目明细

借款起始日期	借款期限/年	金额/元
2021年3月1日	3	1 000 000
2019年5月31日	5	2 000 000
2018年6月30日	4	1 500 000

该企业2021年12月31日资产负债表中"长期借款"项目金额为：

$$1\ 000\ 000 + 2\ 000\ 000 = 3\ 000\ 000(元)$$

该企业应当根据"长期借款"总账科目余额4 500 000(即1 000 000 + 2 000 000 + 1 500 000)元，减去一年内到期的长期借款1 500 000元计算"长期借款"项目的金额。

(4) 根据有关科目余额减去其备抵科目余额后的净额填列。如资产负债表中的"应收票据""应收账款""长期股权投资""在建工程"等项目，应当根据"应收票据""应收账款""长期股权投资""在建工程"等科目的期末余额减去"坏账准备""长期股权投资减值准备""在建工程减值准备"等科目余额后的净额填列。"投资性房地产""固定资产"项目，应当根据"投资性房地产""固定资产"科目的期末余额减去"投资性房地产累计折旧""投资性房地产减值准备""累计折旧""固定资产减值准备"等备抵科目的期末余额，以及"固定资产清理"科目期末余额后的净额填列；"无形资产"项目，应当根据"无形资产"科目的期末余额，减去"累计摊销""无形资产减值准备"备抵科目余额后的净额填列。

【例2-3】某企业2021年12月31日结账后的"固定资产"科目余额为2 000万元，固定资产"累计折旧"科目余额为550万元，"固定资产减值准备"科目余额为50万元，则该企业2021年12月31日资产负债表中"固定资产"项目金额为

$$2\ 000 - 550 - 50 = 1\ 400\ 万元$$

(5) 综合运用上述填列方法分析填列。如资产负债表中的"存货"项目，需根据"原材料""库存商品""委托加工物资""周转材料""材料采购""在途物资""发出商品""材料成本差异""生产成本"借方余额等总账科目期末余额的分析汇总数，再减去"存货跌价准备"备抵科目余额后的金额填列。

【例2-4】某企业采用计划成本核算材料，2021年12月31日结账后有关科目余额为："材料采购"科目余额为140 000元(借方)，"原材料"科目余额为2 400 000元(借方)，"周转材料"科目余额为1 800 000元(借方)，"库存商品"科目余额为1 600 000元(借方)，"生产成本"科目余额为600 000元(借方)，"材料成本差异"科目余额为120 000元(贷方)，"存货跌价准备"科目余额为210 000元(贷方)。

该企业应当以"材料采购"(表示在途材料采购成本)、"原材料""周转材料"(比如包装物和低值易耗品等)、"库存商品""生产成本"(表示期末在产品金额)各总账科目余额加总后，加上或减去"材料成本差异"总账科目的余额(若为贷方余额，应减去；若为借方余额，应加上)，再减去"存货跌价准备"总账科目余额后的金额，作为资产负债表中"存货"的项目金额。

该企业2021年12月31日资产负债表中的"存货"项目金额为

$$140\ 000 + 2\ 400\ 000 + 1\ 800\ 000 + 1\ 600\ 000 + 600\ 000 - 120\ 000 - 210\ 000 = 6\ 210\ 000(元)$$

【例2-5】甲企业2021年12月31日有关资料如下所示。

(1) 科目余额如表2-5所示。

表2-5 科目余额表

科目名称	借方余额/元	贷方余额/元
库存现金	10 000	
银行存款	57 000	

续表

科目名称	借方余额/元	贷方余额/元
应收票据	60 000	
应收账款	80 000	
预付账款		30 000
坏账准备-应收账款		5 000
原材料	70 000	
低值易耗品	10 000	
发出商品	90 000	
材料成本差异		55 000
库存商品	100 000	
固定资产	800 000	
累计折旧		300 000
在建工程	44 000	
无形资产	150 000	
短期借款		10 000
应付账款		70 000
预收账款		10 000
应付职工薪酬		4 000
应交税费		7 000
长期借款		80 000
实收资本		500 000
盈余公积		200 000
未分配利润		200 000

(2) 债权债务明细科目余额

应收账款明细资料如下：

应收账款——A 公司　借方余额 100 000 元

应收账款——B 公司　贷方余额 20 000 元

预付账款明细资料如下：

预付账款——C 公司　借方余额 20 000 元

预付账款——D 公司　贷方余额 50 000 元

应付账款明细资料如下：

应付账款——E 公司　贷方余额 100 000 元

应付账款——F 公司　借方余额 30 000 元

预收账款明细资料如下：

预收账款——G 公司　贷方余额 40 000 元

预收账款——H 公司　借方余额 30 000 元

(3) 长期借款共2笔，均为到期一次性还本付息。金额及期限如下：

从工商银行借入30 000元(本利和)，期限从2018年6月1日至2022年6月1日。

从建设银行借入50 000元(本利和)，期限从2021年8月1日至2024年8月1日。

甲企业2021年12月31日资产负债表，如表2-6所示。

表2-6 资产负债表

编制单位：甲企业　　　　　　　　　　2021年12月31日　　　　　　　　　　单位：元

资　产	期末余额	负债及所有者权益	期末余额
流动资产：		流动负债：	
货币资金	67 000	短期借款	10 000
应收票据	60 000	预收款项	60 000
应收账款	125 000	应付账款	150 000
预付款项	50 000	应付职工薪酬	4 000
存货	215 000	应交税费	7 000
流动资产合计	517 000	一年内到期的非流动负债	30 000
非流动资产：		流动负债合计	261 000
债权投资		非流动负债：	
长期股权投资		长期借款	50 000
投资性房地产		递延所得税负债	
固定资产	500 000	非流动负债合计	50 000
无形资产	150 000	负债合计	311 000
在建工程	44 000	所有者权益：	
非流动资产合计	694 000	实收资本	50 0000
		资本公积	
		其他综合收益	
		盈余公积	200 000
		未分配利润	200 000
		所有者权益合计	900 000
资产总计	1 211 000	负债及所有者权益总计	1 211 000

四、资产负债表的局限性

(一)资产负债表多数项目采用历史成本计价，不能真正反映企业的财务状况

按照会计准则的规定，企业的大部分资产在入账时是按取得时的实际成本入账(仅有部分项目按公允价值反映，如以公允价值计量且其变动计入当期损益的金融资产、以公允价值计量且其变动计入其他综合收益的金融资产等)，因此，资产负债表中的大部分项目也都是以历史成本列示的。而在通货膨胀的环境下如果依然采用历史成本原则编制会计报表，则会影响到会计报表项目的真实性，并且会使得某些个别资产的历史成本明显地脱离现行

市价,从而影响到报表在反映企业财务状况时的可靠性。

资产负债表中还有一些项目是按照公允价值计量的,运用得当的公允价值会提高会计信息的有用性;但是运用不恰当的话,则会导致会计信息成为"数字游戏",从而违背公允价值的精神和目标。

(二)资产负债表遗漏了很多无法用货币表示的重要经济资源和义务的信息

货币计量是重要的会计假设,它本身含有两重意义:一是会计信息是能用货币表述的信息;二是货币的币值稳定。而企业有一些重要的经济资源和义务因无法用货币计量,会计人员就不会将其纳入资产负债表中,如企业的人力资源,以及非交易事项数据,如自创商誉等,若未能将这些项目在资产负债表中进行反映,则报表对企业财务状况的反映就不够全面。

此外,货币的币值稳定这一假设本身在现实生活中也受到了持续通货膨胀的冲击。由于通货膨胀的影响,资产负债表所提供的财务信息就不能反映企业现实的财务状况,从而导致报表本身信息的失真。

(三)资产负债表的信息有会计估计,存在被美化的可能

在资产负债表中,有许多项目无法精确计量,而必须加以估计,如各项资产减值准备、固定资产折旧年限、无形资产的摊销年限等。企业在会计核算过程中,会计估计是不可避免的,企业也根据当时的情形进行了合理的估计,但随着时间的推移、环境的变化,进行会计估计的基础可能发生变化,从而导致资产负债表所提供的信息缺乏真实与可靠性。如果企业人为操纵了相关数据,会计报表就存在被美化的可能。

(四)资产负债表的解读还需依赖报表使用者的判断

资产负债表提供了企业某一时点的财务状况,是进行会计报表分析的基础,但有些企业出于种种考虑,可能对一些偿债能力和经营效率等方面的信息不予直接披露,甚至含糊其词。为了作出正确判断,报表使用者必须利用各种知识去判断,甚至需要收集企业在媒体上发表的其他相关的非会计信息,从而正确理解会计信息。

第二节　资产类项目分析

一、资产类项目分析概述

资产是指由过去的交易或事项形成的、由企业拥有或控制的、预期会给企业带来经济利益的资源。资产是企业的一项重要资源,是资产负债表中的一个基本要素,企业通过对资产的有效运用,才能达成其经济目的。资产信息的分析,主要是关注资产的真实性和所有权。多数企业财务造假主要是通过虚构各类资产欺骗投资者,如账面上的资产客观上是不存在的,或者资产的所有权充满疑问,如资产早已抵押或使用权受到限制,这样的资产实际上已经不符合其定义,企业丧失了对资源的控制和使用权利。对资产项目的分析,主要关注以下几个方面。

(1) 对资产总额进行分析。一般来说,企业的资产总额越大,则表明其生产经营规模越大,经济实力越强。

(2) 对资产的流动性进行分析。资产的流动性是衡量资产质量的一把重要尺子,也为分析企业的偿债能力提供了基础。同时,对资产流动性的分析也有助于企业作出恰当的筹资决策。

(3) 对资产的质量及获利能力进行分析。不同资产对企业的获利能力的影响是不同的,资产的获利能力往往与流动性成反向关系。因此,合理的资产结构应当是在保证流动性和正常偿债的前提下,尽量提高资产的获利性。从资产的功用来看,不同的资产有不同的功用,因而其质量特征也各不相同。具体有以下三点。

① 企业的经营性流动资产(流动资产减去短期投资)是企业短期内最具有活力的资产,也是企业近期经营业绩的主要来源、偿还短期债务的主要保障。因此,经营性流动资产的质量,应该从以下几个方面进行考察:高质量的经营性流动资产应该具有适当的流动资产周转率;高质量的经营性流动资产应具有较强的偿还短期债务的能力;其他应收款等主要不良资产区域不应该存在金额过大或波动过于剧烈等异常现象。

② 企业的对外投资,体现了企业谋求对外扩张或者赚取非主营业务利润的能力。因此,高质量的短期投资,应该表现为短期投资的直接增值;高质量的长期投资,则应该表现为投资的结构与方向体现或者增强企业的核心竞争力,并与企业的战略发展相符;投资收益的确认导致适量的现金流入量;外部投资环境有利于企业的整体发展;等等。

③ 企业的固定资产和无形资产,是企业从事长期发展的物质基础和技术装备水平。因此,固定资产和无形资产的质量评价,主要应取决于这两项资产所能够推动的企业经营活动的状况。高质量的固定资产和无形资产,应当表现为:其生产能力与存货的市场份额所需要的生产能力相匹配,并能够将符合市场需要的产品推向市场,并获得利润;周转速度适当,资产的闲置率不高。

二、流动资产项目分析

流动资产是指预计在一个正常营业周期中变现、出售或耗用,或者主要为交易目的而持有,或者预计在资产负债表日起一年内(含一年)变现的资产,或者自资产负债表日起一年内交换其他资产或清偿负债的能力不受限制的现金或现金等价物。流动资产项目通常包括:货币资金、交易性金融资产、应收票据、应收账款、预付款项、其他应收款、存货、合同资产、持有待售资产和一年内到期的非流动资产等。

(一)货币资金

货币资金是指企业在生产经营过程中处于货币形态的流动资产,它具有可立即作为支付手段并被普遍接受等特性,包括库存现金、银行存款和其他货币资金。该项目应根据"库存现金""银行存款"和"其他货币资金"等账户的期末余额合计填列。

对货币资金的分析,最主要的是分析其持有量是否合理。企业持有货币资金,可以满足交易性需要、预防性需要和投机性需要。但是由于货币资金的盈利能力较差,并不能持有太多现金,以保证企业的整体盈利能力。在判断企业的货币持有量是否合理时,应考虑以下因素。

1. 企业的资产规模、业务收支规模

一般而言，企业的资产总额越大，相应的货币资金规模也越大；企业收支频繁且绝对数额较大，则处于货币资金形态的资产也就越多。

2. 企业和行业特点

不同行业的企业，其合理的货币资金结构也会有所差异，有时甚至差异很大，如金融业、保险业与生产企业相比，在相同资产规模条件下，所需的货币资金量却不尽相同。

3. 企业的筹资能力

如果企业资信状况较好且有优良的业绩作为支撑，在资本市场上就能较容易筹到资金，向金融机构负债也比较容易，因此企业没必要持有大量现金。

4. 企业对货币资金的应用能力

货币资金如果停留在货币形态，则只能用于支付而无法创造收益，如果企业的财务人员能够妥善地利用货币资金，进行投资活动，就会提高企业的获利水平。

(二)交易性金融资产

交易性金融资产反映企业在资产负债表日分类为以公允价值计量且其变动计入当期损益的金融资产，以及企业持有的直接指定为以公允价值计量且其变动计入当期损益的金融资产的期末账面价值。本项目应当根据"交易性金融资产"科目及明细科目的期末余额分析填列。自资产负债表日起超过一年到期且预期持有超过一年的以公允价值计量且其变动计入当期损益的非流动金融资产的期末账面价值，在"其他非流动金融资产"项目反映。

1. 交易性金融资产的交易目的和流动性分析

企业投资交易性金融资产的目的是利用暂时闲置的资金，购入能够随时变现的有价证券，以获得高于银行存款利率的收益。因此，交易性金融资产具有容易变现、持有时间较短、盈利与亏损难以把握等特点。在进行会计报表分析时，应着重考察交易性金融资产的交易目的和变现能力。

2. 交易性金融资产的计价分析

交易性金融资产的计量是以公允价值为基本计量属性，无论是在其取得时的初始计量还是在资产负债表日的后续计量，均以公允价值计量。企业在持有交易性金融资产期间，其公允价值变动在利润表上以"公允价值变动损益"计入当期损益；出售交易性金融资产时，要确认出售损益，计入"投资收益"。分析交易性金融资产的质量特征时，应关注其公允价值这一计量属性，着重分析该项目是否盈利。

3. 交易性金融资产的规模分析

企业投资交易性金融资产，是为了将暂时闲置的货币资金进行运作，获得额外收益。
若企业的交易性金融资产规模过大，必然影响企业的正常生产经营。一般来说，拥有一定量的交易性金融资产，表明企业除了自身的生产经营活动以外，具有多方出击的理财

思路。

4. 交易性金融资产的投资质量分析

企业理财的效果如何，需要通过对交易性金融资产投资进行质量评价作出准确的判断。一是关注同期利润表中的"公允价值变动损益"及其在会计报表附注中对该项目的详细说明，因交易性金融资产投资而产生的公允价值变动损益是为正还是为负；二是关注同期利润表中的"投资收益"及其在会计报表附注中对该项目的详细说明，因交易性金融资产而产生的投资收益是为正还是为负，收益率是否高于同期银行存款利率。

(三) 应收票据

应收票据是指企业因销售商品、提供劳务等收到的商业汇票，包括商业承兑汇票和银行承兑汇票。该项目应根据"应收票据"科目的期末余额，减去"坏账准备"科目中有关应收票据计提的坏账准备期末余额后的金额填列。

对于应收票据的质量分析，主要考虑商业承兑汇票和银行承兑汇票的比例，因为商业承兑汇票存在票据到期时付款人无法支付款项的风险。企业持有的应收票据在到期前可以进行贴现，但票据贴现实际上是企业融通资金的一种形式，对企业而言，票据贴现是一项或有负债，若已贴现的票据金额过大，则可能会对企业的财务状况产生较大影响。因此，还要了解企业是否存在已贴现的商业汇票，分析其对企业未来偿债能力的影响程度。

(四) 应收账款

应收账款是指企业因销售商品、提供劳务等经营活动应收取的款项，作为一种商业信用形式，赊销以及由此产生的应收账款具有发生坏账的风险。该项目应根据"应收账款"和"预收账款"科目所属各明细科目的期末借方余额合计减去"坏账准备"科目中有关应收账款计提的坏账准备期末余额后的金额填列。如"应收账款"科目所属明细科目期末有贷方余额的，应在资产负债表"预收款项"项目内填列。

1. 应收账款规模的分析

应收账款的规模受众多因素的影响，应结合企业的经营方式及所处行业的特点、企业的信用政策来分析。对大部分工业企业来说，往往采用赊销方式，因而应收账款比较多；对于商业行业的零售企业来说，大部分业务是现金销售业务，其应收款项相对较少。企业所采用的信用政策，对应收账款的规模大小也有直接的影响。如果企业放松信用政策，会刺激销售，增加应收账款，发生坏账的可能性就越大，紧缩信用政策，则会制约销售，减少应收账款，发生坏账的可能性就越小。

2. 应收账款质量的分析

应收账款的质量是指债权转化为货币的能力。对于应收账款的质量分析，主要是通过对债权的账龄进行分析。一般来说，未过信用期或已过信用期但时间较短的债权出现坏账的可能性比已过信用期且时间较长的债权出现坏账的可能性要小。时间越长，发生坏账的可能性越大。结合会计报表附注中的账龄资料，通过对账龄资料的分析，同时结合债务人的信誉情况，可以获得债权质量好坏的信息。

3. 对债权的周转情况进行分析

对债权的周转情况可借助于应收账款周转率、应收账款平均收账期等指标进行分析。在一定的赊账政策条件下，企业应收账款平均收账期越长，债权周转速度越慢，债权的变现性也就越差。

4. 坏账准备政策的影响

坏账准备的计提比例客观地反映了企业对应收账款风险程度的认识。采用备抵法计提坏账准备的企业，要特别关注坏账准备计提的合理性。根据可比性原则，企业计提坏账准备的方法和比例一经确定，不得随意变更。对于企业随意变更坏账准备计提方法和比例的情况要予以分析，首先应查明企业是否在会计报表附注中对变更计提方法予以说明；其次应分析这种变更是否合理，是正常的会计变更还是为了调节利润。可以通过阅读会计报表的相关附注，结合当年的实际业绩以及审计报告内容，分析判断其合理性，从而在一定程度上判断该项目的质量。

(五) 预付款项

预付款项是指企业按照合同规定预付的款项。该项目应根据"预付账款"和"应付账款"科目所属各明细科目的期末借方余额合计数减去"坏账准备"科目中有关预付款项计提的坏账准备期末余额后的金额填列。如"预付账款"科目所属明细科目期末有贷方余额的，应在资产负债表"应付账款"项目内填列。在资产负债表上，预付款项是一种特殊的流动负债，因为除了一些特殊情况，预付款项是不会导致现金流入的，即这种债权在收回时，只是存货的流入而不是现金的流入。

判断预付款项的规模是否合适，主要应考虑采购特定存货的市场供求状况。一般而言，预付款项不构成企业流动资产的主体部分，若企业预付款项金额过高或时间较长，则可能预示着企业有非法转移资金、非法向有关单位提供贷款等不法行为。

(六) 其他应收款

其他应收款是指企业除应收票据、应收账款、预付账款、应收股利等以外的其他各种应收、暂付款项。该项目应根据"应收利息""应收股利""其他应收款"科目的期末余额合计数减去"坏账准备"科目中相关坏账准备期末余额后的金额填列。

应收利息核算企业交易性金融资产、债权投资、其他债权投资、发放贷款、存放中央银行款项、拆出资金、买入返售金融资产等应收取的利息。该项目应结合"交易性金融资产""债权投资"和"其他债权投资"等项目进行分析。

应收股利是企业应收到的现金股利和应收取的其他单位分配的利润。企业在取得交易性金融资产、其他权益工具投资和长期股权投资时，应将支付的价款中所包含的、已宣告但尚未发放的现金股利，或持有期间被投资单位宣告发放现金股利或利润的，按应享有的份额通过应收股利来反映。应收股利的变现能力很强，属于质量较高的流动资产。该项目应结合"交易性金融资产""其他权益工具投资"和"长期股权投资"等项目进行分析。

其他应收款包括各种赔款、罚金、存出保证金、应向职工个人收取的各种垫付款项等，与主营业务产生的债权相比较，其数额不应过大。此外，其他应收款也有可能隐藏企业的违规行为，如非法拆借资金、给个人的销售回扣等，因而应警惕企业将该项目作为企业成本费用和利润的调节器。

(七)存货

存货是指企业在生产经营过程中为销售或耗用储备的各种物资，如各种原材料、燃料、周转材料、在产品、自制半产品、库存商品等。该项目应根据"材料采购""原材料""库存商品""周转材料""生产成本""委托加工物资""委托代销商品"等科目的期末余额合计，减去"存货跌价准备"科目期末余额后的金额填列。材料采用计划成本核算，以及库存商品采用计划成本核算或售价核算的企业，还应按加或减"材料成本差异""商品进销差价"后的金额填列。

1. 存货规模的分析

从资金占用角度分析，若存货数量过多，资金占用较大，会影响企业的资金周转，最终会导致企业生产中断，使经营难以为继；若存货过少，也会影响企业正常的生产经营，使企业错失销售良机。所以必须使存货规模与企业生产经营活动保持平衡。企业应关注存货总量与资金占用的关系、存货规模与存货结构的关系。

2. 存货发出计价方法的分析

存货在发出时，应采用先进先出法、加权平均法或个别计价法来确定发出存货的实际成本。发出存货的计价方法作为一项会计政策，企业应结合自身的生产经营特点、存货实物流转特点合理地确定，一经确定不得随意变更。分析时应注意结合会计报表附注，查明企业是否对存货计价方法变更予以说明，并分析变更是否合理，是正常的会计政策调整还是为了调节利润。

3. 存货货龄的分析

存货货龄是指存货自入库时间到还未被领用，仍存在仓库的时间，也就是存货占用的储存时间。货龄是根据入库的时间作为起点进行计算的，若超过正常货龄的原材料就是非正常的原材料，需要对其入库时间和品种进行详细的分析，查明原因。货龄会影响存货的流动性和质量，库存周期过长的商品自然会使存货的变现能力降低。一般来说，货龄越长，存货的周转速度越慢。因此，会计报表分析时必须考虑存货的周转速度、企业的存货日常管理制度，并结合企业的行业特点、企业的生产经营情况进行综合考虑。

4. 存货跌价准备计提的分析

存货为企业实物资产，种类繁多，数量庞大，且价格经常出现波动。通过对存货跌价准备计提的分析，考察跌价准备计提的合理性，关注企业是否存在利用存货项目进行潜亏挂账的问题，或是通过巨额计提存货跌价准备调节利润的现象。此外，还应结合企业经营的外部环境，尤其是商品市场未来的价格趋势，考察在存货数量过大、过小或结构不平衡的情况下，对企业未来盈利能力的影响。

(八)持有待售资产

持有待售资产项目反映资产负债表日划分为持有待售类别的非流动资产及划分为持有

待售类别的处置组中的流动资产和非流动资产的期末账面价值。该项目应根据"持有待售资产"科目的期末余额减去"持有待售资产减值准备"科目的期末余额后的金额填列。分析该项目时要注意划分为持有待售资产的非流动资产是否满足持有待售资产的条件,持有待售的非流动资产、处置组和终止经营的适用范围是否恰当。

三、非流动资产项目分析

非流动资产是指企业不能在一年内或超过一年的一个营业周期内转化为货币的资产,主要包括债权投资、其他债权投资、长期股权投资、其他权益工具投资、投资性房地产、固定资产、在建工程、无形资产、商誉、长期待摊费用、递延所得税资产、其他非流动资产等。

(一)债权投资

债权投资反映资产负债表日企业以摊余成本计量的长期债权投资的期末账面价值。该项目应根据"债权投资"科目的相关明细科目期末余额减去"债权投资减值准备"科目中相关减值准备的期末余额后的金额分析填列。

主要从以下几个方面对债权投资进行分析。

1. 债权投资的项目构成及债务人分析

对债权投资而言,虽然投资者按照约定,将定期收取利息、到期收回本金,但是债务人能否定期支付利息、到期偿还本金,取决于债务人在需要偿还的时间是否有足够的现金。因此,有必要对债权投资的投资项目或投资对象的具体构成进行分析,并在此基础上对债务人的偿债能力作进一步的判断,从而评价债权投资的质量。

2. 债权投资收益的分析

企业购买国债、企业债券或金融债券是债权投资的主要内容,其投资收益为定期收取的利息。对债权投资收益的分析,首先应当根据当时金融市场情况,判断投资的回报水平,即收益率的高低。一般来说,债权投资的收益率应高于同期银行存款利率。另外还要注意,债权投资的投资收益是按照权责发生制原则确定的,并不与现金流入量相对应,即无论投资企业是否收到利息,都要按应收利息计算出当期的投资收益。在大多数情况下,投资收益的确认都先于利息的收取,由此会导致投资收益与现金流入的不一致。

3. 债权投资减值的分析

当债权投资发生减值时,应当计提债权投资减值准备。计提债权投资减值准备不仅会导致债权投资账面价值减少,而且会影响当期的利润总额,因此一些企业可能出于某种不良动机,通过少提或多提减值准备来达到虚增或虚减债权投资账面价值和利润的目的。按照我国相关会计准则的规定,对债权投资、贷款和应收款项等金融资产,确认减值损失后如有客观证据表明该金融工具已不再属于自初始确认后信用风险显著增加情形的,原确认的减值损失应当予以转回。对此应当尤为注意,要特别警惕企业是否存在利用债权投资减值准备的计提和转回人为操纵利润的情形。

(二)其他债权投资

其他债权投资反映资产负债表日企业分类为以公允价值计量且其变动计入其他综合收益的长期债权投资的期末账面价值。该项目应根据"其他债权投资"科目的期末余额填列。

对其他债权投资的分析，主要从以下几个方面进行。①其他债权投资的项目构成及债务人分析。②其他债权投资收益的分析。③公允价值变动的处理是否恰当。④金融资产的重分类分析。

(三)长期股权投资

长期股权投资是指投资方对被投资方能够实施控制或具有重大影响的权益性投资，以及对其合营企业的权益性投资。该项目应根据"长期股权投资"科目的期末余额减去"长期股权投资减值准备"科目期末余额后的金额填列。

企业进行长期股权投资的目的多种多样，有的是建立和维持与被投资企业之间稳定的业务关系，有的是控制被投资企业，有的是增强企业多元化经营的能力，创造新的利润源泉。由于长期股权投资期限长，金额通常很大，因而对企业的财务状况影响较大。另外，由于长期股权投资数额大、时间长，其间难以预料的因素很多，因而风险也会很大，一旦失败，将会给企业带来重大的、长期的损失和负担，有时可能是致命的打击。长期股权投资的分析可从以下几个方面进行。

1. 长期股权投资构成分析

长期股权投资构成主要是从企业投资对象、投资规模、持股比例等方面进行分析。通过对其构成进行分析，可以了解企业投资对象的经营状况及其收益等方面的情况，从而有助于判断长期股权投资的质量。

2. 关注长期股权投资核算方法的选择

长期股权投资的核算方法包括成本法和权益法，核算方法的使用取决于投资企业与被投资企业的关系。

当投资企业对被投资企业能够实施控制，即对子公司的长期股权投资，应当采用成本法核算。成本法是指长期股权投资的账面价值按初始投资成本计量，除追加或收回投资外，一般不对长期股权投资的账面价值进行调整的一种会计处理方法。当投资企业对被投资企业具有共同控制或重大影响，即对合营企业或联营企业的长期股权投资，应当采用权益法核算。权益法是指在取得长期股权投资时以投资成本计量，在投资持有期间则要根据投资企业应享有被投资企业所有者权益份额的变动，对长期股权投资的账面价值进行相应调整的一种会计处理方法。采用权益法核算，投资企业的"长期股权投资"账面价值随被投资企业当期发生盈利或亏损上下浮动；而采用成本法，投资企业的"长期股权投资"账面价值不随被投资企业当期发生盈利或亏损上下浮动。个别企业正是利用成本法核算的这个"空间"，选择其他股权投资来转移企业的资产，或将经营失误在此长期挂账。

3. 长期股权投资盈利能力的分析

长期股权投资的收益分为两部分：一是股利收益；二是买卖股权的差价收益。股利收益的多少不仅取决于被投资单位的股利政策,还与企业采用成本法和权益法进行会计核算有关。在成本法下,长期股权投资以取得股权时的初始投资成本计价,其后,除了投资企业追回投资、收回投资等情形外,长期股权投资的账面价值一般保持不变。投资企业确认投资收益,仅限于所获得的被投资企业对累积净利润的分配额。权益法最初以初始投资成本计价,以后根据投资企业享有被投资单位所有者权益份额的变动对投资账面价值进行调整,属于被投资单位当年实现的净利润而影响的所有者权益的变动,投资企业按持股比例计算应享有的份额,增加长期股权投资的账面价值,并确认为投资收益。反之,属于被投资企业当年发生的净亏损影响的所有者权益的变动,投资企业按应享有的份额确认为投资损失。

4. 长期股权投资减值准备的分析

长期股权投资减值准备的分析,不仅要准确判断长期股权投资减值准备计提是否合理,而且要注意,长期股权投资减值损失一经确认,在以后会计期间不得转回。在实务中,对于有市价的长期股权投资是否应当计提减值准备进行判断比较容易;然而对于无市价的长期股权投资,如果无法获得被投资单位详细可靠的资料,就难以对投资企业是否应当计提减值准备作出正确的判断。遇到这种情形,报表使用者只有深入分析,才不至于发生偏差。

(四)其他权益工具投资

其他权益工具投资反映资产负债表日企业指定为以公允价值计量且其变动计入其他综合收益的非交易性权益工具投资的期末账面价值。该项目应根据"其他权益工具投资"科目的期末余额填列。

其他权益工具投资分析时需考虑以下几个方面。

(1) 判断金融资产的分类是否恰当,即划分为其他权益工具投资是否符合其确认标准。

(2) 公允价值变动的处理是否恰当。根据《企业会计准则》的相关规定,其他权益工具投资应当以公允价值进行后续计量,公允价值变动产生的利得和损失,应当直接计入所有者权益(其他综合收益)。

(3) 要特别注意企业是否存在为了粉饰经营业绩而将持有的其他权益工具投资的公允价值变动损益直接确认为当期损益的行为。

(五)投资性房地产

投资性房地产,是指为赚取租金或资本增值,或两者兼有而持有的房地产。即企业持有这类房地产的目的不是自用,而是用于投资。主要包括已出租的土地使用权,持有并准备增值后转让的土地使用权和已出租的建筑物。企业采用成本模式计量投资性房地产的,该项目应根据"投资性房地产"科目的期末余额减去"投资性房地产累计折旧(摊销)"和"投资性房地产减值准备"科目期末余额后的金额填列;企业采用公允价值模式计量投资性房地产的,该项目应根据"投资性房地产"科目的期末余额填列。

作为投资性房地产,企业持有的目的是赚取租金或资本增值,或二者兼而有之;而企业自用的房地产,即为生产商品、提供劳务或者经营管理而持有的房地产和房地产开发企业作为存货的房地产,则分别属于固定资产和存货,并非投资性房地产。

对投资性房地产的分析还要重点关注其计量。投资性房地产的初始计量是采用成本模式，与固定资产的初始计量较为接近，但其后续计量则有成本模式和公允价值模式两种。具体来说，当有确凿的证据表明投资性房地产的公允价值能够持续可靠取得时，可以对投资性房地产采用公允价值模式进行后续计量，否则采用成本模式进行后续计量。并且，企业对投资性房地产的计量模式一经确定，不得随意变更，如果原来按成本模式计量的投资性房地产以后具备了采用公允价值模式的条件，可以转为公允价值模式，但应当作为会计政策变更处理。但是，已采用公允价值模式计量的投资性房地产，不得从公允价值模式转为成本模式。采用"公允价值模式"计量的，不对投资性房地产计提折旧或进行摊销，应当以资产负债表日投资性房地产的公允价值为基础调整其账面价值，公允价值与原账面价值之间的差额计入当期损益。

(六)固定资产

固定资产反映资产负债表日企业固定资产的期末账面价值和企业尚未清理完毕的固定资产清理净损益。该项目应根据"固定资产"科目的期末余额减去"累计折旧"和"固定资产减值准备"科目的期末余额后的金额以及"固定资产清理"科目的期末余额填列。

固定资产是指同时具有下列特征的有形资产：①为生产商品、提供劳务、出租或经营管理而持有的；②使用寿命超过一个会计年度。一般而言，其属于企业的劳动资料，代表了企业的扩大再生产能力。固定资产具有占用资金数额大、资金周转时间长的特点，是企业资产管理的重点。对固定资产的分析，可从以下几个方面入手。

1. 固定资产规模分析

解读固定资产，首先应对其总额进行数量判断，即将固定资产与资产总额进行比较。如前文所述，这种分析应当结合行业、企业生产经营规模以及企业经营生命周期来开展。

2. 固定资产会计折旧政策分析

计提固定资产折旧具有一定的灵活性，所以如何进行固定资产折旧会给固定资产账面价值带来很大的影响。因此，在实务中，一些企业往往利用固定资产会计政策选择的灵活性，虚增或虚减固定资产账面价值和利润，结果造成会计信息失真。因此，财务分析人员必须认真分析企业的固定资产会计政策，正确评价固定资产账面价值的真实性。

在分析固定资产折旧政策时，应关注以下3个方面的内容。

(1) 分析企业固定资产预计使用寿命和预计净残值确定的合理性。分析时，应注意固定资产预计使用寿命和预计净残值的估计是否符合会计准则规定，是否与企业的实际情况相符。固定资产的预计净残值和预计使用寿命会对计提折旧总额和各期折旧额产生影响，企业应当根据固定资产的性质和使用情况合理地确定，并且，一经确定不得随意变更。实务中有的企业在固定资产没有减少的情况下，通过延长折旧年限，使得各期折旧费用大幅降低，转眼之间就"扭亏为盈"，对于这样的会计信息失真现象，报表使用者在分析时应持谨慎态度。

(2) 分析企业固定资产折旧方法的合理性。固定资产的折旧方法包括年限平均法、工作量法、双倍余额递减法和年数总和法等。企业应当根据与固定资产有关的经济利益的预期实现方式，合理地选择固定资产折旧方法。但在实务中，某些企业往往利用折旧方法的选择，来达到调整固定资产净值和利润的目的。

(3) 观察企业固定资产折旧政策前后各期是否保持一致。固定资产的预计使用寿命、预计净残值和折旧方法一经确定，不得随意变更。虽然固定资产折旧政策的变化对企业现金流量没有任何影响，但对当期利润和财务状况会产生影响。对固定资产占资产总额比重较大的企业，折旧政策的调整对当期利润的影响十分重大，成为某些上市公司调节利润的手段。所以，企业变更固定资产折旧政策，可能隐藏着一些不可告人的秘密。

3. 固定资产减值准备政策的分析

首先，应注意企业是否依据《企业会计准则》规定计提固定资产减值准备，计提是否准确。在实际工作中，往往存在这种现象：固定资产明明已经实质上发生了减值，如因技术进步已经陈旧过时不能使用，但企业却不提或少提固定资产减值准备，这样不但虚夸了固定资产，而且虚增了利润，结果造成会计信息失真，企业潜亏严重。

其次，由于固定资产一旦发生减值，往往意味着发生了永久性减值，其价值很难在以后会计期间恢复，因此，我国《企业会计准则》规定，固定资产减值准备一经计提，在以后会计期间不得转回。

4. 固定资产清理的分析

固定资产清理分析企业出售、转让、报废固定资产或发生固定资产毁损的真实性，分析其账务处理的正确性，固定资产清理完成后产生的清理净损益，依据固定资产处置方式的不同，应使用不同的处理方法，分别计入营业外收支和资产处置损益。

(七) 在建工程

在建工程反映资产负债表日企业尚未达到预定可使用状态的在建工程的期末账面价值和企业为在建工程准备的各种物资的期末账面价值。该项目应根据"在建工程"科目的期末余额减去"在建工程减值准备"科目的期末余额后的金额，以及"工程物资"科目的期末余额减去"工程物资减值准备"科目的期末余额后的金额填列。

在建工程占用的资金属于长期资金，但是投入前属于流动资金。如果工程管理出现问题，会使大量的流动资金沉淀，甚至造成企业流动资金周转困难。因此，在分析该项目时，应深入了解工程的工期长短，及时发现存在的问题。

对在建工程的分析还要注意其转为固定资产的真实性和合理性，谨防企业利用在建工程完工虚增资产和收入的造假行为。

(八) 无形资产

无形资产，是指企业拥有或控制的没有实物形态的可辨认非货币性资产。该项目应根据"无形资产"科目的期末余额减去"累计摊销"和"无形资产减值准备"科目期末余额后的金额填列。

对无形资产的分析，可从以下几个方面入手。

1. 无形资产的规模和盈利能力

无形资产是商品经济高度发达的产物，看似无形，却如同一双看不见的手，给企业的生存和发展造成巨大影响。伴随着科技进步特别是知识经济时代的到来，无形资产对企业生产经营活动的影响越来越大。在知识经济时代，企业控制的无形资产越多，可持续发展能力和竞争能力就越强，因此企业应重视对无形资产的培育。另外，还要注意考察无形资产的类别比重，借以判断无形资产的质量。具体来说，专利权、商标权、著作权、土地使用权、特许权等无形资产价值质量较高，且其价值易于鉴定；而一旦企业的无形资产以非专利技术等不受法律保护的项目为主，则容易产生资产的"泡沫"。

2. 无形资产摊销政策分析

企业应当正确地分析判断无形资产的使用寿命，对于无法预见无形资产为企业带来经济利益期限的，应当视为使用寿命不确定的无形资产，对该类无形资产不应摊销；使用寿命有限的无形资产则应当考虑与该项无形资产有关的经济利益的预期实现方式，采用适当的摊销方法，将其应摊销金额在使用寿命期内系统合理地摊销。分析时应仔细审核无形资产的摊销是否符合会计准则的有关规定。尤其是无形资产使用寿命的确定是否正确，有无将本能确定使用寿命的无形资产作为使用寿命不确定的无形资产不予摊销；摊销方法的确定是否考虑了经济利益的预期实现方式；摊销方法和摊销年限有无变更、变更是否合理等。

3. 无形资产减值

无形资产是一种技术性含量很高的特殊资源，它的价值确认存在着高风险。因此，无形资产发生减值也是一种正常现象。分析时一方面要注意无形资产减值准备计提的合理性，另一方面也要注意无形资产减值准备一经确认，在以后期间也不得任意转回。

(九)商誉

商誉是指在非同一控制下的企业合并中，购买方付出的合并成本超出合并中取得的被购买方可辨认净资产公允价值的差额。该项目应根据"商誉"科目的期末余额减去相应减值准备后的金额填列。

商誉是一项特殊的资产，它只有在企业合并中才有可能产生并确认，代表了被购买企业的一种超额获利能力。企业合并所形成的商誉，至少应当在每年年度终了进行减值测试。初始确认后的商誉，以其成本扣除累计减值准备后的金额计量。对该项目的分析，主要是结合企业会计政策的说明，判断商誉确认和商誉减值测试的正确性，从而分析商誉价值的真实性。

(十)长期待摊费用

长期待摊费用，是指企业已经发生但应由本期和以后各期负担的分摊期在一年以上(不含一年)的各项费用，如以短期租赁方式租入的固定资产发生的改良支出等。该项目应根据"长期待摊费用"科目的期末余额减去将于一年内(含一年)摊销的数额后的金额填列。

长期待摊费用实质上是按照权责发生制原则对费用的资本化，该项目根本没有变现性，其数额越大，表明资产的质量越低。因此，对企业而言，这类资产数额应当越少越好，占资产总额的比重越低越好。

在分析长期待摊费用时，应注意企业是否存在根据自身需要将长期待摊费用当作利润的调节器。即在不能完成利润目标或者相差很远的情况下，将一些影响利润的本不属于长期待摊费用核算范围的费用转入；而在利润完成情况超目标时，又会出于"以丰养欠"的考虑，加快长期待摊费用的摊销速度，将长期待摊费用大量提前转入摊销，以达到降低和隐匿利润的目的，为以后各期经营业绩的提高奠定基础。

(十一)其他非流动资产

其他非流动资产，是指除上述资产以外的，由于某种特殊原因，企业不得随意支配的资产。这种资产一经确定，未经许可企业无权支配和使用，但仍应加强管理，并单独予以存放和核算。就其数量判断而言，既为"其他"，其数额就不应过大，若它们数额较大，则需要进一步分析。

除了"特准储备物资"，企业的其他长期资产往往是不正常的，例如，待处理海关罚没物资、税务纠纷冻结物资、未决诉讼冻结财产、海外纠纷冻结财产等。这些挂在账上的所谓"资产"，能否保障变现不能确定。显然，这种资产的质量极差。另外，即便是特准储备物资，其变现性和流动性也是很差的。这是因为特准储备物资是专为特大自然灾害所储备的，任何单位、个人未经有关部门批准不得随意处理。所以，在分析资产的流动性和偿债能力时，一般应将其他非流动资产扣除。

第三节 负债类项目分析

一、负债类项目分析概述

负债是指企业过去的交易或者事项形成的、预期会导致经济利益流出企业的现时义务。负债代表了债权人权益，它与所有者权益均对企业的资产有要求权。

从负债的定义可以看出，负债至少具有以下两个基本特征。首先，负债是基于过去的交易或事项而产生的、由企业承担的现时义务。现时义务是指企业在现行条件下已承担的义务，未来发生的交易或事项形成的义务不属于现时义务，不应当确认为负债。其次，负债的清偿预期会导致经济利益流出企业，即现时义务的履行通常关系到企业放弃含有经济利益的资产，以满足对方的要求。

二、流动负债项目分析

流动负债是指预计在一个正常营业周期中清偿，或者主要为交易目的而持有，或者自资产负债表日起一年内(含一年)到期应予以清偿，或者企业无权自主地将清偿推迟至资产负债表日后一年以上的负债。流动负债主要包括短期借款、应付票据、应付账款、预收账款、应付职工薪酬、应交税费、其他应付款等。

流动负债具有以下几个特点。

(1) 筹资成本低。一般来说，流动负债利率较低，有些应付款项甚至无须支付利息，因而筹资成本较低。

(2) 期限短。流动负债的期限一般都在1年以下，有时为半年、3个月、1个月甚至更短。

(3) 金额小。流动负债的金额一般不会太大。

(4) 到期必须偿还。流动负债发生的频率最高，一般到期必须偿还，否则将会影响企业信用，以后再借将会发生困难。

(5) 流动负债一般只适合企业流转经营中的短期的、临时性的资金需要，不适合固定资产等非流动资产。

(一)短期借款

短期借款是指企业向银行或其他金融机构等借入的期限在 1 年以下(含 1 年)的各种借款。该项目应根据"短期借款"科目的期末余额填列。

企业生产周转或季节性等原因出现资金暂时短缺时，可向开户银行或其他金融机构申请短期贷款，以保证生产经营的正常进行。我国企业这一项目在流动负债总额中的所占份额较大，在进行分析时，应注意分析短期借款的以下问题。

1. 短期借款应与流动资产规模相适应

从财务角度观察，短期借款筹资快捷，弹性较大。任何一个企业，在生产经营中都会发生或多或少的短期借款。短期借款的目的就是维持企业正常的生产经营活动，因此，短期借款必须与当期流动资产，尤其是存货项目相适应。一般而言，短期借款应当以小于流动资产的数额为上限。

2. 短期借款应与企业当期收益相适应

经营卓越有效的企业并不在乎短期借款数额绝对数的高低，而应注重其产出是否大于投入，即运营效率是否高于借款利率。

(二)应付票据

应付票据是指企业因购买材料、商品等而开出、承兑的商业汇票，包括银行承兑汇票和商业承兑汇票。该项目应根据"应付票据"科目的期末余额填列。

根据《中华人民共和国票据法》规定，商业汇票的偿付期限最长不得超过六个月，是一种企业到期必须偿付的"刚性"债务。企业的应付票据如果到期不能支付，不仅会影响企业的信誉和以后资金的筹集，而且会受到银行的处罚。按照规定，如果应付商业汇票到期，企业的银行存款账户余额不足以支付票款，银行除退票外，还要比照签发空头支票的规定进行处罚，因此在进行报表分析时，应当认真分析企业的应付票据，了解应付票据的到期情况，预测企业未来的现金流量，评价应付票据的偿还能力。

(三)应付账款

应付账款是指企业因赊购材料、商品或接受劳务供应等经营活动应支付的款项。该项目应根据"应付账款"和"预付账款"科目所属各明细科目的期末贷方余额合计数填列；如"应付账款"科目所属明细科目期末有借方余额的，应在资产负债表"预付款项"项目内填列。

应付账款属于企业的一种短期资金来源，是企业最常见、最普遍的流动负债，一般不用支付利息，有的供货单位为刺激客户及时付款还规定了现金折扣条件。企业利用商业信用，大量赊购，推迟付款，但隐含的代价是增大了企业的信誉成本，如果不能按期偿还应付账款，可能导致企业信誉殆尽，以后无法再利用这种资金来源，从而影响企业未来发展。一旦引起法律诉讼，还会使企业遭受更大损失，甚至导致企业破产。因此，在对应付账款进行分析时，应注意观察其中有无异常情况，测定企业未来现金流量，对应付账款的偿还能力作出正确判断。

(四)预收款项

预收款项是指企业按照合同规定向购货单位预收的款项。预收款项是一种特殊的债务，其在偿付时不是以现金支付，而要以实物(存货)支付，所以，预收款项的偿还一般不会对现金流量产生影响。该项目应根据"预收账款"和"应收账款"科目所属各明细科目的期末贷方余额合计数填列。如"预收账款"科目所属各明细科目期末有借方余额，应在资产负债表"应收账款"项目内填列。

预收款项是一种"良性"债务，对企业来说，预收款项越多越好。因为预收款项作为企业的一项短期资金来源，在企业发送商品或提供劳务前，可以无偿使用，在企业发送商品和劳务后立即转化为企业的收入。

预收款项的另一个重要作用在于，由于预收款项一般是按收入的一定比例预交的，通过预收款项的变化可以预测企业未来营业收入的变动。

(五)应付职工薪酬

应付职工薪酬是指企业根据有关规定应付给职工的各种薪酬。职工薪酬，是指企业为获得职工提供的服务或解除劳动关系而给予的各种形式的报酬或补偿，包括短期薪酬、离职后福利、辞退福利和其他长期职工福利。企业提供给职工配偶、子女、受赡养人、已故员工遗属及其他受益人等的福利，也属于职工薪酬。

在分析应付职工薪酬时，需要综合考虑企业人工成本核算的完整性和准确性，应注意企业是否通过该项目来调节利润，即利用不合理的预提方式提前确认费用和负债，从而达到隐瞒利润、少缴税款的目的。当然，如果企业应付职工薪酬余额过大，尤其是期末数比期初数增加过大，则可能意味着企业存在拖欠职工工资的行为，而这有可能是企业资金紧张、经营陷入困境的表现。

(六)应交税费

应交税费，是指企业应向国家税务机关交纳而尚未交纳的各种税金和专项收费。该项目应根据"应交税费"科目的期末贷方余额填列；如"应交税费"科目期末为借方余额，应以"-"号填列。

应交税费是企业应向国家和社会承担的义务，具有较强的约束力。由于应交税费涉及的税种和收费项目较多，在分析此项目时，应当首先了解欠税的内容，有针对性地分析企业欠税的原因。如该项目为负数，则表示企业多交的应当退回企业或由以后年度抵交的税金。

(七)其他应付款

其他应付款是指企业除应付票据、应付账款、预收账款、应付职工薪酬、应交税费等经营活动以外的其他各项应付、暂收的款项。该项目应根据"应付利息""应付股利""其他应付款"科目的期末余额合计数填列。

应付利息是指企业按照合同约定应支付的利息，包括短期借款、分期付息到期还本的长期借款、企业债券等。会计报表分析时要结合短期借款、长期借款以及应付债券等项目进行分析，还要注意区分应付利息和财务费用的核算内容。

应付股利是指企业根据股东大会或类似机构审议批准的利润分配方案确定分配给投资者的现金股利或利润。值得注意的是，股份有限公司可采用的股利分配形式有现金股利与股票股利。而股票股利实质是所有者权益结构调整的重大财务决策，不涉及现实负债问题，所以，资产负债表上所反映的应付股利指的是企业应付未付的现金股利。应着重分析企业应付未付的股利数额是否巨大，有无足够的现金流进行支付。

其他应付款在资产负债表中该项目的数额与主营业务的债务相比不应过大，且时间也不宜过长。否则，其他应付款项目中就可能隐含企业之间的非法资金拆借、转移营业收入等违规挂账行为。

三、非流动负债项目分析

非流动负债是指流动负债以外的负债，主要包括长期借款、应付债券、长期应付款、专项应付款、预计负债等。非流动负债主要用于企业生产经营的投资建设，满足企业扩大再生产的需要，因而具有债务金额大、偿还期限长、分期偿还的特征。在分析非流动负债时，应对其总额进行数量判断，即将非流动负债与负债总额进行比较。一般来说，非流动负债占负债总额的比重，成长型企业较高，成熟型企业较低。

(一)长期借款

长期借款是指企业向银行或其他金融机构等借入的期限在一年以上(不含一年)的各项借款。该项目应根据"长期借款"总账科目余额扣除"长期借款"科目所属的明细科目中将在一年内到期且企业不能自主地将清偿义务展期的长期借款后的金额计算填列。

1. 长期借款的优点

长期借款期限长、利率高且是固定的，主要适用于补充长期资产需要。它可以一次性还本付息，也可以分次还本付息。相对于长期债券而言，长期借款具有以下优点。

(1) 融资速度快。长期借款的手续比发行债券简单得多，得到借款所花费的时间较短。

(2) 借款弹性大。借款时企业与银行直接交涉，有关条件可以谈判确定；用款期间发生变动，亦可与银行再协商。而债券融资所面对的是社会广大投资者，协商改善融资条件的可能性很小。

(3) 借款成本相对较低。长期借款利率一般低于债券利率，且由于借款属于直接融资，融资费用也较少。

2. 分析长期借款的注意事项

在进行报表分析时，应对长期借款的数额、增减变动及其对企业财务状况的影响给予足够的重视。有一定数量的长期借款，表明企业获得了金融机构的有力支持，拥有较好的商业信用和比较稳定的融资渠道。不过，长期借款也有一定的缺点，主要表现在有较多的限制和约束，企业必须严格按借款协议规定的用途、进度等使用借款，这在一定程度上可能会约束企业的生产经营和借款的作用。分析长期借款时应注意以下两个问题。

(1) 与固定资产、无形资产的规模相适应。长期借款的目的就是满足企业扩大再生产的需要，金融机构对于发放此项信贷有明确的用途和控制。因此，长期借款必须与当期固定资产、无形资产的规模相适应。一般而言，长期借款应当以小于固定资产与无形资产之和的数额为上限。否则，企业有转移资金用途之嫌，如将长期借款用于炒股或期货交易等。

(2) 长期借款利息费用的处理。与短期借款相比，长期借款除借款期限较长外，其不同点还体现在对借款利息费用的处理上。对此，必须关注会计报表附注中关于借款费用的会计政策，分析长期借款利息费用会计处理(资本化或费用化)的合理性。

(二)应付债券

应付债券是指企业为筹集长期使用资金而发行的债券。该项目应根据"应付债券"科目的期末余额填列。

相对于长期借款而言，发行债券需要经过一定的法定手续，但对款项的使用没有过多的限制。但也要注意应付债券的规模应当与固定资产、无形资产的规模相适应。同长期借款的目的一样，应付债券也是为了满足企业扩大再生产的需要，因此，应付债券必须与当期固定资产、无形资产的规模相适应。另外，应付债券是企业面向社会募集的资金，债权人分散，如果企业使用资金不利或转移用途，将会波及企业债券的市价和企业的声誉。所以，在进行报表分析时，应对应付债券的数额、增减变动及其对企业财务状况的影响给予足够的关注。

【例 2-6】1997 年，重庆渝港钛白粉股份有限公司(以下简称渝钛白)，将实际上已于 1995 年底就完工且投入试生产的钛白粉建设项目应付债券利息约 8 064 万元计入在建工程成本，从而使 1997 年的公司亏损额仅反映为 3 136 万元。

经分析，重庆会计师事务所注册会计师认为：应计利息 8 064 万元应计入当期损益。因为渝钛白公司钛白粉工程于 1995 年下半年就开始投产，1996 年已经具备生产能力，可以生产出合格产品，该工程应认定已达到预定可使用状态。根据《企业会计准则》的规定，固定资产建成达到预定可使用状态时，为购建固定资产而发生的借款利息应当停止资本化，此后发生的借款利息应在发生时根据其发生额确认为费用，进入当期损益。

(资料来源：谭菊芳，李若山. 能否对上市公司的会计信息说声"不"——由渝钛白事件看规范中国证券市场审计业务，财务与会计，1999(6).)

(三)长期应付款

长期应付款,反映资产负债表日企业除长期借款和应付债券以外的其他各种长期应付款项的期末账面价值。该项目应根据"长期应付款"科目的期末余额减去相关的"未确认融资费用"科目的期末余额后的金额,以及"专项应付款"科目的期末余额填列。

与长期借款和应付债券相比,融资租赁和分期付款方式在获得固定资产的同时借到一笔资金,然后分期偿还资金及其利息,有利于减轻一次性还本付息的负担,但同时也意味着在未来一定期间内企业每年都会发生一笔固定的现金流出。因此,在进行会计报表分析时,应结合会计报表附注中对长期应付款具体项目的披露,对长期应付款的数额、增减变动及其对企业未来财务状况的影响予以足够的关注。

(四)预计负债

预计负债是因或有事项而确认的负债。或有事项是指过去的交易或事项形成的,其结果须由某些未来事项的发生或不发生才能决定的不确定事项。如对外提供担保、未决诉讼、产品质量保证等。与或有事项相关的义务满足一些条件时,应当确认为预计负债,并在资产负债表中列示;否则,则属于或有负债,或有负债只能在表外披露,不能在表内确认。该项目应根据"预计负债"科目的期末余额填列。

分析预计负债应注意以下几点。

1. 预计负债的确认必须满足一定的条件

根据《企业会计准则》,与或有事项相关的义务同时满足下列条件时,才可以确认为预计负债:①该义务是企业承担的现时义务;②履行该义务很可能导致经济利益流出企业;③该义务的金额能够可靠计量。正确区分预计负债和或有负债是对预计负债进行分析的前提和关键。由于预计负债的确认不仅会增加企业的债务,而且会增大费用,降低利润,因此,首先要对预计负债确认的合理性进行判断。即要对照上述条件,分析企业是否为了隐瞒利润、将未满足条件的或有负债确认为预计负债;抑或将本已满足确认条件的或有事项仍然仅作表外披露,不予确认。解读时,可以借助会计报表附注中或有事项的有关说明和其他资料进行判断。

2. 预计负债的确认是一个持续过程

与其他传统会计要素的确认和计价不同,预计负债在初始计量后,还需要根据资产负债表日的最佳估计数对预计负债的账面价值进行复核或调整,也就是说,预计负债往往需要经过多次确认和计量。

3. 预计负债并不一定代表未来实际需要偿还的金额

预计负债的数额是企业根据一些客观条件进行估计的结果,估计数并不一定与最终的结果一致。例如,对于预期会败诉的被告而言,因为未决诉讼将产生一项预计负债,但其最终结果都是由诉讼的最终调节或判决来决定。因此,预计负债与实际负债可能存在差异,也存在一定的转化期限。

第四节 所有者权益类项目分析

一、所有者权益类项目分析概述

所有者对企业净资产的要求权形成企业的所有者权益。因此，所有者权益实质上是指所有者在企业资产中享有的经济利益，其金额为资产减去负债后的余额。具体而言，资产负债表中的所有者权益应当按照实收资本(或股本)、其他权益工具、资本公积、库存股、其他综合收益、盈余公积、未分配利润等项目分项列示。所有者权益分析可以向投资者、债权人等提供有关资本来源、净资产的增减变动、分配能力等与其决策相关的信息。因此，在进行报表分析时，应对所有者权益的金额、增减变动及其对企业财务状况的影响引起足够的重视。

首先，进行总量判断。资产总额代表了一个企业的生产经营规模，掌握一个企业的资产总额固然重要，但更要关注其净资产有多少，因为净资产表明企业生产经营的最终结果，表明企业实际的财务实力。如果一个企业绝大部分资产都来源于负债，净资产规模和比重过小，表明企业的资产大多需要用于偿债，而一旦资金周转出现了问题，甚至有可能陷入破产清算的边缘。

其次，进行结构分析。即将所有者权益项目分为内部和外部两大类，然后进行期末与期初的对比分析。实收资本和资本公积来源于企业外部(投资人)的资本投入，而盈余公积和未分配利润(二者合称"留存收益")则来源于企业内部(经营者)的资本增值。外部所有者权益的增长，只能说明投资额的加大，代表了企业外延式扩大再生产的能力；而内部所有者权益的持续增长，才意味着企业经营者的资本保值、增值能力，表明企业拥有充裕的自有资金和良好的偿债能力，代表了企业内涵式扩大再生产的能力。

对所有者权益项目进行分析时可结合企业的另一张基本会计报表——所有者权益变动表(股东权益变动表)进行。

二、所有者权益项目分析

(一)实收资本

实收资本(或股本)是投资者按照企业章程或合同、协议的约定，投入企业形成法定资本的价值。该项目应根据"实收资本"科目的期末余额填列。

实收资本一般情况下无须返还给投资者，它是企业持续经营最稳定的物质基础。实收资本包括国家、其他单位和个人对企业的各种投资。企业资本的来源及其运用受企业组织形式、相关法律的约束较多。股份有限公司与其他企业比较，最显著的特点是将企业的全部资本划分为等额股份，并通过发行股票的方式来筹集股本。股东以其认购股份对公司承担有限责任。股本，是指股东按照企业章程或合同、协议的约定，实际投入企业的资本。

分析实收资本首先应看实收资本的规模。实收资本揭示了一个企业生产经营的物质基础。实收资本总额越大，企业的物质基础就越雄厚，经济实力就越强。另外，考察实收资本的增减变动情况。除非企业出现增资、减资等情况，实收资本在企业正常经营期间一般不会发生变动。实收资本的变动将会影响企业投资者对企业的所有权和控制权，而且对企业的偿债能力、获利能力等都会产生影响。当然，企业投资者增加投入资本，会使营运资金增加，表明投资者对企业未来充满信心。

(二)其他权益工具

其他权益工具反映企业发行的除普通股以外分类为权益工具的金融工具的账面价值，并下设"优先股"和"永续债"两个项目，分别反映企业发行的分类为权益工具的优先股和永续债的账面价值。

(三)资本公积

资本公积是企业收到投资者出资额超出其在注册资本(或股本)中所占份额的部分，以及其他资本公积等。资本公积包括资本溢价(或股本溢价)和其他资本公积等。该项目应根据"资本公积"科目的期末余额填列。

资本公积不同于实收资本，实收资本是投资者对公司的原始投入，而资本公积是由特定来源形成的，除股本溢价外，主要来自非所有者投入。从性质上讲，资本公积有特定的使用流向，是一种"准资本"。在对资本公积进行分析时，要了解其形成过程和性质，破解其使用流向，以便于投资者对公司的自有资本质量作出准确的判断。

1. 分析资本公积的性质

了解资本公积与实收资本(或股本)、留存收益的区别有助于深刻理解资本公积的性质。资本公积与实收资本的区别主要表现在以下方面。

(1) 从来源和性质看，实收资本是指投资者按照企业章程或合同、协议的约定实际投入企业，并依法进行注册的资本，它体现了企业所有者对企业的基本产权关系；资本公积是投资者的出资中超出其在注册资本中所占份额的部分，以及其他资本公积等，它不直接表明所有者对企业的基本产权关系。

(2) 从用途看，实收资本的构成比例是确定所有者参与企业财务经营决策的基础，也是企业进行利润分配(或股利分配)的依据，同时还是企业清算时确定所有者对净资产的要求权的依据；资本公积的用途主要是用来转增资本(或股本)，资本公积不体现各所有者的占有比例，也不能作为所有者参与企业财务经营决策或进行利润分配(或股利分配)的依据。

资本公积与留存收益的区别体现在，留存收益是企业从历年实现的利润中提取或形成的留存于企业的内部积累，来源于企业生产经营活动实现的利润；资本公积的来源不是企业实现的利润，而主要来自资本溢价(或股本溢价)等。

2. 分析资本公积来源的可靠性

由于资本公积是所有者权益的有机组成部分，而且它通常会直接导致企业净资产的增加，因此，应特别注意企业是否存在通过资本公积项目来改善财务状况的情况。如果该项目的本期数额增长过大，就应进一步了解资本公积的构成。

3. 分析资本公积的变动情况

分析资本公积的变动情况要分析资本公积增加的原因是资本溢价导致的还是其他原因导致的。资本公积减少的原因主要是转增资本，分析时要注意转增资本的额度，以及转增资本后的股数和新的股权比例情况。可通过转增资本前后的股本收益率、每股盈利、每股净资产等指标进一步加以分析。

(四)其他综合收益

其他综合收益是企业根据《企业会计准则》规定未在当期损益中确认的各项利得和损失。主要包括以公允价值计量且变动计入其他综合收益的金融资产公允价值变动，权益法下被投资单位所有者权益其他变动等。

本项目应根据"其他综合收益"科目的期末余额填列。

其他综合收益信息是业绩报告中不可分割的一部分，是非常有效的经济信息，其确认的是企业未实现的利得和损失。未实现利得和损失(正值和负值的其他综合收益)的确认会影响企业未来的业绩，在一定程度上代表了企业潜在的经济形势。其他综合收益金额越大，未来盈余的波动性就越大。会计报表分析时应更多注意其他综合收益各项目的表现，以作出正确的判断。

其他综合收益分为两个部分：一部分是以后不能重分类进损益的其他综合收益；另一部分是以后将重分类进损益的其他综合收益。两类其他综合收益对企业未来现金流的影响是不同的，可重分类进损益的其他综合收益在影响现金流的时间方面比不可重分类进损益的其他综合收益有相对高的确定性，在影响现金流动方面也具有比较高的可预测性，所以在进行会计报表分析和预测时不仅要关注综合收益总额和净利润的变化，而且要考虑其他综合收益及其构成的变化情况。

(五)盈余公积

盈余公积是指企业按照有关规定从净利润中提取的积累资金。公司制企业的盈余公积包括法定盈余公积和任意盈余公积。法定盈余公积是指企业按照规定的比例从净利润中提取的盈余公积，任意盈余公积是指企业按照股东会或股东大会决议提取的盈余公积。企业提取的盈余公积可用于弥补亏损、扩大生产经营、转增资本或派发现金股利等。该项目应根据"盈余公积"科目的期末余额填列。

分析盈余公积应注意以下问题。

(1) 总量判断。由于盈余公积是在企业净利润中形成的，主要用于满足企业维持或扩大再生产经营活动的资金需要，其既无使用期限，亦无须支付利息。因此，企业应尽可能地多计提盈余公积，这样既可以提高企业的偿债能力，又能提高企业的获利能力。但考虑到投资者的经济利益，盈余公积的提取数额又受到一定的限制。会计报表分析时，应注意盈余公积是否按规定计提及使用。

(2) 结构判断。分析法定盈余公积和任意盈余公积的结构有助于了解企业的意图。比如，任意盈余公积所占比重较大，说明企业意在加强积累，谋求长远效益。

(六)未分配利润

未分配利润是企业实现的净利润经过弥补亏损、提取盈余公积和向投资者分配利润后留存在企业的、历年结存的利润。该项目应根据"本年利润"科目和"利润分配"科目的余额计算填列。未弥补的亏损在该项目内以"－"号填列。

由于未分配利润相对于盈余公积而言，属于未确定用途的留存收益，所以，企业在使用未分配利润上有较大的自主权，受国家法律法规的限制比较少。进行会计报表分析时应注意，未分配利润是一个变量，既可能是正数(未分配的利润)，也可能是负数(未弥补的亏损)。可将该项目的期末与期初配比，以观察其变动的曲线和发展趋势。

盈余公积和未分配利润属于留存收益。留存收益是指企业从历年实现的利润中提取或形成的留存于企业的内部积累。留存收益是留存在企业的一部分净利润，一方面可以满足企业维持或扩大再生产经营活动的资金需要，保持或提高企业的获利能力；另一方面可以保证企业有足够的资金用于偿还债务，保护债权人的权益。所以，留存收益增加，将有利于资本的保全、增强企业实力、降低筹资风险、缓解财务压力。对留存收益分析的主要内容是：了解留存收益的变动总额、变动原因和变动趋势；分析留存收益的组成项目，评价其变动的合理性。

第五节　资产负债表综合分析

一、资产负债表水平分析

(一)资产负债表水平分析表的编制

资产负债表水平分析的目的之一就是从总体上概括了资产、权益的变动情况，揭示出资产、负债和所有者权益变动的差异，分析其差异产生的原因。资产负债表水平分析通过采用水平分析法，将资产负债表的实际数与选定的标准进行比较，编制出资产负债表水平分析表，在此基础上进行分析评价。

资产负债表水平分析要根据分析的目的来选择比较的标准，当分析的目的在于揭示资产负债表实际变动情况，分析产生实际差异的原因时，其比较的标准应选择资产负债表的上年实际数；当分析的目的在于揭示资产负债表预算或计划执行情况，分析影响资产负债表预算或计划执行情况的原因时，其比较的标准应选择资产负债表的预算数或计划数。

资产负债表水平分析除了要计算某项目的变动额和变动率外，还应计算出该项目变动对总资产或权益总额的影响程度，以便确定影响总资产或权益总额的重点项目，为进一步分析指明方向。某项目变动对总资产(权益总额)的影响程度可按下面公式计算：

$$\text{某项目变动对总资产(权益总额)的影响}(\%) = \frac{\text{某项目的变动额}}{\text{基期总资产(权益总额)}} \times 100\%$$

XYZ公司的资产负债表水平分析如表2-7所示。

表 2-7 资产负债表水平分析表

编制单位：XYZ公司　　　　　　　　　　　　2021年12月31日　　　　　　　　　　　　单位：元

项　目	2021年	2020年	变动额	变动率/%	对总资产的影响/%
流动资产：					
货币资金	346 864 417.75	422 233 694.47	-75 369 276.72	-17.85	-2.38
交易性金融资产					
衍生金融资产					
应收票据	1 611 337 465.21	1 278 816 333.70	332 521 131.51	26.00	10.50
应收账款	287 605 443.29	139 851 123.20	147 754 320.09	105.65	4.66
应收款项融资					
预付款项	111 780 393.60	108 288 121.62	3 492 271.98	3.22	0.11
其他应收款	11 494 873.79	9 218 662.81	2 276 210.98	24.69	0.07
存货	664 695 248.63	583 495 273.39	81 199 975.24	13.92	2.56
合同资产					
持有待售资产					
一年内到期的非流动资产					
其他流动资产					
流动资产合计	3 033 777 842.27	2 541 903 209.19	491 874 633.08	19.35	15.53
非流动资产：					
债权投资					
其他债权投资					
长期应收款					
长期股权投资	1 859 623.76	21 551 258.34	-19 691 634.58	-91.37	-0.62
其他权益工具投资					
其他非流动金融资产					
投资性房地产					

项　目	2021年	2020年	变动额	变动率/%	对总资产的影响/%
流动负债：					
短期借款					
交易性金融负债					
衍生金融负债					
应付票据	1 024 095 943.41	903 656 592.47	120 439 350.94	13.33	3.80
应付账款	736 287 139.96	677 211 504.26	59 075 635.70	8.72	1.86
预收款项	300 964 188.52	240 423 978.72	60 540 209.80	25.18	1.91
合同负债					
应付职工薪酬	62 371 896.64	38 102 839.52	24 269 057.12	63.69	0.77
应交税费	54 210 310.26	77 053 586.61	-22 843 276.35	-29.65	-0.72
其他应付款	125 508 255.70	81 751 877.57	43 756 378.13	53.52	1.38
持有待售负债					
一年内到期的非流动负债					
其他流动负债					
流动负债合计	2 303 437 734.49	2 018 200 379.15	285 237 355.34	14.13	9.00
非流动负债：					
长期借款					
应付债券					
其中：优先股					
永续债					
租赁负债					
长期应付款					
预计负债					

续表

项 目	2021年	2020年	变动情况		对总资产的影响/%
			变动额	变动率/%	
固定资产	440 156 201.29	378 757 108.18	61 399 093.11	16.21	1.94
在建工程	73 551 575.20	50 691 517.66	22 860 057.54	45.10	0.72
生产性生物资产					
油气资产					
使用权资产					
无形资产	131 744 634.37	134 688 931.85	-2 944 297.48	-2.19	-0.09
开发支出					
商誉					
长期待摊费用					
递延所得税资产	37 118 747.73	40 128 526.02	-3 009 778.29	-7.50	-0.10
其他非流动资产	684 430 782.35	625 817 342.05	58 613 440.30	9.37	1.85
非流动资产合计					
资产总计	3 718 208 624.62	3 167 720 551.24	550 488 073.38	17.38	17.38

续表

项 目	2021年	2020年	变动情况		对总资产的影响/%
			变动额	变动率/%	
递延收益					
递延所得税负债	99 151 079.86	101 927 471.00	-2 776 391.14	-2.72	-0.09
其他非流动负债	99 151 079.86	101 927 471.00	-2 776 391.14	-2.72	-0.09
非流动负债合计	2 402 588 814.35	2 120 127 850.15	282 460 964.20	13.32	8.92
负债合计					
所有者权益(或股东权益):					
实收资本(或股本)	532 800 000.00	532 800 000.00	0.00	0.00	0.00
其他权益工具					
其中：优先股					
永续债					
资本公积	16 746 848.17	16 746 848.17	0.00	0.00	0.00
减：库存股					
其他综合收益					
专项储备					
盈余公积	145 433 776.90	113 303 065.98	32 130 710.92	28.36	1.01
未分配利润	620 639 185.20	384 742 786.94	235 896 398.26	61.31	7.45
所有者权益合计	1 315 619 810.27	1 047 592 701.09	268 027 109.18	25.59	8.46
负债和所有者权益总计	3 718 208 624.62	3 167 720 551.24	550 488 073.38	17.38	17.38

(二)资产负债表变动情况的分析

企业总资产表明其资产的存量规模,随着企业经营规模的变动,资产存量规模也处在变动之中。资产存量规模过小,将难以满足企业经营的需要,影响企业经营活动的正常进行。资产存量规模过大,将造成资产的闲置,使资金周转缓慢,影响资产的利用效率。资产作为保证企业经营活动正常进行的物质基础,它的获得必须有相应的资金来源。企业通过举债或吸收投资人投资来满足对企业资产的资金融通,从而产生了债权人、投资人对企业资产的两种不同要求权,即权益。资产、权益分别列示在资产负债表左右两方,反映出企业的基本财务状况,对资产负债表变动情况的分析评价也应当从这两个方面进行。

1. 从投资或资产角度进行分析评价

第一,分析总资产规模的变动状况以及各类、各项资产的变动状况,揭示出资产变动的主要方向,从总体上了解企业经过一定时期经营后资产的变动情况。

第二,发现变动幅度较大或对总资产变动影响较大的重点类别和重点项目。分析时首先要注意发现变动幅度较大的资产类别或资产项目,特别是发生异常变动的项目。其次要把对总资产影响较大的资产项目作为分析重点。

第三,要注意分析资产变动的合理性与效率性。

第四,注意分析会计政策变动的影响。尽管会计准则和会计制度对会计核算乃至财务报表的编制都有相应的要求,但会计准则和会计制度也给企业灵活选择会计政策和会计方法留有相当大的余地,企业管理层可以通过会计政策变更或灵活地选用会计方法对资产负债表数据作出调整。因此,分析时首先要了解企业所采用的会计政策,把会计政策变更或会计随意性所造成的影响充分地揭示出来,以便纠正失真的会计数据,使会计报表分析能够依据真实可行的会计资料进行,保证分析结论的正确性。

2. 从筹资或权益角度进行分析评价

第一,分析权益总额的变动状况以及各类、各项筹资的变动状况,揭示出权益总额变动的主要方面,从总体上了解企业经过一定时期的经营后权益总额的变动情况。

第二,发现变动幅度较大或对权益总额变动影响较大的重点类别和重点项目,为进一步分析指明方向。

第三,分析评价权益资金变动对企业未来经营的影响。在资产负债表上,资产总额等于负债与所有者权益之和,当资产规模发生变动时,必然要有相应的资金来源,如果资产总额的增长幅度大于股东权益的增长幅度,表明企业债务负担加重,这虽然可能是因为企业筹资政策变动而引起的,但后果是造成偿债保证程度下降,偿债压力加重。因此,不仅要分析评价权益资金发生了怎样的变动,而且要注意分析评价这种变动对企业未来经营的影响。

第四,注意分析评价表外业务的影响。例如,按目前会计准则规定,资产负债表仅反映了企业按历史成本原则核算的现实负债,一个企业所承担的或有负债并未反映在资产负债表中,而这种可能成为企业现实负债的事项及对企业财务状况可能产生的影响,也是分析评价时要特别关注的。

值得注意的是,对资产负债表水平分析表的分析评价还应该结合资产负债表垂直分析、资产负债表附注分析和资产负债表项目分析进行，同时还应注意与利润表、现金流量表、所有者权益变动表结合进行分析评价。

二、资产负债表垂直分析

(一)资产负债表垂直分析表的编制

资产负债表结构反映了资产负债表各项目的相互关系及各项目所占的比重。资产负债表垂直分析是通过计算资产负债表中各项目占总资产或权益总额的比重，分析评价企业资产结构和权益结构的变动情况及合理程度。

XYZ 公司的资产负债表垂直分析如表 2-8 所示。

(二)资产负债表结构变动情况的分析

1．总体结构分析

资产负债表的结构反映出资产负债表各项目的相互关系及各项目所占的比重。资产负债表总体结构分析是从总体上对资产负债表的构成进行分析。

1) 资产总体规模分析

企业在进行资产负债表分析时，首先要对企业资产的总体规模及其变化情况有一个大致认识。

企业在确立了其从事经营活动的行业以后，还需要根据其所掌握资源的多少，选择合适的经营规模，进行恰当的行业定位。这种选择和定位，将直接决定企业具体的资产结构和盈利模式，对企业规模效益的形成及抵御风险能力的形成均具有重要意义。在实际分析时，可以结合企业产品的竞争优势、产品的市场占有率以及品牌战略等各项因素，了解企业在其行业内的定位选择偏好，从而进一步判断其资产规模的合理性。

2) 资产结构及其盈利模式分析

在对资产结构进行分析时，要考察在企业的资产结构中所奠定的利润支持基础如何，所选择的盈利模式如何，即企业以什么样的方式对利润做出贡献：是以经营活动为主，还是以投资活动为主，或二者并重。

如果在企业的资产总额中，经营性资产占有较大比重，而投资性资产占比较小，且双方之间有一定差异，那么我们认为这是一个经营主导型企业，这样的资产结构决定了对企业利润做出主要贡献的应该是其自身的经营性资产，核心利润应成为利润的主要支撑点。

如果在企业的资产总额中，投资性资产占有较大比重，经营性资产占比较小，且双方之间有一定差异，那么我们认为这是一个投资主导型企业，这样的资产结构决定了对企业利润做出主要贡献的应该是投资性资产，投资收益应成为利润的主要支撑点。

如果在企业的资产总额中，经营性资产与投资性资产所占比重大体相当，那么我们认为这是一个并重型企业，即这样的资产结构决定了经营性资产与投资性资产将共同对企业利润做出贡献，核心利润和投资收益应成为利润的共同支撑点。通过这些分析可以透视出企业对战略的实施情况。

第二章 资产负债表分析

表 2-8 资产负债表垂直分析表

编制单位：XYZ 公司　　　　　　　　　　　2021年12月31日　　　　　　　　　　　单位：元

项　目	2021 年	2020 年	2021 年结构/%	2020 年结构/%	变动情况/%
流动资产：					
货币资金	346 864 417.75	4 222 033 694.47	9.33	13.33	-4.00
交易性金融资产					
衍生金融资产					
应收票据	1 611 337 465.21	1 278 816 333.70	43.34	40.37	2.97
应收账款	287 605 443.29	139 851 123.20	7.74	4.41	3.33
应收款项融资					
预付款项	111 780 393.60	108 288 121.62	3.01	3.42	-0.41
其他应收款	11 494 873.79	9 218 662.81	0.31	0.29	0.02
存货	664 695 248.63	583 495 273.39	17.88	18.42	-0.54
合同资产					
持有待售资产					
一年内到期的非流动资产					
其他流动资产					
流动资产合计	3 033 777 842.27	2 541 903 209.19	81.59	80.24	1.35
非流动资产：					
债权投资					
其他债权投资					
长期应收款					
长期股权投资	1 859 623.76	21 551 258.34	0.05	0.68	-0.63
其他权益工具投资					
其他非流动金融资产					
投资性房地产					

项　目	2021 年	2020 年	2021 年结构/%	2020 年结构/%	变动情况/%
流动负债：					
短期借款	1 024 095 943.41	903 656 592.47	27.54	28.53	-0.99
交易性金融负债					
衍生金融负债					
应付票据	736 287 139.96	677 211 504.26	19.80	21.38	-1.58
应付账款	300 964 188.52	240 423 978.72	8.09	7.59	0.50
预收款项					
合同负债					
应付职工薪酬	62 371 896.64	38 102 839.52	1.68	1.20	0.48
应交税费	54 210 310.26	77 053 586.61	1.46	2.43	-0.97
其他应付款	125 508 255.70	81 751 877.57	3.38	2.58	0.80
持有待售负债					
一年内到期的非流动负债					
其他流动负债					
流动负债合计	2 303 437 734.49	2 018 200 379.15	61.95	63.71	-1.76
非流动负债：					
长期借款					
应付债券					
其中：优先股					
永续债					
租赁负债					
长期应付款					
预计负债					

续表

项目	2021年	2020年	2021年结构/%	2020年结构/%	变动情况/%	项目	2021年	2020年	2021年结构/%	2020年结构/%	变动情况/%
固定资产	440 156 201.29	378 757 108.18	11.84	11.96	-0.12	递延收益					
在建工程	73 551 575.20	50 691 517.66	1.98	1.60	0.38	递延所得税负债					
生产性生物资产						其他非流动负债	99 151 079.86	101 927 471.00	2.67	3.22	-0.55
油气资产						非流动负债合计	99 151 079.86	101 927 471.00	2.67	3.22	-0.55
使用权资产	131 744 634.37	134 688 931.89	3.54	4.25	-0.71	负债合计	2 402 588 814.35	2 120 127 850.15	64.62	66.93	-2.31
无形资产						所有者权益(或股东权益):					
开发支出						实收资本(或股本)	532 800 000.00	532 800 000.00	14.33	16.82	-2.49
商誉						其中：优先股					
长期待摊费用						永续债					
递延所得税资产	37 118 747.73	40 128 526.02	1.00	1.27	-0.27	资本公积	16 746 848.17	16 746 848.17	0.45	0.53	-0.08
其他非流动资产			0.00	0.00	0.00	减：库存股					
非流动资产合计	684 430 782.35	625 817 342.05	18.41	19.76	-1.35	其他综合收益					
						专项储备					
						盈余公积	145 433 776.90	113 303 065.98	3.91	3.58	0.33
						未分配利润	620 639 185.20	384 742 786.94	16.69	12.15	4.54
						所有者权益合计	1 315 619 810.27	1 047 592 701.09	35.38	33.07	2.31
资产总计	3 718 208 624.62	3 167 720 551.24	100.00	100.00	0.00	负债和所有者权益总计	3 718 208 624.62	3 167 720 551.24	100.00	100.00	0.00

3) 关注资产结构中不良资产区域

企业的不良资产区域主要集中在其他应收款、周转缓慢的存货、因被投资企业巨额亏损而严重贬值的长期股权投资、利用率不高且难以产生效益的固定资产、无明确对应关系的无形资产、长期待摊费用等。不良资产迟早会对企业的经营业绩造成负面影响,关注企业主要的不良资产区域,对预测企业的发展前景和业绩变动趋势将会产生重要帮助。

4) 区分融资性负债和经营性负债

融资性负债是指企业以筹集资本为目的进行融资所形成的负债(不包括股权形式投入的资本),是作为债务资本投入到企业中的负债,如短期借款、长期借款、应付债券等。融资性负债通常具有付息义务,其债权人以获得资本回报为目的。经营性负债形成的原因来源于企业在日常经营过程中为了保持与业务往来方的长期合作,或者遵循行业惯例,所形成的与经营相关的负债,如应付账款、应付职工薪酬、预收账款等,其债权人并不是为了获取资本回报。进行报表分析时,要注意区分融资性负债和经营性负债,企业的融资性负债比率过高,可能会给企业带来比较大的财务风险。而经营性负债主要来源于企业的日常经营活动,大多没有还本付息的要求,某些经营性负债如预收账款还属于"良性"负债。

2. 资产结构分析

对资产结构进行分析,可以看出企业的行业特点、经营特点和技术装备特点。企业资产结构分析评价的思路如下。

1) 从静态角度分析

从静态角度观察企业资产的配置情况,要特别关注流动资产和非流动资产的比重以及其中重要项目的比重,分析时可通过与行业的平均水平或可比企业资产结构的比较,对企业资产的流动性和资产风险作出判断,进而对企业资产结构的合理性作出评价。对资产结构的分析,应对流动资产、长期投资、固定资产、无形资产及其他资产,分项目进行具体比较、分析,以便进一步查明原因,判断企业资产结构变动的合理性。在判断企业资产各项目结构变动合理性时,应结合企业生产经营特点和实际情况。

(1) 流动资产的构成分析。

流动资产构成比重是指流动资产占资产总额的百分比。计算公式为

$$流动资产构成比重 = \frac{流动资产}{资产总额} \times 100\%$$

一个企业的流动资产比例高低,没有一个绝对的标准,若要分析流动资产的结构是否合理,需要将企业其他资产与流动资产结合在一起分析。在其他资产没有发生改变的情况下,流动资产的比重上升将会带动企业生产经营额的大幅度增长,但如果企业的流动资产增长速度超过了销售的增长速度,就会发生企业资产的无效增加,也就表示企业的资金利用效率下降,这样流动资产的占用比例就不合理。

流动资产占用的合理程度还要结合企业的利润进行分析。假设企业的流动资产在资产总额中的比重上升,企业的利润也随之增长,那么说明企业的流动资产在资产总额中所占比重合理;如果企业的流动资产大幅提高,但是企业的利润额却没有什么改变,那么可以分析出企业经营中可能存在大量的应收账款拖欠,或者是企业的产品销售不足。

保持流动资产的合理结构,有利于企业流动性的增强,带动企业应变能力、偿债能力的增强。当然,对于企业流动资产比重的大小,还要根据不同行业、不同企业的实际情况

来分析其存在的合理程度。一般来说，商业企业的流动资产往往大于非流动资产，而工业企业的情况正好相反。

此外，企业还可以将流动资产各项目进行分拆，分别从货币资金、短期投资、应收账款、其他应收款等项目各自占总资产的比重，来对企业资产在各项目上发生的变化进行一个理性的分析。

(2) 固定资产的构成分析。

固定资产构成比重是指固定资产占资产总额的百分比。计算公式为

$$固定资产构成比重 = \frac{固定资产}{资产总额} \times 100\%$$

一个企业的固定资产比例，取决于企业的行业特点、生产规模和发展方向。因此，在对固定资产进行分析的同时，应首先对企业自身的经营特点进行全面了解，从而因地制宜，形成一个与之相适合的标准比重。如果固定资产比例过高，会导致生产能力过剩，造成企业资金的无效使用，但过低又会影响企业正常的生产经营活动。

(3) 长期投资的构成分析。

长期投资的构成比重是指长期投资占资产总额的百分比。计算公式为

$$长期投资构成比重 = \frac{长期投资}{资产总额} \times 100\%$$

判断长期投资比重是否合理，首先要看对外投资有没有影响企业生产资金的周转，能不能获得较高收益。长期投资占资产总额的比重提高，有可能是因为企业的资金来源充足，在不影响生产的情况下，企业进行对外长期投资以取得更多的收益。但也有可能是因为企业内部发展受到了限制，目前产业或产品利润率较低，需要寻求新的发展目标。长期投资比重高，风险也高。因为被投资项目的利润是个不确定数。企业管理者应根据投资项目作具体分析研究，慎重行事，以便规避风险，提高投资的安全性。一般情况下，企业长期投资比重不宜过高。

(4) 无形资产及其他资产的构成分析。

无形资产及其他资产构成比重是指无形资产及其他资产占资产总额的百分比。计算公式为

$$无形资产构成比重 = \frac{无形资产}{资产总额} \times 100\%$$

$$其他资产构成比重 = \frac{其他资产}{资产总额} \times 100\%$$

企业的无形资产及其他资产构成比重是否合理，应结合企业的具体情况进行判断。

2) 从动态角度分析

从动态角度分析企业资产结构的变动情况，对企业资产结构的稳定性作出评价，进而对企业资产结构的调整情况作出评价。

3. 负债结构分析

企业经营所需资金的来源有两个，一是所有者投资；二是从银行或其他债权人处借款。企业所需资金全部来源于投资者是不现实的，而且也不一定对投资者有利。因此，企业应当合理地利用借款。负债的好处在于：①恰当地利用借款，可以给企业带来较好的收益。

企业将借来的资金投入生产，如果投资报酬率大于利息率，就会给企业带来高于利息的收益，借入的款项越多，给企业带来的收益就越多，这对股东显然是有利的。当然，如果投资报酬率小于利息率，利用借款所产生的收益不足以弥补应支付的利息，这时的借款反而给企业带来了损失。因此，确定一个合理的举债金额，如何使用这笔借款，将会对企业的生产有重大影响。②借款利息可以在税前扣减。根据我国税法规定，利息可以在税前扣减，但支付给投资者的利润却不能在税前扣减。在考虑所得税因素后，企业实际负担的利息实际上应是扣除所得税后的余额。

当然，借款不能是无限度的，要考虑企业的财务状况，是不是能到期偿还。偿债能力成为衡量企业财务实力的重要指标，可见，对负债或偿债能力的分析历来是会计报表分析的重点。一般来说，企业的偿债能力是以资产变现能力来衡量的。资产按其变现能力的强弱，可以分为流动资产和长期资产。因此，为了便于分析企业的财务状况和偿债能力，对于负债也通常按流动性或者偿债的紧迫性分为流动负债和非流动负债。企业负债的大小及其结构影响着企业的财务状况和偿债能力。它不论是对企业还是对企业的债权人都很重要。在对企业的偿债能力进行分析时，不同的债权人对企业的偿债能力有不同关注，短期债权人关注的是企业在一年或一个营业周期内有多少债务必须偿还，可用于偿还的流动资产有多少。长期债权人所关注的是企业长远的获利能力和经济效益，因为企业即使当前拥有雄厚的财力，并不等于说长期债务到期时，企业就有了可靠的偿还保证，长期债权人要从企业长期负债的多少与企业拥有的全部资产结构和未来的获利能力等方面作出企业将来对长期负债偿还能力的判断。

在分析负债项目时还要特别关注企业是否有隐含的表外负债。通常，企业不希望披露过多的负债，负债累累的企业一方面风险较高，另一方面将影响企业其他战略的执行，因为各项战略在执行和合作过程中都有可能由于企业不良的资产负债结构而被迫中止或根本就不会发生。因此，隐性负债是企业常常使用的欺骗投资者的方式，尽量不在会计报表中披露各类潜在的负债，而是通过会计报表附注信息披露，或者是推迟，甚至不对外披露这类信息。对此，会计报表使用者应当引起重视，具体应结合对企业生产经营以及现金流量的分析，判断企业负债披露的真实性和完整性。

4. 所有者权益结构分析

所有者权益又称为自有资本、权益资金，是企业资金来源中最重要的组成部分，是其他资金来源的前提和基础。权益资金在企业生产经营期间无须返还，是可供企业长期使用的永久性资金，而且没有固定的利息负担。所以，权益资金越多，企业的财务实力越雄厚，财务风险越小。企业既要分析其全部资金来源中负债和所有者权益所占的比重及其相互间的比例关系，又要分析所有者权益中各类股东的持股构成比例，以及所有者权益中各项目的构成比例。

本 章 小 结

本章重点介绍了资产负债表的分析。资产负债表是反映企业在某一特定日期财务状况的会计报表，遵循了"资产=负债+所有者权益"这一会计恒等式。资产负债表正表的列报格式包括报告式和账户式两种,我国采用账户式。对资产负债表进行分析主要是对各组成项目的质量进行分析,即分析各项目的规模构成、减值情况、偿债能力、风险水平等。在此基础上还要对资产负债表进行综合分析,即水平分析和垂直分析。对资产负债表进行综合分析,是通过了解各项目的规模、变化、结构以及其他方面的相关因素,来进行评价判断,以达到提示企业风险状况的目的。

思 考 题

1. 企业资产负债表的作用和基本结构如何?
2. 什么是流动资产?流动资产的构成包括哪些?如何对各个项目进行分析?
3. 什么是非流动资产?非流动资产的构成包括哪些?如何对各个项目进行分析?
4. 如何对企业资产负债表进行水平分析和垂直分析?
5. 货币资金的特点是什么?对其进行财务分析时,应从哪几个方面进行?
6. 在对应收账款和存货进行分析时,二者之间有何相同和不同之处?
7. 试说明如何对固定资产进行分析?
8. 试说明如何对企业负债进行分析?

第三章

利润表分析

【学习目标】

通过本章学习,使学生了解利润表的基本内容和具体结构,掌握利润表有关项目的含义、项目之间的比率关系和利润表的编制方法,重点掌握利润表各项目的分析及利润表的综合分析。

【知识结构图】

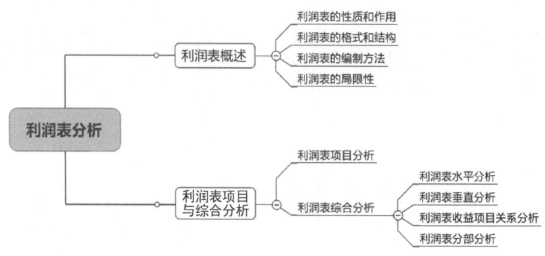

【引例】

  胜景山河是一家生产、销售黄酒的企业，预定于 2010 年 12 月 17 日登陆深圳中小板。但因招股书披露不实、涉嫌虚增销售收入遭到媒体质疑，在原定上市日当天宣布暂停 IPO。一家地处湖南岳阳，远离黄酒主要消费区域、产销量排名连国内前 5 都进不了的企业，却号称依靠"古越楼台"的黄酒，创造出"毛利率高于行业平均水平 10 个百分点，销售均价高出古越龙山等行业龙头 1.7～3.6 倍，人均产能甚至高出古越龙山 358%"的奇迹，这怎能不让人好奇！

  2009 年及 2010 年半年度，胜景山河实现营业收入分别为 1.59 亿元、1.01 亿元，净利润分别为 2 964.63 万元、2 280.38 万元，销售净利率分别为 18.65%、22.57%。而同时期，古越龙山实现营业收入分别为 7.40 亿元、5.17 亿元，净利润分别为 7 649.72 万元、5 263.98 万元，销售净利率分别为 10.34%、10.18%。这意味着，胜景山河通过销售实现的收益率约为古越龙山的两倍。换言之，胜景山河卖一瓶黄酒所赚的钱，等于古越龙山卖两瓶。同为黄酒，难道胜景山河走的是"高端"路线？但公司招股说明书显示，2009 年及 2010 年半年度，胜景山河的高档黄酒仅占主营收入的 20% 左右。另据实地调查的记者称，胜景山河在超市的销售价格仅是古越龙山同等年份酒价格的一半。

  受此影响，监管部门紧急叫停，胜景山河在上市前半小时发布公告暂缓上市。此后，议事日程会要求保荐机构及会计师事务所进行核查。2011 年 4 月 6 日，证监会否决了胜景山河的上市申请。

  在进行会计报表分析时，要如何判断收入的真实性？除了要认真分析其营业收入外，是不是还要对比分析同行业可比公司来发现利润表中需要注意的地方？

  （资料来源：杨松涛，林小驰. 财务报表分析——利润表[M]. 北京：中国金融出版社，2015.）

第三章　利润表分析

第一节　利润表概述

一、利润表的性质和作用

(一)利润表的性质

利润表是指反映企业在一定会计期间经营成果的报表，属于动态报表。它可以反映企业在一定会计期间的收入、费用、利润(或亏损)的数额、构成情况，帮助财务报表使用者全面了解企业的经营成果，分析企业的获利能力及盈利增长趋势，从而为其作出经济决策提供依据。

(二)利润表的作用

1. 了解和分析企业的经营成果和获利能力

利润表反映的主要内容是企业在一定期间内所有的收益(包括营业收入、公允价值变动收益、投资收益和其他收益)与所有费用(包括营业费用、其他费用与损失等)，并据以计算出该期间的利润(或亏损)总额。利用该表所反映的会计信息，可以评价一个企业的经营效率和成果，评估投资的价值和报酬，从而能够衡量一个企业在经营管理上的成功程度。比较和分析利润表中各项收入、费用、利得、损失的构成要素，比较企业前后各期和行业间利润表中的投资报酬率、成本利润率、营业利润率等指标，还可以了解企业的获利能力，并可据以预测企业在未来一定时期内的盈利趋势。

2. 解释、评价和预测企业的偿债能力

企业的偿债能力受多种因素的影响，而获利能力的强弱是决定偿债能力的一个重要因素。尤其是企业的长期债权人，他们更看重企业的未来发展。因为归根到底，借款本金的偿还和利息的支付都需要由借款所产生的效益——获利能力决定。如果企业的获利能力不强，影响资产的流动性，会使企业的财务状况逐渐恶化，进而影响企业的偿债能力。

3. 为企业管理者的经营决策提供重要参考

企业管理者利用该表可以考核企业利润计划的完成情况，分析利润增减变动的原因，以便进一步找出管理中的漏洞和弊端。通过对利润形成进行结构分析，找出利润的主要来源渠道，有助于完善经营管理，提高经营管理水平和经济效益。

4. 评价和考核企业管理者的绩效

利润表中的各项数据，实际上体现了企业在生产、经营和理财方面的管理效率和效益，是对企业经营绩效的直接反映，是经营者受托责任履行情况的真实写照，因而是所有者考评经营者受托责任履行情况的重要依据。

二、利润表的格式和结构

由于不同国家和企业对会计报表信息的需要不完全一样，在利润表中收益和费用的排列方式也不完全相同。目前,世界各国的利润表主要有单步式和多步式两种格式。

(一)单步式

单步式利润表是将当期所有的收入列在一起,然后将所有的费用列在一起,两者相减得出当期净损益。单步式利润表的基本格式和内容,如表3-1所示。

单步式利润表的优点是比较直观、简单,易于编制。它的缺点在于不能揭示出利润各构成要素之间的内在联系,一些有用的资料,如营业利润、利润总额等中间性信息无法直接从利润表中得到,不便于报表使用者对企业进行盈利分析与预测。

表3-1 利润表(1)

编制单位:DEF公司　　　　　　　　2021年度　　　　　　　　单位:元

项目	本期金额	上期金额
一、收入		
营业收入	731 458 408.90	673 451 434.25
投资收益	433 693.04	-859 793.84
其他收益		
营业外收入	4 662 962.80	2 829 682.14
收入合计	736 555 064.74	675 421 322.55
二、费用		
营业成本	348 179 240.91	371 083 716.94
税金及附加	6 367 669.76	3 419 578.72
销售费用	40 517 860.01	41 190 199.06
管理费用	80 238 575.54	71 424 506.25
财务费用	-7 922 222.04	2 013 687.80
资产减值损失	1 026 585.42	2 811 673.74
营业外支出	432.33	26 356.81
所得税费用	38 485 596.48	26 210 484.05
费用合计	506 893 738.41	518 180 203.37
三、净利润	229 661 326.33	157 241 119.18

(二)多步式

多步式利润表通常采用上下加减的报告式结构。在该表中,净利润的计算分解为多个步骤,以提供各种各样的中间信息。我国企业的利润表采用多步式格式(见表3-2)。

在多步式利润表中,净利润是分若干个步骤计算出来的,一般可以分为以下几个步骤。

第一步:计算营业利润。

营业利润=营业收入-营业成本-税金及附加-销售费用-管理费用-研发费用-财务费用+其他收益+投资收益(或-投资损失)+公允价值变动收益(或-公允价值变动损失)+信用减值损失(损失以"-"号填列)+资产减值损失(损失以"-"号填列)+资产处置收益(或-资产处置损失)。其中,营业收入=主营业务收入+其他业务收入;营业成本=主营业务成本+其他业务成本第二步,计算利润总额。

利润总额=营业利润+营业外收入-营业外支出

第三步,计算净利润。

净利润=利润总额-所得税费用

第四步,计算每股收益。

以净利润(或净亏损)为基础,计算出每股收益。

第五步,计算综合收益总额。

以净利润(或净亏损)和其他综合收益为基础,计算综合收益总额。

多步式利润表基本上弥补了单步式利润表的缺陷,它能清晰地反映企业净利润的形成步骤,准确揭示利润各构成要素之间的内在联系,提供了十分丰富的中间信息,便于报表使用者进行企业盈利分析,评价企业的盈利状况。但多步式利润表也存在一定不足,如加减步骤较多、计算烦琐,且容易使人产生收入与费用的配比有先后顺序之误解。

表3-2 利润表(2)

编制单位:DEF公司　　　　　　　　2021年度　　　　　　　　单位:元

项　目	本期金额	上期金额
一、营业收入	731 458 408.90	673 451 434.25
减:营业成本	348 179 240.91	371 083 716.94
税金及附加	6 367 669.76	3 419 578.72
销售费用	40 517 860.01	41 190 199.06
管理费用	80 238 575.54	71 424 506.25
研发费用		
财务费用	-7 922 222.04	2 013 687.80
其中:利息费用		
利息收入		
加:其他收益		
投资收益(损失以"-"号填列)	433 693.04	-859 793.84
其中:对联营企业和合营企业的投资收益		
公允价值变动收益(损失以"-"号填列)		
信用减值损失(损失以"-"号填列)		
资产减值损失(损失以"-"号填列)	-1 026 585.42	-2 811 673.74
资产处置收益(损失以"-"号填列)		
二、营业利润	263 484 392.34	180 648 277.90
加:营业外收入	4 662 962.80	2 829 682.14
其中:非流动资产处置利得		
减:营业外支出	432.33	26 356.81
其中:非流动资产处置损失		
三、利润总额	268 146 922.81	183 451 603.23

续表

项　目	本期金额	上期金额
减：所得税费用	38 485 596.48	26 210 484.05
四、净利润	229 661 326.33	157 241 119.18
五、其他综合收益的税后净额		
(一)不能重分类进损益的其他综合收益		
1.重新计量设定受益计划变动额		
2.权益法下不能转损益的其他综合收益		
3.其他权益工具投资公允价值变动		
4.企业自身信用风险公允价值变动		
……		
(二)将重分类进损益的其他综合收益		
1.权益法下可转损益的其他综合收益		
2.其他债权投资公允价值变动		
3.金融资产重分类计入其他综合收益的金额		
4.其他债权投资信用减值准备		
5.现金流量套期储备		
6.外币财务报表折算差额		
六、综合收益总额	229 661 326.33	157 241 119.18
七、每股收益		
(一)基本每股收益		
(二)稀释每股收益		

三、利润表的编制方法

利润表各项目均需填列"本期金额"和"上期金额"两栏。其中"上期金额"栏内各项数字，应根据上年该期利润表的"本期金额"栏内所列数字填列。"本期金额"栏内各期数字，除"基本每股收益"和"稀释每股收益"项目外，应当按照相关科目的发生额分析填列。具体情况如下。

(1) "营业收入"项目，反映企业经营主要业务和其他业务所确认的收入总额。本项目应根据"主营业务收入"和"其他业务收入"科目的发生额分析填列。

(2) "营业成本"项目，反映企业经营主要业务和其他业务所发生的成本总额。本项目应根据"主营业务成本"和"其他业务成本"科目的发生额分析填列。

(3) "税金及附加"项目，反映企业经营业务应负担的消费税、城市维护建设税、教育费附加、资源税、土地增值税及房产税、车船税、城镇土地使用税、印花税等相关税费。本项目应根据"税金及附加"科目的发生额分析填列。

(4) "销售费用"项目，反映企业在销售商品过程中发生的包装费、广告费等费用和为销售本企业商品而专设的销售机构的职工薪酬、业务费等经营费用。本项目应根据"销售费用"科目的发生额分析填列。

(5)"管理费用"项目，反映企业为组织和管理生产经营发生的管理费用。本项目应根据"管理费用"科目的发生额分析填列。

(6)"研发费用"项目，反映企业进行研究与开发过程中发生的费用化支出，以及计入管理费用的自行开发无形资产的摊销。该项目应根据"管理费用"科目下的"研究费用"明细科目的发生额，以及"管理费用"科目下的"无形资产摊销"明细科目的发生额分析填列。

(7)"财务费用"项目，反映企业为筹集生产经营所需资金等而发生的筹资费用。本项目应根据"财务费用"科目的发生额分析填列。"其中：利息费用"项目，反映企业为筹集生产经营所需资金等而发生的应予费用化的利息支出，该项目应根据"财务费用"科目的相关明细科目的发生额分析填列。"利息收入"项目，反映企业确认的利息收入，该项目应根据"财务费用"科目的相关明细科目的发生额分析填列。

(8)"其他收益"项目，反映企业收到的与日常活动相关的计入当期收益的政府补助。本项目应根据"其他收益"科目的发生额分析填列。

(9)"投资收益"项目，反映企业以各种方式对外投资所取得的收益。本项目应根据"投资收益"科目的发生额分析填列。如为投资损失，本项目以"-"号填列。

(10)"公允价值变动收益"项目，反映企业应当计入当期损益的资产或负债公允价值变动收益。本项目应根据"公允价值变动损益"科目的发生额分析填列，如为净损失，本项目以"-"号填列。

(11)"信用减值损失"项目，反映企业计提的各项金融工具减值准备所形成的预期信用损失。该项目应根据"信用减值损失"科目的发生额分析填列。如为损失，本项目以"-"号填列。

(12)"资产减值损失"项目，反映企业各项资产发生的减值损失。本项目应根据"资产减值损失"科目的发生额分析填列。如为损失，本项目以"-"号填列。

(13)"资产处置收益"项目，反映企业出售划分为持有待售的非流动资产(金融工具、长期股权投资和投资性房地产除外)或处置组(子公司和业务除外)时确认的处置利得或损失，以及处置未划分为持有待售的固定资产、在建工程、生产性生物资产及无形资产而产生的处置利得或损失。债务重组中因处置非流动资产产生的利得或损失、非货币性资产交换中换出非流动资产产生的利得或损失也包括在本项目内。本项目应根据"资产处置损益"科目的发生额分析填列。如为处置损失，以"-"号填列。

(14)"营业利润"项目，反映企业实现的营业利润。如为亏损，本项目以"-"号填列。

(15)"营业外收入"项目，反映企业发生的除营业利润以外的收益，主要包括债务重组利得、与企业日常活动无关的政府补助、盘盈利得、捐赠利得(企业接受股东或股东的子公司直接或间接的捐赠，经济实质属于股东对企业的资本性投入的除外)等。本项目应根据"营业外收入"科目的发生额分析填列。

(16)"营业外支出"项目，反映企业发生的与经营业务无直接关系的各项支出，主要包括债务重组损失、公益性捐赠支出、非常损失、盘亏损失、非流动资产毁损报废损失等。本项目应根据"营业外支出"科目的发生额分析填列。

(17)"利润总额"项目，反映企业实现的利润。如为亏损，本项目以"-"号填列。

(18)"所得税费用"项目,反映企业应从当期利润总额中扣除的所得税费用。本项目应根据"所得税费用"科目的发生额分析填列。

(19)"净利润"项目,反映企业实现的净利润。如为亏损,本项目以"-"号填列。

(20)"其他综合收益的税后净额"项目,反映企业根据其他会计准则规定未在当期损益中确认的各项利得和损失扣除所得税影响后的净额的合计数。本项目应根据"其他综合收益"科目及其所属的有关明细科目的本期发生额分析填列。

(21)"综合收益总额"项目,反映企业净利润与其他综合收益(税后净额)的合计金额。

(22)"每股收益"项目,包括基本每股收益和稀释每股收益两项指标,反映普通股或潜在普通股已公开交易的企业,以及正处在公开发行普通股或潜在普通股过程中的企业的每股收益信息。

四、利润表的局限性

(一)不能全面反映未实现利润和已实现未摊销费用

在收入方面由于受实现原则的影响,利润表大多只反映企业已实现的利润,而不包括未实现的利润,而这部分往往又是报表使用者较为关注的内容。有些已支付尚未摊销的费用以及数额尚未确定的费用也未在利润表中反映,也会对利润产生影响。

(二)未考虑物价变动的影响

现行会计利润的计算,只考虑了对原始投入货币资本的保全。在物价变动情况下,货币资本的保全并不能从实物形态或使用效能上保持资本的完整,因而可能造成虚盈实亏。长此下去,企业投资者投入的实物资本将受到逐步侵蚀,经营受到影响,这是很危险的。

(三)销售成本未反映现时实际价值

由于资产计价是以历史成本为基础,转入本期已销产品成本并不反映企业资产的真实价值。其利润是由现时收入与历史成本对比计算而成,影响企业经营效果的真实性。

因此,在分析利润表时,必须注意它的作用及其存在的局限性,以便得出正确的结论,获得正确的会计信息。

第二节 利润表项目与综合分析

利润表揭示了企业利润的形成过程,或者说反映了利润的基本构成。解读利润表必须关注形成利润的重点项目,以具体了解企业利润形成的主要因素,找出影响企业盈利能力的主要原因,从而为内部经营管理和外部投资决策提供依据。具体来说,对利润表或利润形成过程的分析,首先要从有关收益项目总额之间的内在关系角度考察利润形成的持久性和稳定性;其次对利润表中各个收入、费用项目进行逐一解读,分析这些项目的真实性、完整性,从而对企业的收益质量进行判断。

一、利润表项目分析

(一)营业收入

营业收入是指企业自身营业活动所取得的收入,具体包括主营业务收入和其他业务收入。企业取得的营业收入是其生产经营业务的最终环节,是企业生产经营成果能否得到社会承认的重要标志。同时,营业收入又是许多经济指标的计算基数。因此,营业收入项目的真实与否,在财务报告分析中至关重要。对营业收入的解读,应重点注意以下几个方面。

1. 营业收入的确认

营业收入的确认具体讲就是在什么情况下企业可以认为它已经取得了营业收入。比如,销售商品收入在同时满足以下条件时才能予以确认:①合同各方已批准该合同并承诺将履行各自义务;②该合同明确了合同各方与所转让商品或提供劳务相关的权利和义务;③该合同有明确的与所转让商品相关的支付条款;④该合同具有商业实质,即履行该合同将改变企业未来现金流量的风险、时间分布或金额;⑤企业因向客户转让商品而有权取得的对价很可能收回。

在明确收入确认条件的基础上,应着重进行以下两个方面的分析:①收入确认时间的合法性分析,即分析本期收入与前期收入或后期收入的界限是否分清;②特殊情况下企业收入确认的分析,如商品需要安装或检验时收入的确认,附有销售退回条件的商品销售收入的确认等。

【例 3-1】深圳中青宝互动网络股份有限公司(原深圳市宝德网络技术有限公司)成立于 2003 年,是一家具有自主研发、运营能力、代理能力的专业化网络游戏公司。2010 年 2 月在深交所创业板上市。股票简称中青宝(股票代码:300052),成为首家在国内创业板上市的网游公司,开创了网游公司本土上市的先河。

和大部分网络游戏公司一样,中青宝主要经历过两种模式向游戏玩家提供在线网络游戏服务并取得相关的收入:按在线时间收费模式和按道具收费模式。在按在线时间收费模式下,公司按照游戏玩家在游戏上的在线时间折算成点卡销售净额确认收入;在按道具收费模式下,游戏玩家可以免费体验公司在线运营的网络游戏的基本功能,只有游戏玩家购买游戏中的虚拟道具时才需要支付费用。销售游戏虚拟道具所取得的收入在游戏玩家实际使用虚拟货币购买道具时予以确认。

(资料来源:杨松涛,林小驰. 财务报表分析——利润表[M]. 北京:中国金融出版社,2015)

2. 收入和利得的界限

收入指企业主要的、经常性的业务收入。收入和相关成本在会计报表中应分别反映。利得是指收入以外的其他收益,通常从偶发的经济业务中取得,属于那种不经过经营过程就能取得或不曾期望获得的收益,如企业接受捐赠或政府补助取得的资产、因其他企业违约收取的罚款、债务重组利得等。利得属于偶发性的收益,在报表中通常以净额反映。利得是西方国家普遍存在的一个会计要素,在我国以营业外收入为常见形式。由于利得是偶发性的收益,因此是不长久的,在分析时不能将这部分作为企业收入的主流加以关注。

3. 营业收入与资产负债表、现金流量表中相关项目配比

收入的实现并非只体现在利润表上，由于会计要素之间的联系，考察收入的真实性、合理性，可以借助其与资产负债表、现金流量表中相关项目之间的配比关系进行判断。

(1) 营业收入与企业规模(资产总额)的配比。企业是一个经济实体，其生产经营的目标是创造经济效益，而经济效益必须通过营业收入来取得。因此，企业应保持相当数量的营业收入。分析营业收入数额是否正常，可以将营业收入与资产负债表的资产总额配比。营业收入代表了企业的经营能力和获利能力，这种能力应当与企业的生产经营规模(资产总额)相适应。这种分析应当结合行业特征、企业生产经营规模及企业经营生命周期来开展。比如，主营业务收入占资产总额的比重，处于成长或衰退阶段的企业较低，处于成熟阶段的企业较高；工业企业和商业企业较高，有些特殊行业(如航天、饭店服务业)较低。若二者不配比(过低或过高)，需要进一步查清原因。

(2) 营业收入与应收账款的配比。通过将营业收入与应收账款配比，可以观察企业的信用政策，是以赊销为主，还是以现金销售为主。一般而言，如果赊销比重较大，应进一步将其与本期预算、与企业往年同期实际、与行业水平(如国家统计局测算的指标)进行比较，评价企业主营业务收入的质量。

(3) 营业收入与相关税费的配比。会计报表中其他一些项目，如利润表中的"税金及附加""应交税费"，现金流量表中的"支付的各项税费""收到的税费返还"等也与营业收入存在一定的配比性。因为营业收入不仅要影响所得税，更重要的是，它还是有关流转税项目的计税基础，取得营业收入不仅会增加资产，也会伴随着税金的支付。

(4) 营业收入与现金流量的配比。营业收入与现金流量表中有关经营活动的现金流量项目之间也应当存在一定的配比关系。如果营业收入高速增长，而"销售商品、提供劳务收到的现金"等经营活动的现金流量却没有相应地增长，则很可能意味着营业收入质量不高，甚至是捏造的。

4. 利用非财务信息分析营业收入的真实性

企业一定时期的利润关系到企业不同利益集团(如投资人、债权人、经营管理者、职工、国家等)的利益。而收入是利润的源泉，因此，营业收入是人们关注的焦点。真实性可以说是对营业收入的基本质量要求。判断企业的营业收入是否真实，除了上面所提到的一些财务会计方法外，往往还需要借助于其他非财务信息，比如企业所在行业的景气指数、企业的市场占有率，甚至一些生活常识等。

5. 对营业收入的构成进行详细分析

对营业收入进行分析不仅是了解一个总额，还要仔细分析其具体构成情况。

(1) 营业收入的品种构成。从目前的情况来看，大多数企业都从事多种商品或劳务的经营活动。在从事多品种经营的条件下，企业不同商品或劳务的营业收入构成对信息使用者具有十分重要的意义，占总收入比重大的商品或劳务是企业过去业绩的主要增长点。并且，信息使用者还可以利用这一信息对企业未来的盈利趋势进行预测。企业管理者则可以此作为生产经营决策的依据。

(2) 营业收入的地区构成。当企业为不同地区提供产品或劳务时，营业收入的地区构成对信息使用者也具有重要价值，占总收入比重大的地区是企业过去业绩的主要增长点。

从消费者的心理与行为特征来看,不同地区的消费者对不同品牌的商品具有不同的偏好,不同地区的市场潜力则在很大程度上制约企业的未来发展。

(3) 关联方交易在营业收入中的比重。有的企业为了获取不当利益,往往利用关联方交易来进行所谓的"盈余管理"。关联方交易与会计报表粉饰并不存在必然联系,如果关联方交易确实以公允价格定价,则不会对交易的双方产生异常的影响。但事实上有些公司的关联方交易采取了协议定价的方法,定价的高低取决于公司的需要,使得利润在关联方公司之间转移,这种在关联企业内部进行的"搬砖头"式的关联销售是很难有现金流入的,因此这样的收益质量很差。对此,要关注会计报表附注对于关联方交易的披露,分析关联方交易之间商品价格的公平性。

(4) 主营业务收入与其他业务收入在总营业收入中的构成。主营业务收入,是指企业经营主要业务所取得的收入。其他业务收入则是企业除主营业务以外的其他销售或其他业务所取得的收入,如材料销售、代购代销、包装物出租等收入。通过对主营业务收入与其他业务收入的构成情况分析,可以了解与判断企业的经营方针、方向及效果,进而可以分析预测企业的持续发展能力。正常情况下,主营业务收入应当构成营业收入的主要来源,其他业务收入既为"其他",那么,其所占收入的比重不应过大,一般在 30%以下。如果一个企业的主营业务收入结构较低或不断下降,其发展潜力和前景显然是值得怀疑的。企业应保持相当数量的主营业务收入,否则,就有副业冲击主业之嫌,表明企业的资源占用可能不尽合理。该项分析应结合会计报表附注中对营业收入的详细解释进行。

(二)营业成本

营业成本指企业经营业务所发生的实际成本总额,包括主营业务成本和其他业务成本。营业成本是为取得营业收入所发生的代价,通过对成本的分析,可以对企业产品成本水平有所了解,与销售价格相对比,还可以分析企业的盈利情况。

对营业成本进行分析,首先要将营业成本与营业收入净额配比。将二者之差除以营业收入,即得出一个重要的财务指标——毛利率。企业必须有毛利,才有可能形成核心利润。因此,追求一定规模的毛利和较高的毛利率是企业的普遍心态,也是关注企业的信息使用者的普遍心理期望。必须指出的是,企业营业成本水平的高低,既有企业不可控的因素(如受市场因素的影响而引起的价格波动),也有企业可以控制的因素(如在一定的市场价格水平条件下,企业可以通过选择供货渠道、采购批量等来控制成本水平),还有企业通过成本会计系统的会计核算对企业制造成本的人为处理。因此,对营业成本降低和提高的质量评价,应结合行业、企业经营生命周期等多种因素来进行。

其次要谨防企业操纵营业成本的行为。费用也是影响利润的一个重要变量,营业成本是费用的一个重要项目。某些企业为了满足小集团利益,除了在营业收入上作假以外,还往往在营业成本上做文章,常见的操纵营业成本的方式有:①不转成本,将营业成本作资产挂账,导致当期费用低估,资产价值高估,误导会计信息使用者;②将资产列作费用,导致当期费用高估,资产价值低估,既歪曲了利润数据,也不利于资产管理;③随意变更成本计算方法和费用分配方法,导致成本数据不准确。

(三)税金及附加

税金及附加是指企业进行日常经营活动应负担的各种税金及附加,包括消费税、城市维护建设税、资源税、教育费附加及房产税、城镇土地使用税、车船使用税、印花税等相关税费。税金及附加也是企业为获取收益所必须承付的代价。

分析时,应将该项目与企业的营业收入配比,并进行前后期间比较。因为企业在一定时期内取得的营业收入要按国家规定交纳各种税金及附加。如果二者不配比,则说明企业有"偷税""漏税"之嫌。

(四)销售费用

销售费用是指企业在销售商品和材料、提供劳务的过程中发生的各项费用,包括包装费、运输费、装卸费、保险费、展览费、广告费、商品维修费、预计产品质量保证损失等,以及为销售本企业商品而专设的销售机构(含销售网点、售后服务网点等)的职工薪酬、业务费、折旧费等经营费用。

销售费用是一种期间费用,它是随着时间推移而发生的,与当期商品销售直接相关,而与产品的产量、产品的制造过程无直接关系,因而在发生的当期从损益中扣除。一般来说,在企业的产品结构、销售规模、营销策略等方面变化不大的情况下,企业的销售费用规模变化不会太大。这是因为,变动性销售费用会随着业务量的增长而增长,固定性销售费用则不会发生较大变化。销售费用一般与主营业务收入存在一定的配比关系。因而可以通过该比率的行业水平比较,考察其合理性。在企业业务发展的条件下,企业的销售费用不应当降低。片面追求一定时期内的费用降低,有可能对企业的长期发展不利。

(五)管理费用

管理费用是指企业组织和管理生产经营活动而发生的各种费用。具体包括的项目内容有:企业在筹建期间发生的开办费、董事会和行政管理部门在企业的经营管理中发生的或者应由企业统一负担的公司经费(包括行政管理部门职工薪酬、物料消耗、低值易耗品摊销、办公费和差旅费等)、工会经费、董事会费(包括董事会成员津贴、会议费和差旅费等)、聘请中介机构费、咨询费(含顾问费)、诉讼费、业务招待费、技术转让费、矿产资源补偿费、研究费、排污费等。管理费用也是一种期间费用。对管理费用分析时应注意以下三个方面。

1. 管理费用与主营业务收入配比

通过管理费用与主营业务收入的比率的行业水平,以及本企业历史水平分析,考察其合理性。一般认为,费用越低,收益越高,事实并非如此。应当根据企业当前的经营状况、以前各期间水平及对未来的预测来评价支出的合理性。例如,在分析维护和修理费用时,可以计算两个比率,一是维护和修理费用与销售收入的比率;二是其与固定资产净值的比率,由此可测定维护和修理费用是否在正常和必需的水平,确定企业是否为了提高当期收益而减少维护和修理费用,这种收益的提高是以未来生产能力的下降为代价的,收益质量较低。

2. 管理费用与财务预算比较

从成本特性角度来看,企业的管理费用基本属于固定性费用,在企业业务量一定、收入量一定的情况下，有效地控制、压缩那些固定性行政管理费用，将会给企业带来更多的收益。管理费用既然是一种与企业的产品成本不直接相关的间接费用，在一定程度上，它也代表了企业生产一线与管理二线的比重，其数额的大小代表了该企业的经营管理理念和水平。管理费用种类繁杂、数额较大，管理不便。对此，可将其与财务预算的数额比较，分析管理费用的合理性。

3. 管理费用与企业规模(资产总额)配比

资产规模的扩大会增加企业的管理要求，比如设备的增加、人员扩充等，从而增加管理费用。因此，管理费用与企业规模(资产总额)之间存在一定的配比关系。

(六)研发费用

"研发费用"项目，反映企业进行研究与开发过程中发生的费用化支出。一般来说，研发项目投入高的企业通常具有较高的竞争实力和科技创新水平，其发展前景较好。一些企业片面降低研究与开发费用，可能使企业在未来竞争中处于劣势，降低未来收益。在会计处理上，研究与开发费用可能是一项费用也可能是一项资产，研发费用能否资本化，关键在于研发工作是处于研究阶段还是开发阶段，分析时要注意研究阶段和开发阶段的界限。实务中，受市场环境、管理方针、政府政策、竞争对手等内外因素的影响，企业的研发项目存在很大的不确定性，研发风险普遍存在，因此，还要关注一下企业的研发风险。

(七)财务费用

财务费用是指企业为筹集生产经营所需资金而发生的费用。具体包括的项目内容有：利息支出(减利息收入)、汇兑差额、支付给金融机构手续费及企业发生或收到的现金折扣等。

企业财务费用的规模变化反映了企业的理财效率和理财质量。财务费用的高低，主要取决于贷款规模、贷款利率和贷款期限。

(1) 贷款规模。概括地说，如果因贷款规模的原因导致计入利润表的财务费用下降，则企业会因此而改善盈利能力。但是，同时也应当注意，企业可能因贷款规模的降低而限制了发展。

(2) 贷款利率和贷款期限。从企业融资的角度来看，贷款利率的具体水平主要取决于以下几个因素：一定时期资本市场的供求关系、贷款规模、贷款的担保条件及贷款企业的信誉等。在利率的选择上，可以采用固定利率、变动利率或浮动利率等。

可见，贷款利率中，既有企业不可控制的因素，也有企业可以控制的因素。在不考虑贷款规模和贷款期限的条件下，企业的利息费用将随着利率水平而波动。企业的利率水平主要受一定时期资本市场的利率水平的影响。因此，应注意分析企业的财务费用下降是否是因为国家对企业贷款利率的宏观下调而导致的。

解读财务费用还必须注意该项目的赤字问题。对于大多数企业而言，财务费用不会出现赤字。这种情况出现在当企业的存款利息收入大于贷款利息费用的时候，如果数额较大，也不正常。

(八)其他收益

其他收益反映计入其他收益的政府补助。需要注意的是,不是所有的政府补助都要计入其他收益,与企业日常活动相关的政府补助,应当按照经济业务实质,计入其他收益或冲减相关成本费用,而与企业日常活动无关的政府补助,应当计入营业外收支。分析时要注意其他收益的核算内容。

(九)投资收益

投资收益(或损失)是指企业以各种方式对外投资所取得的收益(或发生的损失)。投资收益是企业对外投资的结果,保持适度规模的对外投资,表明企业具备较高的理财水平。因为这意味着企业除了正常的生产经营取得利润之外,还有第二条渠道获取收益的途径。但同时也应注意以下问题。

(1) 投资收益是一种间接获得的收益。投资是通过让渡企业的部分资产而换取的另一项资产,即通过其他单位使用投资者投入的资产所创造的效益后分配取得的,或通过投资改善贸易关系等手段达到获取利益的目的。正是由于对外投资这种间接获取收益的特点,其投资收益的高低及其真实性不易控制。

(2) 投资收益与有关投资项目(如交易性金融资产、债权投资等)配比。即要求投资收益应与企业对外投资的规模相适应,一般投资收益率应高于同期银行存款利率,只有这样企业才值得对外投资。同时,对外投资是一把"双刃剑",如果投资收益连续几个会计期间低于同期银行存款利率,或为负数,则需进一步分析其合理性。

(3) 投资收益核算方法的正确性。比如,长期股权投资有成本法和权益法两种核算方法。若不恰当地采用成本法可以掩盖企业的投资损失,或转移企业的资产;而不恰当地采用权益法则可以虚报企业的投资收益。对此,应结合对长期股权投资项目的分析,判断企业核算方法的选择正确与否。

(4) 警惕某些公司利用关联交易"制造"投资收益。这样的投资收益往往质量不高,甚至有欺骗投资者的嫌疑。

(十)公允价值变动收益

公允价值变动收益(或损失)是指企业交易性金融资产等公允价值变动形成的应计入当期损益的利得(或损失)。

对公允价值变动损益的解读应注意,企业对金融资产的初始确认或分类是否正确,以及对有关金融资产公允价值变动损益的处理是否正确是关键。注意有无将本应计入所有者权益的公允价值变动损益计入了利润表,或者相反,将本应计入损益的公允价值变动损益计入了所有者权益。

(十一)信用减值损失

根据《企业会计准则第 22 号——金融工具确认和计量》(2017 年)应用指南,金融资产减值准备所形成的预期信用损失应通过"信用减值损失"科目核算。企业应当在资产负债表日计算金融工具(或金融工具组合)预期信用损失。如果该预期信用损失大于该工具(或组合)当前减值准备的账面金额,企业应当将其差额确认为减值损失,借记"信用减值损失"

科目，根据金融工具的种类，贷记"坏账准备"等科目；如果资产负债表日计算的预期信用损失小于该工具(或组合)当前减值准备的账面金额(例如，从按照整个存续期预期信用损失计量损失准备转为按照未来12个月预期信用损失计量损失准备时，可能出现这一情况)，则企业应当将差额确认为利得，做相反的会计分录。该项目可以结合应收款项等项目进行分析。根据可比性原则，企业计提坏账准备的方法和比例一经确定，不得随意变更。对于企业随意变更坏账准备计提方法和比例的情况要予以分析，首先应查明企业是否在会计报表附注中对变更计提方法予以说明；其次应分析这种变更是否合理，是正常的会计变更还是为了调节利润。可以通过阅读会计报表的相关附注，结合当年的实际业绩以及审计报告内容，分析判断其合理性，从而在一定程度上判断应收款项的质量。

(十二)资产减值损失

资产减值损失是指企业计提各项资产减值准备所形成的损失。根据《企业会计准则》的规定，企业应当在会计期末对各项资产进行全面检查，并根据谨慎性原则的要求，合理地预计各项资产可能发生的损失，对可能发生的各项资产减值损失计提相应的减值准备。计提资产减值准备，一方面减少了资产的价值，另一方面也形成一项费用，减少了企业的利润。企业通过确认资产价值，可将长期积累的不良资产泡沫予以消化，提高资产的质量，使资产能够真实地反映企业未来获取经济利益的能力。同时，通过确认资产减值，还可使企业减少当期应纳税款，增加自身积累，提高其抵御风险的能力。另外，企业对外披露的会计信息中通过确认资产减值，可使利益相关者相信企业资产已得到优化，对企业盈利能力和抵御风险能力更具信心。

当然，运用谨慎性原则并不意味着企业可以设置秘密准备，否则就属于滥用谨慎性原则，将视为重大会计差错处理。通过对可能发生的各项资产损失进行比较充分的考虑，一方面扩大了计提资产减值准备的口径，同时缩小了企业通过关联交易来操纵利润的空间；另一方面能真正体现出资产必须具有能够带来预期经济利益的属性，以提供更加稳健的会计信息，并防范风险。

对资产减值损失的分析应注意以下几点。

(1) 结合会计报表附注，了解资产减值损失的具体构成情况，即企业当年主要是哪些项目发生了减值。

(2) 结合资产负债表中有关资产项目，考察有关资产减值的幅度，从而对合理预测企业未来财务状况提供帮助。资产负债表中有关资产项目(如存货、固定资产、无形资产等)是按该项目的账面余额扣除资产减值准备后的净额列示的，因此，可以将有关资产项目的减值损失与减值前的资产账面余额相比较，判断有关资产项目减值的幅度。这对预测企业未来资产减值情况，进而预测未来的财务状况和业绩是有一定益处的。

(3) 将当期各项资产减值情况与企业以往情况、市场情况及行业水平配比，以评价过去，掌握现在，分析其变动趋势，预测未来。

(十三)资产处置收益

资产处置损益主要用来核算固定资产，无形资产等因出售，转让等原因，产生的处置利得或损失。资产处置损益影响营业利润。分析时要注意资产处置损益和营业外支出的区别，二者的区别在于，如果资产处置后还有使用价值，则计入"资产处置损益"科目，反之，则计入"营业外支出"科目。例如，固定资产的毁损报废后，不再有使用价值，则计入"营业外支出"科目。若用固定资产抵债、投资、捐赠等，这些经营行为是为了换取对价，具有一定的商业价值，则应入"资产处置损益"科目。

(十四)营业利润

营业利润反映企业一定会计期间内最基本经营活动的成果，也是企业一定时期获得利润中最主要、最稳定的来源，是企业生存和发展的主要动力。在以产品经营为主的企业中，营业利润应该是企业财务业绩的主体。分析时，要注意营业利润占财务业绩的比重，还要分析营业利润的各项构成。

(十五)营业外收入

营业外收入是指企业发生的除营业利润以外的收益，主要包括债务重组利得、与企业日常活动无关的政府补助、盘盈利得、捐赠利得等。一般来说，企业的营业外收入数额不应过大，如果营业外收入较多，可能反映其主营业务能力较弱，也就是该企业的核心竞争能力还欠缺。

(十六)营业外支出

营业外支出是指企业发生的与其日常活动无直接关系的各项损失，主要包括债务重组损失、公益性捐赠支出、非常损失、盘亏损失、非流动资产毁损报废损失等。

与营业成本相比，既然是营业外发生的开支，营业外支出的数额不应过大，否则是不正常的。对企业的营业外支出应密切关注：①是否是企业的经营管理水平较低；②是否为关联方交易，转移企业资产；③是否有违法经营行为，如违反经济合同、滞延纳税、非法走私商品；④是否有经济诉讼和纠纷等。

(十七)利润总额

利润总额是由营业利润加上营业外收入、减去营业外支出构成的。也就是说利润总额不仅包括营业利润，还包括直接计入损益的利得和损失。对利润总额的分析，一方面要关注其绝对数，并与前期比较，了解企业的发展趋势；另一方面，必须重点对利润总额的构成进行分析。利润总额由营业利润和营业外收支构成，在上述几个因素中，一般来说，营业利润属于主要因素，如果企业的利润总额主要来源于营业外收入，说明公司的营业活动不景气，不能对盈利能力给予过高评价。

(十八)所得税费用

所得税费用是根据企业应纳税所得额的一定比例上缴的一种税金。对企业而言，所得税是应当计入当期损益的费用，即企业为获得盈利所必须负担的代价(国家税收)。

(十九)净利润

净利润是利润总额减去所得税后的余额，是企业经营业绩的最终结果，也是企业利润分配的源泉。净利润的增长是企业成长性的基本表现。在分析净利润增长率时应结合主营

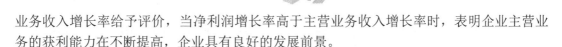

业务收入增长率给予评价,当净利润增长率高于主营业务收入增长率时,表明企业主营业务的获利能力在不断提高,企业具有良好的发展前景。

(二十)其他综合收益的税后净额

其他综合收益的税后净额反映企业根据其他会计准则规定未在当期损益中确认的各项利得和损失扣除所得税影响后的净额的合计数。按照以后期间能否重分类进入损益又分为:以后会计期间不能重分类进损益的其他综合收益项目和以后会计期间在满足规定条件时可以重分类进损益的其他综合收益项目。分析其他综合收益的税后净额要结合资产负债表"其他综合收益"项目和所有者权益变动表中"其他综合收益"项目,分析其钩稽关系是否一致。

(二十一)综合收益总额

综合收益总额反映企业在某一期间除与所有者以其所有者身份进行的交易之外的其他交易或事项所引起的所有者权益变动,反映净利润和其他综合收益的税后净额的合计金额。

(二十二)每股收益

普通股或潜在普通股已公开交易的企业,以及正处于公开发行普通股或潜在普通股过程中的企业,还应当在利润表中列示每股收益信息。每股收益信息包括基本每股收益和稀释后的每股收益。每股收益信息是股东比较关心的指标,显然,每股收益越高,表明股东的报酬越高。不过,有时企业出于稀释股价的考虑,会发放股票股利,这样,每股收益也会相应降低,因此,在判断每股收益尤其是将每股收益进行前后各期的对比时,应考虑股本数额变化的影响,使比较建立在可比的基础上。

二、利润表综合分析

(一)利润表水平分析

1. 利润表水平分析表的编制

利润表水平分析表的编制主要目的在于认清综合收益总额增减变动的原因。通过对利润表的水平分析,从综合收益的形成角度,反映综合收益的变动情况,揭示企业在综合收益形成过程中的管理业绩及存在的问题。

DEF 公司的利润表水平分析表如表 3-3 所示。

表 3-3 利润表水平分析表

编制单位:DEF 公司　　　　2021 年 12 月 31 日　　　　　　　单位:元

项　目	2021 年	2020 年	变动额	变动率/%
一、营业收入	731 458 408.90	673 451 434.25	58 006 974.65	8.61
减:营业成本	348 179 240.91	371 083 716.94	-22 904 476.03	-6.17
税金及附加	6 367 669.76	3 419 578.72	2 948 091.04	86.21
销售费用	40 517 860.01	41 190 199.06	-672 339.05	-1.63

续表

项　目	2021 年	2020 年	变动额	变动率/%
管理费用	80 238 575.54	71 424 506.25	8 814 069.29	12.34
财务费用	-7 922 222.04	2 013 687.80	-9 935 909.84	-493.42
加：其他收益				
投资收益	433 693.04	-859 793.84	1 293 486.88	-150.44
资产减值损失(损失以"－"号填列)	-1 026 585.42	-2 811 673.74	1 785 088.32	-63.49
二、营业利润	263 484 392.34	180 648 277.90	82 836 114.44	45.85
加：营业外收入	4 662 962.80	2 829 682.14	1 833 280.66	64.79
减：营业外支出	432.33	26 356.81	-25 924.48	-98.36
三、利润总额	268 146 922.81	183 451 603.23	84 695 319.58	46.17
减：所得税费用	38 485 596.48	26 210 484.05	12 275 112.43	46.83
四、净利润	229 661 326.33	157 241 119.18	72 420 207.15	46.06
五、其他综合收益的税后净额				
六、综合收益总额	229 661 326.33	157 241 119.18	72 420 207.15	46.06
七、每股收益				

2. 利润表变动情况的分析

利润表分析应抓住几个关键利润指标的变动情况。

(1) 净利润分析。净利润是指企业所有者最终取得的财务成果，或可供所有者分配或使用的财务成果。在正常情况下，企业的营业利润较大，利润总额和净利润也会较高。在分析时要注意盈利的质量，以及盈利是否具有可持续性。

(2) 利润总额分析。利润总额是反映企业全部财务成果的指标，它不仅反映企业的营业利润，而且反映营业外收支情况。分析时要注意分析营业外收支是否合理。在正常情况下一家企业营业外收支的数额不应过大，否则是不正常的。

(3) 营业利润分析。营业利润是指企业营业收入与营业成本、税金及附加、期间费用、资产减值损失、资产变动净收益之间的差额。它反映了企业自身生产经营业务的财务成果。企业营业利润的多少代表了企业的总体经营管理水平和效果。通常营业利润越大的企业，效益越好。具体分析如下。

① 营业利润额较大。当企业营业利润额较大时，通常认为该企业经营管理水平和效果较好。但在分析中，应注意主营业务利润和其他业务利润的关系，如果企业其他业务利润长期高于主营业务利润，企业应适当考虑产业结构调整问题。还要关注投资收益的来源，如果是产业性投资收益，则企业具有可持续发展的潜力。

② 营业利润额较小。当企业营业利润较小时，应着重分析其营业收入的情况、多种经营的发展情况和期间费用的多少。如果企业营业收入较大，但期间费用较高，或者说投资收益出现较大亏损，也会使营业利润降低，就要重点分析期间费用的构成情况，找出期间费用居高的原因，严格进行控制和管理，通过降低费用，提高营业利润。

(二)利润表垂直分析

1. 利润表垂直分析表的编制

利润表垂直分析表通过计算各因素或各种财务成果在营业收入中所占的比重,分析说明财务成果的结构及其增减变动的合理程度。

DEF 公司的利润表垂直分析表如表 3-4 所示。

表 3-4　利润表垂直分析表

编制单位:DEF 公司　　　　　　2021 年 12 月 31 日　　　　　　　　　　　单位:元

项目	2021 年金额/元	2020 年金额/元	2021 年结构/%	2020 年结构/%	结构变动/%
一、营业收入	731 458 408.90	673 451 434.25	100.00	100.00	0.00
减:营业成本	348 179 240.91	371 083 716.94	47.60	55.10	-7.50
税金及附加	6 367 669.76	3 419 578.72	0.87	0.51	0.36
销售费用	40 517 860.01	41 190 199.06	5.54	6.12	-0.58
管理费用	80 238 575.54	71 424 506.25	10.97	10.61	0.36
财务费用	-7 922 222.04	2 013 687.80	-1.08	0.30	-1.38
加:其他收益					
投资收益	433 693.04	-859 793.84	0.06	-0.13	0.19
资产减值损失(损失以"—"号填列)	-1 026 585.42	-2 811 673.74	-0.14	-0.42	0.28
二、营业利润	263 484 392.34	180 648 277.90	36.02	26.82	9.20
加:营业外收入	4 662 962.80	2 829 682.14	0.64	0.42	0.22
减:营业外支出	432.33	26 356.81	0.00	0.00	0.00
三、利润总额	268 146 922.81	183 451 603.23	36.66	27.24	9.42
减:所得税费用	38 485 596.48	26 210 484.05	5.26	3.89	1.37
四、净利润	229 661 326.33	157 241 119.18	31.40	23.35	8.05
五、其他综合收益的税后净额					
六、综合收益总额	229 661 326.33	157 241 119.18	31.40	23.35	8.05
七、每股收益					

2. 利润表结构变动情况的分析

在利润结构变动分析部分,要分析各项财务成果的构成情况,还可以针对综合收益总额进行垂直分析,分别考察净利润、其他综合收益构成的比重及变动,进一步分析综合收益总额的构成及变动情况。企业盈利的结构是否合理,决定着企业的长远发展前景。

(三)利润表收益项目关系分析

收益质量评价是一个主观过程,企业的报告收益是由不同部分组成的,每个部分对于盈利的持续性和重要性不一样。企业的利润可以分为:营业利润与非营业利润、税前利润与税后利润、经常业务利润与偶然业务利润、经营利润与投资收益等。这些项目的数额和比例关系，会导致收益质量不同，在预测未来时有不同意义。因此，在解读利润表时，还要对收益项目的关系进行分析。重点分析以下比例关系。

1. 营业利润与非营业利润

营业活动是公司赚取利润的基本途径，国内外大量的实证研究结果表明，营业利润的持续增长是企业盈利持久性和稳定性的源泉。因此，一个具有发展前景的企业，其营业利润应该远远高于其他利润(如投资收益、公允价值变动收益、处置非流动资产收益等)。如果一个公司的非营业利润占了大部分，则可能意味着公司在自己的行业中处境不妙，需要以其他方面的收入来维持收益，这无疑是危险的。

【例 3-2】 郑州百文股份有限公司的前身是郑州百货文化用品采购供应站，是一家老牌国有商业企业，于 1996 年在上海证券交易所挂牌交易，简称"郑百文"。上市后，由于"郑百文"的骄人业绩，不仅使其股价飙升，也使其成为沪深两市商贸股中的领头羊。据年报显示，公司 1997 年度业务迅速扩张，其销售额在 1996 年度比前一年翻一番的情况下，1997 年又以惊人的速度在 1996 年的基础上再翻一番。然而，进入 1998 年，局势却骤然急转。"郑百文"在 1998 年度发生巨额亏损，净利润从 1997 年盈利 7 800 万元变为 1998 年亏损 50 000 万元。一夜之间，一个绩优股沦落为巨亏股。

为何会出现如此剧烈的"前高后低"的大幅度变化呢？据悉，主要是公司利润构成的问题。在该公司信用销售的鼎盛时期，"郑百文"利用银行承兑汇票(承兑期长达 3～6 个月)进行账款结算，从回笼货款到支付货款之间有 3 个月左右的时间差，公司利用这笔巨额资金委托证券公司进行短期套利。仅 1997 年，该行为所产生的投资收益就高达 4 116 万元，占公司当年利润总额的 40%。说明在 1997 年的利润总额构成中投机行为所产生的收益占了相当大的比重。

(资料来源：摘自《中国会计年鉴》)

2. 经常业务利润和偶然利润

经常性业务收入因其可以持续不断地发生，应当成为收入的主力。而一次性收入、偶然业务利润(如处置资产所得、短期证券投资收益等)是没有保障的，不能期望它经常地、定期地发生，因而并不能代表企业的盈利能力，偶然业务利润比例较高的企业，其收益质量较低。在一个有效的资本市场上，只能获得与其风险相符的收益率，获得超额收益只是偶然的，不可能长久地依赖其来增加投资者财富。

3. 内部利润和外部利润

内部利润是指依靠企业生产经营活动取得的利润，它具有较好的持续性。外部利润是指通过政府补贴、税收优惠或接受捐赠等从公司外部转移来的收益。一般来说，外部收益的持续性较差，外部收益比例越大，收益的质量越低。这是因为，能够获得补贴收入的大多是公共事业类和环保类等企业，这些企业受国家政策及其他宏观政策影响很大，政策性补贴在很大程度上与其业绩好坏休戚相关。一旦国家政策发生变化，补贴减少，这些企业就可能由"优"变"劣"。当然，如果企业能够在较长时期内获得政府补贴，则其收益水平将在此期间内有一定保障。

(四)利润表分部分析

《企业会计准则第 35 号——分部报告》和《企业会计准则解释第 3 号》主要规范了企业分部报告的编制方法和应披露的信息,有助于充分披露会计信息,满足会计信息使用者的决策需要。企业提供分部信息,能够帮助会计信息使用者更好地理解企业以往的经营业绩,更好地评估企业的风险和报酬,以便更好地把握企业整体的经营情况,对未来的发展趋势作出合理的预期。随着企业跨行业和跨地区经营,许多企业生产和销售各种各样的产品和提供多种劳务,只有分析每种产品(或所提供劳务)和不同经营地区的经营业绩,才能更好地把握企业整体的经营业绩。因此,企业存在多种经营或跨地区经营的,应当披露分部信息,且区分经营分部和报告分部。

1. 经营分部的确定

经营分部,是指企业内同时满足下列条件的组成部分:①该组成部分能够在日常活动中产生收入、发生费用;②企业管理层能够定期评价该组成部分的经营成果,以决定向其配置资源、评价其业绩;③企业能够取得该组成部分的财务状况、经营成果和现金流量等有关会计信息。

企业存在相似经济特征的两个或多个经营分部,在同时满足下列条件时,可以合并为一个分部:①各单项产品或劳务的性质相同或相似;②生产过程的性质相同或相似,包括采用劳动密集或资本密集方式组织生产、使用相同或者相似设备和原材料、采用委托生产或加工方式等;③产品或劳务的客户类型相同或相似,包括大宗客户、零散客户等;④销售产品或提供劳务的方式相同或相似,包括批发、零售、自产自销、委托销售、承包等;⑤生产产品或提供劳务受法律、行政法规的影响相同或相似,包括经营范围或交易定价机制等。

2. 报告分部的确定

企业以经营分部为基础确定报告分部时,应满足下列三个条件之一:①该分部的分部收入占所有分部收入合计的 10%或者以上;②该分部的分部利润(亏损)的绝对额,占所有盈利分部利润合计额或者所有亏损分部亏损合计额的绝对额两者中较大者的 10%或者以上;③该分部的分部资产占所有分部资产合计额的 10%或者以上。

未满足这些条件,但企业认为披露该经营分部信息对财务报告使用者有用的,也可将其确定为报告分部。

报告分部的数量通常不超过 10 个。如果报告分部的数量超过 10 个需要合并的,以经营分部的合并条件为基础,对相关的报告分部予以合并。

报告分部的对外交易收入合计额占合并总收入或企业总收入的比重未达到 75%的,将其他的分部确定为报告分部(即使它们未满足规定的条件),直到该比重达到 75%。

分部报告分析包括报告分部增减变动分析和业务分部结构变动分析。

【例 3-3】A 公司根据产品和服务划分业务单元,有甲、乙两个报告分部。管理层出于配置资源和评价业绩的决策目的,对各业务单元的经营分开进行管理。分部业绩以报告的分部利润为基础进行评价。

1. 报告分部增减变动分析

报告分部增减变动分析,可运用水平分析法。报告分部水平分析表如表 3-5 所示。

表 3-5 报告分部水平分析表

编制单位：A 公司　　　　　　　　　　　　2021 年度　　　　　　　　　　　　单位：千元

项目	甲产品 2021年	甲产品 2020年	甲产品 差额	乙产品 2021年	乙产品 2020年	乙产品 差额	2021年 甲产品	2021年 乙产品	2021年 差额
一、分部收入总计	35 911 511	28 703 803	7 207 708	10 710 102	8 322 697	2 387 405	35 911 511	10 710 102	25 201 409
其中：对外交易收入	28 963 799	22 567 491	6 396 308	9 692 563	7 645 126	2 047 437	28 963 799	9 692 563	19 271 236
分部间交易收入	6 947 712	6 136 312	811 400	1 017 539	677 571	339 968	6 947 712	1 017 539	5 930 173
二、分部费用	18 315 300	13 397 200	4 918 100	7 393 000	5 939 800	1 453 200	18 315 300	7 393 000	10 922 300
三、分部利润	17 596 211	15 306 603	2 289 608	3 317 102	2 382 897	934 205	17 596 211	3 317 102	14 279 109
四、分部资产	22 468 395	16 994 523	5 473 872	4 931 776	3 965 018	966 758	22 468 395	4 931 776	17 536 619
五、分部负债	3 399 777	2 319 950	1 079 827	149 854	183 649	-33 795	3 399 777	149 854	3 249 923
六、补充信息	1 852 809	1 588 136	264 673	430 254	352 743	77 511	1 852 809	430 254	1 422 555
1.折旧和摊销费用	499 501	403 983	95 518	116 044	89 729	26 315	499 501	116 044	383 457
2.资本性支出	1 353 308	1 184 153	169 155	314 210	263 014	51 196	1 353 308	314 210	1 039 098

根据表 3-5 分析评价如下：

(1) 通过水平分析表可以看出，甲产品本年分部利润增长主要是由分部收入增加引起的。甲产品的本年分部收入为 35 911 511 千元，比上年增加 7 207 708 千元，分部费用为 18 315 300 千元，比上年增加 4 918 100 千元，二者相抵，使本年分部利润净增了 2 289 608 千元。从分部资产、负债规模来看，甲产品本年度与上年度相比都有所增加，分部资产增加 5 473 872 千元，分部负债增加 1 079 827 千元。

(2) 通过水平分析表可以看出，乙产品本年分部利润增长的原因主要在于分部收入的增加，而分部费用的增加是影响分部利润的不利因素，但其增长幅度小于分部收入，是本年度分部利润增长的原因之一。从分部资产规模来看，乙产品本年度较上年度增加 966 758 千元，从分部负债规模来看，乙产品本年的分部负债比上年度减少 33 795 千元。

(3) 本年度甲产品的分部利润为 17 596 211 千元，相比乙产品多 14 279 109 千元，从分部资产和分部负债来看，甲产品比乙产品都要高，可见甲产品的经营规模较大，其创造收入的能力也较强。从补充信息来看，由于甲产品的分部资产规模大于乙产品，因此其折旧和摊销费用、资本性支出都高于乙产品。

2. 报告分部结构变动分析

报告分部结构变动分析，可运用垂直分析法进行。报告分部垂直分析表，如表 3-6 所示。

表 3-6 报告分部垂直分析表

编制单位：A 公司　　　　　　　　　　　　2021 年度　　　　　　　　　　　　单位：%

项目	甲产品 2021年	甲产品 2020年	乙产品 2021年	乙产品 2020年
一、分部收入总计	100.00	100.00	100.00	100.00
其中：对外交易收入	80.65	78.62	88.74	90.50
分部间交易收入	19.35	21.38	11.26	9.50
二、分部费用	51.00	46.67	68.23	69.03

续表

项目	甲产品		乙产品	
	2021年	2020年	2021年	2020年
三、分部利润	49.00	53.33	31.77	30.97
四、分部资产	100.00	100.00	100.00	100.00
五、分部负债	15.13	13.65	19.73	3.04
六、补充信息				
1.折旧和摊销费用				
2.资本性支出				

根据表 3-6 分析评价如下。

(1) 甲产品本年的分部利润占分部收入的比重为 49.00%，比上年度降低了 4.33%；乙产品本年的分部利润占分部收入的比重为 31.77%，比上年度增长了 0.8%。从分部利润的结构变化来看，甲产品本年的分部费用占分部收入的比重为 51%，比上年度上升了 4.33%；而乙产品本年的分部费用占分部收入的比重为 68.23%，比上年度下降了 0.8%。这说明成本费用的变化是导致甲产品和乙产品本年营业利润变化的主要原因。

(2) 从资产负债率来看，甲产品本年度的资产负债率相比上年度变动不大。乙产品本年度的资产负债率为 19.73%，比上年度的 3.04% 上升了 16.69%。

(3) 乙产品本年分部利润比重提高的主要原因在于分部费用比重的下降。另外，无论是本年度还是上年度，甲产品的分部利润占分部收入的比重都比乙产品要高，可见甲产品的盈利能力要强于乙产品。

本 章 小 结

本章重点介绍了利润表的分析。利润表是指反映企业在一定会计期间经营成果的报表。利润表的列报格式包括单步式和多步式两种。我国采用多步式。对利润表进行分析主要是对各组成项目的质量分析，即分析企业在一定会计期间的收入、费用、利润(或亏损)的数额、构成情况，分析企业的经营成果，分析其获利能力及盈利增长趋势。然而，以权责发生制为基础衡量的盈利能力只是一个企业盈利水平的外在表象，要真正揭示一个企业的盈利能力，还须对其各收益项目的关系、盈利的质量、盈利的结构进行深入分析。

思 考 题

1. 利润表的作用是什么？如何编制？
2. 利润表的局限性表现在哪些方面？在进行会计报表分析时，应如何克服？
3. 收入分析的思路是什么？收入的构成分析应从哪些方面进行？
4. 费用的分析方法包括哪些？

第四章

现金流量表分析

【学习目标】

通过本章学习,使学生明确现金流量表的结构与内容,理解现金流量表与资产负债表和利润表的关系,明确现金流量表分析的目的,掌握现金流量的项目分析及现金流量表的综合分析,了解现金流量表附注资料的分析方法。

【知识结构图】

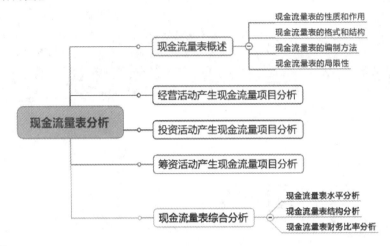

【引例】

东方电子于 1997 年在深交所挂牌上市。上市后其股价一路上行，4 年间累计飙升 60 倍以上。在股本高速扩张的基础上连续 3 年实现业绩翻番，一度被评为中国最优秀的上市公司。2001 年 7 月，东方电子股价莫名下跌，同年 9 月，中国证监会正式对东方电子立案调查。经查，东方电子历年来将高达 10.39 亿元的税后炒股收益(通过在二级市场炒作本公司股票)悉数计入"主营业务收入"，同时计入"销售商品、提供劳务收到的现金"，2000 年年报中主营业务收入高达 13.75 亿元(后调减为 8.71 亿元)，相应的"销售商品、提供劳务收到的现金"达 11.09 亿元。2002 年，公司被迫进行重大会计差错更正，将 2000 年每股收益 0.52 元调减为 0.107 元，每股经营活动产生的现金流量净额 0.41 元下调至 0.12 元。

企业现金流量表的各个项目之间，现金流量表与其他报表之间有什么内在联系，应该如何有效地对现金流量表进行分析？

(资料来源：吴晓根. 东方电子会计报表审计的理性认定：审计失败，审计研究，2003(8))

第一节 现金流量表概述

一、现金流量表的性质和作用

(一)现金流量表的性质

现金流量表是反映企业一定会计期间现金和现金等价物流入和流出的报表。它以现金的流入和流出来反映企业在一定期间内的经营活动、投资活动和筹资活动的动态情况，反映企业现金流入和流出的全貌，表明企业获得现金和现金等价物的能力。

现金是指企业库存现金以及可以随时用于支付的存款，包括库存现金、银行存款和其他货币资金等。不能随时用于支付的存款不属于现金。

现金等价物是指企业持有的期限短、流动性强、易于转换为已知金额现金、价值变动风险很小的投资。期限短，一般是指从购买日起三个月内到期。现金等价物通常包括三个月内到期的债券投资等。权益性投资变现的金额通常不确定，因而不属于现金等价物。企业应当根据具体情况，确定现金等价物的范围，一经确定，不得随意变更。

企业的现金流量分为以下三类。

1. 经营活动产生的现金流量

经营活动是指企业投资活动和筹资活动以外的所有交易事项。经营活动产生的现金流量主要包括销售商品或提供劳务、购买商品、接受劳务、支付工资和交纳税款等流入和流出的现金和现金等价物。

2. 投资活动产生的现金流量

投资活动是指企业长期资产的购建和不包括在现金等价物范围内的投资及其处置活动。投资活动产生的现金流量主要包括购建固定资产、处置子公司及其他营业单位等流入和流出的现金和现金等价物。

3. 筹资活动产生的现金流量

筹资活动是指导致企业资本及负债规模或构成发生变化的活动。筹资活动产生的现金流量主要包括吸收投资、发行股票、分配利润、发行债券、偿还债务等流入和流出的现金和现金等价物。偿还应付账款、应付票据等应付款项属于经营活动，不属于筹资活动。

(二)现金流量表的作用

在市场经济条件下，企业现金流量在很大程度上决定着企业的生存和发展的能力，从而在很大程度上决定着企业的盈利能力。这是因为如果企业的现金流量不足，现金周转不畅，现金调配不灵，就会影响企业的盈利能力，甚至进而会影响到企业的生存和发展。常见的盈利能力评价指标，基本上都是利用以权责发生制为基础的会计数据来进行计算，从而给予评价的，如总资产报酬率、净资产收益率和成本费用利润率等指标。但值得注意的是，它们并不能反映企业伴随有现金流入的盈利状况，也就是说，它们只能评价企业盈利能力的"数"量，却不能评价企业盈利能力的"质"量。因此，要通过现金流量表来弥补这一缺陷和不足。现金流量表的作用，主要有以下几个方面。

1. 现金流量表能够说明企业一定期间内现金流入和流出的原因

现金流量表将现金流量划分为经营活动、投资活动和筹资活动所产生的现金流量，并按照流入现金和流出现金项目分别反映。例如，企业当期从银行借入100万元，偿还银行利息2万元，在现金流量表的筹资活动产生的现金流量中分别反映"借款收到的现金100万元""偿付利息支付的现金2万元"。因此，通过现金流量表能够清晰地反映企业现金流入和流出的原因，即现金从哪里来，又用到哪里去。这些信息是资产负债表和利润表所不能提供的。

2. 现金流量表能够说明企业的偿债能力和支付股利的能力

投资者投入资金、债权人提供企业短期或长期使用的资金，其目的主要是获利。通常情况下，报表阅读者比较关注企业的获利情况，并且往往以获得利润的多少作为衡量标准，企业获利多少在一定程度上表明了企业具有多大的现金支付能力。但是，企业一定期间内获得的利润并不代表企业真正具有偿债或支付能力。在某些情况下，虽然企业利润表上反映的经营业绩很可观,但财务困难,不能偿还到期债务;还有些企业虽然利润表上反映的经营成果并不可观,但却有足够的偿付能力。产生这种情况的原因有很多,其中会计核算采用的权责发生制、配比原则等所含的估计因素也是其主要原因之一。现金流量表完全以现金的收支为基础,消除了会计核算中由于会计估计等所产生的获利能力和支付能力。通过现金流量表能够了解企业现金流入的构成,分析企业偿债和支付股利的能力,增强投资者的投资信心和债权人收回债权的信心;通过现金流量表,投资者和债权人可了解企业获取现金的能力和现金偿付的能力,从而使有限的社会资源流向最能产生效益的地方。

3. 现金流量表可以用来分析企业未来获取现金的能力

现金流量表反映企业一定期间内的现金流入和流出的整体情况。现金流量表中的经营活动产生的现金流量,代表企业运用其经济资源创造现金流量的能力;投资活动产生的现金流量,代表企业运用资金产生现金流量的能力;筹资活动产生的现金流量,代表企业筹资获得现金流量的能力。通过现金流量表及其他财务信息,可以分析企业未来获取或支付现金的能力。例如,企业通过银行借款筹得资金,从本期现金流量表中反映为现金流入,但却意味着未来偿还借款时要流出现金。又如,本期应收未收的款项,在本期现金流量表中虽然没有反映为现金的流入,但意味着未来将会有现金流入。

4. 现金流量表可以用来分析企业投资和理财活动对经营成果和财务状况的影响

资产负债表能够提供企业一定日期的财务状况,它所提供的是静态的财务信息,并不能反映财务状况变动的原因,也不能表明这些资产、负债给企业带来了多少现金,又用去了多少现金;利润表虽然反映企业一定期间的经营成果,提供动态的财务信息,但利润表只能反映利润的构成,也不能反映经营活动、投资活动和筹资活动给企业带来了多少现金,又支付了多少现金,而且利润表不能反映投资活动和筹资活动的全部事项。现金流量表提供一定时期现金流入和流出的动态财务信息,表明企业在报告期内由经营活动、投资活动和筹资活动获得了多少现金,企业获得的这些现金又是如何运用的,能够说明资产、负债、净资产变动的原因,对资产负债表和利润表起到补充说明的作用。现金流量表是连接资产负债表和利润表的桥梁。

5. 现金流量表能够提供不涉及现金的投资活动和筹资活动的信息

现金流量表除了反映企业与现金有关的投资活动和筹资活动外,还通过补充资料(附注)方式提供了不涉及现金的投资活动和筹资活动方面的信息,使会计报表使用者或阅读者能够全面了解和分析企业的投资活动和筹资活动。

6. 编制现金流量表便于和国际惯例相协调

目前,世界上许多国家都要求企业编制现金流量表,如美国、英国、澳大利亚、加拿大等。我国企业编制现金流量表后,将对开展跨国经营、境外筹资、加强国际经济合作起到积极的作用。

二、现金流量表的格式和结构

现金流量表一般由两部分组成,一是现金流量表主表;二是现金流量表补充资料。

(一)现金流量表主表

现金流量表主表采用报告式结构,分类反映经营活动产生的现金流量、投资活动产生的现金流量和筹资活动产生的现金流量,最后汇总反映企业某一期间现金及现金等价物净增加额。

我国现金流量表的具体格式与内容如表 4-1 所示。

表 4-1　现金流量表

编制单位:EDC 公司　　　　　　　2021 年度　　　　　　　　　　　　单位:元

项　目	本期金额	上期金额(略)
一、经营活动产生的现金流量:		
销售商品、提供劳务收到的现金	787 500.00	
收到的税费返还		
收到的其他与经营活动有关的现金		
现金流入小计	787 500.00	
购买商品、接受劳务支付的现金	235 359.60	
支付给职工以及为职工支付的现金	180 000.00	
支付的各项税费	104 821.80	
支付的其他与经营活动有关的现金	48 000.00	
现金流出小计	568 181.40	
经营活动产生的现金流量净额	219 318.60	
二、投资活动产生的现金流量:		
收回投资所收到的现金	9 900.00	
取得投资收益所收到的现金	18 000.00	
处置固定资产、无形资产和其他长期资产所收回的现金净额	180 180.00	
处置子公司及其他营业单位收到的现金净额		
收到的其他与投资活动有关的现金		
现金流入小计	208 080.00	
购建固定资产、无形资产和其他长期资产所支付的现金	360 600.00	
投资所支付的现金		
取得子公司及其他营业单位支付的现金净额		
支付的其他与投资活动有关的现金		
现金流出小计	360 600.00	
投资活动产生的现金流量净额	−152 520.00	
三、筹资活动产生的现金流量:		
吸收投资所收到的现金		
借款所收到的现金	336 000.00	
收到的其他与筹资活动有关的现金		
现金流入小计	336 000.00	

续表

项　　目	本期金额	上期金额(略)
偿还债务所支付的现金	750 000.00	
分配股利、利润或偿付利息所支付的现金	7 500.00	
支付的其他与筹资活动有关的现金		
现金流出小计	757 500.00	
筹资活动产生的现金流量净额	-421 500.00	
四、汇率变动对现金及现金等价物的影响		
五、现金及现金等价物净增加额	-354 701.40	
加：期初现金及现金等价物余额	843 780.00	
六、期末现金及现金等价物余额	489 078.60	

(二)现金流量表补充资料

现金流量表补充资料分为三部分：第一部分是"将净利润调节为经营活动的现金流量"；第二部分是"不涉及现金收支的重大投资活动和筹资活动"；第三部分是"现金及现金等价物净变动情况"等项目。

1. 将净利润调节为经营活动现金流量

(1) "净利润"项目应与利润表中"净利润"项目金额对应相等。

(2) "资产减值准备"项目，反映企业本期计提的坏账准备、存货跌价准备、投资性房地产减值准备、长期股权投资减值准备、债权投资减值准备、固定资产减值准备、在建工程减值准备、工程物资减值准备、生物性资产减值准备、无形资产减值准备、商誉减值准备等。企业计提的各项资产减值准备，包含在利润表中，属于利润的减除项目，但没有发生现金流出，所以，在净利润调节为经营活动现金流量时，需要加回。本项目可根据"资产减值准备"科目的记录分析填列。

(3) "固定资产折旧""油气资产折耗""生产性生物资产折旧"项目，分别反映企业本期计提的固定资产折旧、油气资产折耗、生产性生物资产折旧。属于导致净利润减少、却不涉及现金流入或流出的费用。

(4) "无形资产摊销""长期待摊费用摊销"项目，分别反映企业本期计提的无形资产摊销、长期待摊费用摊销数额。属于导致净利润减少(或增加)、却不涉及现金流入或流出的费用。

(5) "处置固定资产、无形资产和其他长期资产的损失"项目，反映企业本期处置固定资产、无形资产和其他长期资产发生的损失。

(6) "固定资产报废损失"项目，反映企业本期固定资产盘亏发生的损失。

(7) "公允价值变动损失"项目，反映企业持有的采用公允价值计量且其变动计入当期损益的采用公允价值模式计量投资性房地产、金融资产、金融负债等的公允价值变动损益。

(8) "财务费用"项目，反映企业本期发生的财务费用中，应属于投资活动或筹资活动的财务费用。根据"财务费用"账户发生额分析填列。

(9) "投资损失"项目,反映企业本期投资所发生的损失减去收益后的净损失。

(10) "递延所得税资产减少"项目,反映企业资产负债表"递延所得税资产"项目的期初余额与期末余额的差额。"递延所得税负债增加"项目,反映企业资产负债表"递延所得税负债"项目的期初余额与期末余额的差额。属于本期所得税费用与应交所得税之间的差额。

(11) "存货的减少"项目,反映企业资产负债表"存货"项目的期初余额与期末余额的差额。

(12) "经营性应收项目的减少"项目,反映企业本期经营性应收项目(包括应收票据、应收账款、预付账款、长期应收款和其他应收款中与经营活动有关的部分及应收的增值税销项税额等)的期初余额与期末余额的差额。

(13) "经营性应付项目的增加"项目,反映企业本期经营性应付项目(包括应付票据、应付账款、预收款项、应付职工薪酬、应交税费、应付利息、应付股利、长期应付款、其他应付款中与经营活动有关的部分及应付的增值税进项税额等)的期初余额与期末余额的差额。

2. 不涉及现金收支的重大投资活动和筹资活动

不涉及现金收支的重大投资活动和筹资活动,反映企业一定期间内影响资产或负债但不形成该期现金收支的所有投资和筹资活动的信息。这些投资和筹资活动虽然不涉及当期现金收支,但对以后各期的现金流量有重大影响。

3. 现金及现金等价物净变动情况

现金及现金等价物净变动情况,通过现金的期末期初差额进行反映,用以检验以直接法编制的现金流量净额是否正确。现金流量表补充资料如表 4-2 所示。

表 4-2 现金流量表补充资料

编制单位:EDC 公司　　　　　　　　　　2021 年度　　　　　　　　　　单位:元

补充资料	本期金额	上期金额(略)
一、将净利润调节为经营活动现金流量:		
净利润	135 000.00	
加:资产减值准备	18 540.00	
固定资产折旧	60 000.00	
无形资产摊销	36 000.00	
长期待摊费用摊销		
处置固定资产、无形资产和其他长期资产的损失(减:收益)	-30 000.00	
固定资产报废损失(减:收益)	11 820.00	
公允价值变动损失(减:收益)		
财务费用(减:收益)	6 900.00	
投资损失(减:收益)	-18 900.00	
递延所得税资产减少(减:增加)	-4 500.00	

续表

补充资料	本期金额	上期金额(略)
递延所得税负债增加(减：减少)		
存货的减少(减：增加)	57 180.00	
经营性应收项目的减少(减：增加)	-72 000.00	
经营性应付项目的增加(减：减少)	19 278.60	
其他		
经营活动产生的现金流量净额	219 318.60	
二、不涉及现金收支的重大投资活动和筹资活动：		
债务转为资本		
一年内到期的可转换公司债券		
融资租入固定资产		
三、现金及现金等价物净变动情况：		
现金的期末余额	489 078.60	
减：现金的期初余额	843 780.00	
加：现金等价物的期末余额		
减：现金等价物的期初余额		
现金及现金等价物净增加额	-354 701.40	

三、现金流量表的编制方法

(一)经营活动产生现金流量项目编制

1. 销售商品、提供劳务收到的现金

销售商品、提供劳务收到的现金，反映企业本年销售商品、提供劳务收到的现金，以及前期销售商品、提供劳务本期收到的现金(包括应向购买者收取的增值税销项税额)和本期预收的款项，减去本年销售本期退回商品和前期销售本期退回商品支付的现金。本项目包括所有的经营活动，企业销售材料和代购代销业务收到的现金，也在本项目反映。公式为：

销售商品、提供劳务收到的现金=当期销售商品、提供劳务收到的现金+当期收回前期的应收账款和应收票据+当期预收的款项-当期销售退回支付的现金+当期收回前期核销的坏账损失

【例4-1】某企业本年销售商品、提供劳务收到现金2 000万元，以前年度销售商品本年收到的现金240万元，本年预收款项130万元，本年销售本年退回商品支付现金70万元，本年收回企业以前年度核销的坏账损失25万元。

销售商品、提供劳务收到的现金 = 2 000 + 240 + 130 - 70 + 25 = 2 325(万元)

2. 收到的税费返还

收到的税费返还，反映企业收到返还的所得税、增值税、消费税、关税和教育费附加等各种税费返还款。本项目可以根据"库存现金""银行存款""税金及附加""营业外

收入"等科目的记录分析填列。

3. 收到其他与经营活动有关的现金

收到其他与经营活动有关的现金,反映企业经营活动中产生的各种不能列入前述项目的现金流入项目,如罚款收入、经营租赁固定资产收到的现金、流动资产损失中由个人赔偿的现金收入、除税费返还外的其他政府补助收入等。其他与经营活动有关的现金,若价值较大,应单列项目反映。本项目可以根据"库存现金""银行存款""管理费用""销售费用"等科目的记录分析填列。

4. 购买商品、接受劳务支付的现金

购买商品、接受劳务支付的现金,反映企业本期购买商品、接受劳务实际支付的现金(包括增值税进项税额),以及本期支付前期购买商品、接受劳务的未付款项和本期预付款项,减去本期发生的购货退回收到的现金。企业购买材料和代购代销业务支付的现金,也在本项目反映。公式为:

购买商品、接受劳务支付的现金=当期购买商品、接受劳务支付的现金+当期支付前期的应付账款+当期支付前期的应付票据+当期预付的账款-当期因购货退回收到的现金

【例4-2】某企业本年购买商品支付的现金700万元,本年支付以前年度购买商品的未付款项80万元和本年预付款项70万元,本年发生的购货退回收到的现金40万元。

购买商品、接受劳务支付的现金=700+80+70-40=810(万元)

5. 支付给职工以及为职工支付的现金

支付给职工以及为职工支付的现金,反映企业以现金方式支付给职工的工资和为职工支付的其他现金。支付给职工的工资包括工资、奖金以及各种补贴等(包括代扣代缴的个人所得税);为职工支付的其他现金,例如,企业为职工缴纳的养老、失业等社会保险基金,为职工缴纳的商业保险金等。企业支付给在建工程人员的工资及其他费用在"购建固定资产、无形资产和其他长期资产支付的现金"项目反映;支付给离退休人员的各项费用反映在"支付其他与经营活动有关的现金"项目反映。

本项目可以根据"库存现金""银行存款""应付职工薪酬"等科目的记录分析填列。

【例4-3】某企业本年支付的各种职工薪酬共计300万元,其中:生产经营人员的职工薪酬为260万元,在建工程人员的职工薪酬40万元。

支付给职工以及为职工支付的现金=300-40=260(万元)

6. 支付的各项税费

支付的各项税费,反映企业按规定支付的各项税费,包括本期发生并支付的税费以及本期支付前期发生的税费和预交的税金,如支付的增值税、所得税、印花税、房产税、土地增值税、车船税和教育费附加等,不包括本期退回的增值税、所得税。本期退回的增值税、所得税等,在"收到的税费返还"项目中反映。本项目可以根据"应交税费""库存现金""银行存款"等科目分析填列。

【例4-4】某企业本期向税务机关缴纳增值税68 000元;本期发生的消费税6 200 000元已全部缴纳;企业期初未交所得税560 000元;期末未交所得税240 000元。

本期支付的各项税费=68 000+6 200 000+(560 000-240 000)=6 588 000元

7. 支付的其他与经营活动有关的现金

支付的其他与经营活动有关的现金,反映企业发生的除了筹资或投资活动有关现金以外的现金支出,如罚款支出、支付的差旅费、业务招待费、保险费、经营租赁支付的现金等。其他与经营活动有关的现金,若金额较大,应单列项目反映。本项目可以根据有关科目的记录分析填列。

(二)投资活动产生现金流量项目编制

1. 收回投资所收到的现金

收回投资所收到的现金,反映企业出售、转让或到期收回除现金等价物以外的交易性金融资产、长期股权投资而收到的现金,以及收回长期债权投资本金而收到的现金。不包括长期债权投资收回的利息,以及收回的非现金资产。

2. 取得投资收益所收到的现金

取得投资收益所收到的现金,反映企业除现金等价物以外的对其他企业的长期股权投资等分回的现金股利和利息,以及从子公司、联营企业和合营企业分回利润收到的现金。包括在现金等价物范围内的债权性投资,其利息收入在本项目中反映。不包括股票利息。

3. 处置固定资产、无形资产和其他长期资产所收回的现金净额

处置固定资产、无形资产和其他长期资产收回的现金净额,反映企业出售、报废固定资产、无形资产和其他长期资产所取得的现金(包括因资产毁损而收到的保险赔偿收入),减去为处置这些资产而支付的有关费用后的净额。由于自然灾害所造成的固定资产等长期资产损失而收到的保险赔偿收入,也在本项目中反映。

4. 处置子公司及其他营业单位收到的现金净额

处置子公司及其他营业单位收到的现金净额,反映企业处置子公司及其他营业单位所取得的现金,减去相关处置费用以及子公司及其他营业单位持有的现金和现金等价物后的净额。

5. 收到的其他与投资活动有关的现金

收到的其他与投资活动有关的现金,如收回融资租赁设备本金等。

6. 购建固定资产、无形资产和其他长期资产所支付的现金

购建固定资产、无形资产和其他长期资产所支付的现金,反映企业购买、建造固定资产,取得无形资产和其他长期资产支付的现金,包括购买机器设备所支付的现金及增值税、建造工程支付的现金、支付在建工程人员的工资等现金支出,不包括为购建固定资产、无形资产和其他长期资产而发生的借款利息资本化部分,以及融资租入固定资产所支付的租赁费。为购建固定资产、无形资产和其他长期资产而发生的借款利息资本化部分,在"分配股利、利润或偿付利息支付的现金"项目中反映;融资租入固定资产所支付的租赁费,在"支付其他与筹资活动有关的现金"项目中反映。本项目可以根据"固定资产""在建工程""工程物资""无形资产""库存现金""银行存款"等科目的记录分析填列。

7. 投资所支付的现金

投资所支付的现金,反映企业进行权益性投资和债权性投资所支付的现金,包括企业取得的除现金等价物以外的交易性金融资产、债权投资、其他债权投资、其他权益工具投资而支付的现金,以及支付的佣金、手续费等交易费用。

企业购买股票和债券时,实际支付的价款中包含的已宣告但尚未领取的现金股利或已到付息期但尚未领取的债券利息,应在"支付其他与投资活动有关的现金"项目中反映;收回购买股票和债券时支付的已宣告但尚未领取的现金股利或已到付息期但尚未领取的债券利息,应在"收到其他与投资活动有关的现金"项目反映。

本项目可以根据"交易性金融资产""债权投资""其他债权投资""其他权益工具投资""投资性房地产""长期股权投资""库存现金""银行存款"等科目的记录分析填列。

8. 取得子公司及其他营业单位支付的现金净额

取得子公司及其他营业单位支付的现金净额,反映企业购买子公司及其他营业单位购买出价中以现金支付的部分,减去子公司及其他营业单位持有的现金和现金等价物后的净额。

9. 支付的其他与投资活动有关的现金

支付的其他与投资活动有关的现金,反映企业除上述各项目外,支付的其他与投资活动有关的现金。如购买股票和债券时,支付的买价中所包含的已宣告发放但尚未领取的现金股利或已到付息期但尚未领取的利息等,该部分股利或利息收到时计入"收到的其他与投资活动有关的现金"项目。

(三)筹资活动产生现金流量项目编制

1. 吸收投资所收到的现金

吸收投资所收到的现金,反映企业以发行股票、债券等方式筹集资金实际收到的款项净额(发行收入减去支付的佣金等发行费用后的净额)。以发行股票等方式筹集资金而由企业直接支付的审计、咨询等费用,不在本项目中反映,而在"支付的其他与筹资活动有关的现金"项目中反映;由金融企业直接支付的手续费、宣传费、咨询费、印刷费等费用,从发行股票、债券取得的现金收入中扣除,以净额列示。本项目可以根据"实收资本(或股本)""资本公积""库存现金""银行存款"等科目的记录分析填列。

2. 借款收到的现金

借款收到的现金,反映企业取得各种短期、长期借款而收到的现金。本项目可以根据"短期借款""长期借款""交易性金融负债""应付债券""库存现金""银行存款"等科目的记录分析填列。

3. 收到的其他与筹资活动有关的现金

收到的其他与筹资活动有关的现金,反映企业除上述各项目外,收到的其他与筹资活动有关的现金。其他与筹资活动有关的现金,若价值较大,应单列项目反映。本科目可以根据有关科目的记录分析填列。

4. 偿还债务所支付的现金

偿还债务所支付的现金，反映企业以现金偿还债务的本金，包括归还金融企业的借款本金、偿付企业到期的债券本金等。企业偿还的借款利息、债券利息，在"分配股利、利润或偿付利息支付的现金"项目中反映，不在本项目中反映。可以根据"短期借款""长期借款""交易性金融负债""应付债券""库存现金""银行存款"等科目的记录分析填列。

5. 分配股利、利润或偿付利息所支付的现金

分配股利、利润或偿付利息所支付的现金，反映企业实际支付的现金股利、支付给其他投资单位的利润或用现金支付的借款利息、债券利息。不同用途的借款，其利息的开支渠道不一样，如在建工程、财务费用等，均在本项目反映。本项目可以根据"应付股利""应付利息""利润分配""财务费用""在建工程""制造费用""研发支出""库存现金""银行存款"等科目的记录分析填列。

6. 支付的其他与筹资活动有关的现金

支付的其他与筹资活动有关的现金，如发生筹资费用所支付的现金、融资租赁所支付的现金、减少注册资本所支付的现金(收购本公司股票，退还联营单位的联营投资)等。其他与筹资活动有关的现金，若价值较大，应单列项目反映。本项目可以根据有关科目的记录分析填列。

四、现金流量表的局限性

(一)报表信息的有效性

报表中所反映的数据，是企业过去会计事项影响的结果，根据这些历史数据计算得到的各种分析结果，对于预测企业未来的现金流动，只有参考价值，并非完全有效。

(二)报表信息的可比性

可比性一般是指不同企业，尤其是同一行业的不同企业之间，应使用相类似的会计程序和方法，将不同企业的现金流量表编制建立在相同的会计程序和方法上，便于报表使用者比较分析同一个企业在不同时期，以及企业和企业之间的偿债能力和现金流动状况的强弱和优劣。对于同一个企业来说，虽然可比性信息质量的运用使其有可能进行不同期间的比较，但如果企业的会计环境和基本交易的性质发生变化，则同一个企业不同时期财务信息的可比性便大大减弱。对于不同企业来说，它们之间可比性比单一企业更难达到。由于不同企业使用不同的会计处理方法，例如，存货的计价、折旧的计提、收入的确认以及支出资本化与费用的处理等，为运用各种分析方法对各个企业的现金状况进行比较带来了一定的困难。

(三) 报表信息的可靠性

可靠性是指提供的财务信息应做到不偏不倚，以客观的事实为依据，而不受主观意志的左右，力求财务信息准确可靠。事实上编制现金流量表所采用的各种资料的可靠性往往受到多方面的影响，使得报表分析同样显得不够可靠。因此，投资者决不能完全依赖于报表分析的结果，而应和其他有关方面的资料相结合进行综合评价。

第二节　经营活动产生现金流量项目分析

经营活动是指企业投资活动和筹资活动以外的所有交易和事项，包括销售商品、提供劳务、经营性租赁、购买货物、接受劳务、制造产品、广告宣传、推销产品、缴纳税款等。经营活动产生的现金流量是企业通过运用所拥有的资产自身创造的现金流量，主要是与企业净利润有关的现金流量。但企业一定期间内实现的净利润并不一定都构成经营活动产生的现金流量，如处置固定资产净收益或净损失构成净利润的一部分，则不属于经营活动产生的现金流量，处置固定资产净收益或净损失也不是实际的现金流入或流出。通过现金流量表中反映的经营活动产生的现金流入和流出，说明企业经营活动对现金流入和流出净额的影响程度。需要说明的是，各类企业由于行业特点不同，对经营活动性质的确认可能会存在一定的差异，企业在编制现金流量表时，应根据自己的实际情况，对现金流量进行合理的归类。

经营活动是企业经济活动的主体，也是企业获取持续现金流的基本途径，其现金流也直接体现了企业的经营状况和财务成果。

一、经营活动现金流量项目分析

(1) 将销售商品、提供劳务收到的现金与购进商品、接受劳务付出的现金进行比较可以掌握企业大体的供销状况。在企业经营正常、购销平衡的情况下，前者大于后者，说明企业的销售利润大，销售回款良好，变现能力强。若企业经营不正常、购销不平衡时，如果前者明显大于后者，那么企业有可能在本会计期内因产品提价使收入增大，如果没有提价，企业可能在吃库存，这时应结合资产负债表分析存货的进出情况，若库存正常，就要看是否本期收回大量的前期的应收账款；如后者明显大于前者，有可能说明企业处于库存积压状态。

(2) 将销售商品、提供劳务收到的现金与经营活动流入的现金总额比较，可大致说明企业产品销售现金占经营活动流入的现金的比重有多大。比重大，说明企业主营业务突出，营销状况良好。

(3) 将本期经营活动现金净流量与上期比较，增长率越高，说明企业成长性越好。

二、经营活动现金流量的真实性分析

对现金流量表经营活动现金流量真实性分析基本包括两个步骤。

(1) 对比企业半年度和年度的经营活动现金流量表，考察经营活动现金流量的均衡性，初步确认企业经营活动现金流量的真实性。

(2) 重点分析现金流量表有关明细项目，进一步明确经营活动现金流量的真实性。现金流量表对经营活动各个项目进行了很好的细化，通过分析各个项目的现金流量的变化，可以帮助我们识别企业的经营活动现金流量是否真实。

如果企业在某期末存在大额预收账款，又缺乏相关的销售或建造合同，则有可能是没有及时将收入计入相应科目，其主营业务现金流入缺乏真实性。

三、经营活动现金流量质量分析

经营活动现金流量的质量，是指企业的现金流量能够按照企业的预期目标进行运转的质量，也就是经营活动现金流量对企业真实经营状况的客观反映程度，以及对公司财务状况与经营成果的改善，对持续经营能力的增强所具有的推动作用。

1. 经营活动产生的现金净流量小于零

经营活动产生的现金净流量小于零，一般意味着经营过程的现金流转存在问题，经营中"入不敷出"。如果是在开始从事经营活动的初期，同时，为了开拓市场，企业有可能投入较大资金，从而导致的经营活动现金流量小于零，应该认为这是企业在发展过程中不可避免的正常状态。但是，如果企业在正常生产经营期间仍然出现这种状态，我们应当认为企业经营活动现金流量的质量不高。

2. 经营活动产生的现金净流量等于零

如果经营活动产生的现金净流量等于零，意味着企业通过正常的商品购、产、销所带来的现金流入量，恰恰能够支付因上述经营活动而引起的货币流出，此时，企业的经营活动现金流量处于"收支平衡"的状态。企业正常经营活动不需要额外补充流动资金，企业的经营活动也不能为企业的投资活动以及融资活动贡献现金。

3. 经营活动产生的现金净流量大于零但不足以补偿当期的非现金消耗性成本

这种情形与第二种状态只有量的差别，但没有质的差别。

4. 经营活动产生的现金净流量大于零并恰能补偿当期的非现金消耗性成本

在这种状态下，企业的经营活动现金流量方面的压力已经解脱。如果这种状态持续，则企业经营活动产生的现金流量从长期来看，刚好能够维持企业经营活动的货币"简单再生产"。但是，不能为企业扩大投资等发展提供货币支持。

5. 经营活动产生的现金净流量大于零并在补偿当期的非现金消耗性成本后仍有剩余

在这种状态下，企业经营活动产生的现金流量已经处于良好的运转状态。如果这种状态持续，则企业经营活动产生的现金流量将对企业经营活动的稳定与发展、企业投资规模的扩大起到重要的促进作用。

第三节　投资活动产生现金流量项目分析

投资活动是指企业长期资产的购建以及不包括在现金等价物范围内的投资及其处置活动，包括取得或收回权益性证券的投资，购买或收回债券投资，购建和处置固定资产、无形资产和其他长期资产等。作为现金等价物的投资属于现金自身的增减变动，如购买还有1个月到期的债券等，都属于现金内部各项目转换，不会影响现金流量净额的变动。通过现金流量表中反映的投资活动产生的现金流量，可以分析企业通过投资获取现金流量的能力，以及投资产生的现金流量对企业现金流量净额的影响程度。

一般而言，投资活动的现金流量净额往往表现为负数，即表现为现金净流出额，它代表企业对于劳动资料的更新改造程度和扩大再生产能力。对于投资活动现金流量的详细情况还要对各个项目进行分析。

一、投资活动现金流量项目分析

1. 收回投资所收到的现金

收回投资所收到的现金一般没有数额，或金额较小。如果金额较大，属于企业重大资产转移行为，此时应与会计报表附注的相关披露信息联系，衡量投资的账面价值与收回现金之间的差额，考察其合理性。

2. 取得投资收益所收到的现金

取得投资收益所收到的现金与利润表的投资收益配比，企业能够及时取得投资收益所收到的现金，反映了企业对外投资的质量。一般而言，前者占后者的比重越多越好，但也要关注企业生产经营战略，有时为了控制被投资企业，没有投资收益也是正常的。

3. 处置固定资产、无形资产和其他长期资产所收回的现金净额

处置固定资产、无形资产和其他长期资产不是企业经常的行为，因此，本项目一般金额不大，如果金额较大，属于企业重大资产转移行为，此时应与会计报表附注的相关披露信息联系，考察其合理性。

4. 购建固定资产、无形资产和其他长期资产所支付的现金

购建固定资产、无形资产和其他长期资产所支付的现金表明企业扩大再生产能力的强弱，可以了解企业未来的经营方向和获利能力，揭示企业未来经营方式和经营战略的发展变化。

5. 投资所支付的现金

投资所支付的现金表明企业参与资本市场运作、实施股权及债权投资能力的强弱，分析要注意企业的投资方向与其战略目标是否一致。

二、投资活动现金流量质量分析

1. 投资活动现金净流量小于零

投资活动产生的现金净流量小于零,意味着企业在购建固定资产、无形资产和其他长期资产、权益性投资以及债权性投资等方面所支付的现金之和大于企业在收回投资、分得股利或利润、取得债券利息收入以及处置固定资产、无形资产和其他长期资产而收到的现金净额之和。如果投资活动产生的现金净流量为负数,则表明企业可能采取了扩大生产,或参与了资本市场运作;反之,则说明企业资本运作收效显著,取得投资回报或变现部分投资等。这通常是正常现象,但须关注投资支出的合理性和投资收益的实现状况。

2. 投资活动现金净流量大于等于零

投资活动产生的现金净流量大于等于零,意味着企业在投资活动方面的现金流入量大于流出量。这通常是非正常现象,但须关注长期资产处置或变现、投资收益的实现以及投资支出过少的可能原因。

这种情况的发生,或者是由企业在本会计期间的投资回收活动的规模大于投资支出的规模,或者是由企业在经营活动与筹资活动方面急需资金而不得不处理手中的长期资产以求变现等原因所引起。因此,必须对投资活动的现金流量原因进行具体分析。

第四节 筹资活动产生现金流量项目分析

筹资活动是指导致企业资本及借款规模和构成发生变化的活动,包括吸收权益性资本、资本溢价、发行债券、借入资金、支付股利、偿还债务等。通过现金流量表中筹资活动产生的现金流量,可以分析企业筹资的能力,以及筹资产生的现金流量对企业现金流量净额的影响程度。

一般而言,筹资活动的现金流量净额往往表现为正数,即现金净流入额,因为它代表了企业筹措资金的能力和商业信用。

一、筹资活动现金流量项目分析

1. 吸收投资所收到的现金

吸收投资所收到的现金来源有两个渠道——发行股票和发行债券。前者是投资人投入的,属于所有者权益,代表了企业外延式扩大再生产。后者是债权人投入的,属于负债,在一定程度上代表了企业商业信用的高低。

2. 借款所收到的现金

借款所收到的现金是企业从金融机构借入的资金,其数额的大小,在一定程度上代表了企业所具有的商业信用程度。

3. 偿还债务所支付的现金

偿还债务所支付的现金反映企业以现金偿还债务的本金。此项目有助于分析企业资金周转是否已经达到良性循环状态。

4. 分配股利、利润或偿付利息所支付的现金

分配股利、利润或偿付利息所支付的现金反映企业实际支付的现金股利、支付给其他投资单位的利润或用现金支付的借款利息、债券利息。利润的分配情况可以反映企业现金的充裕程度。

二、筹资活动现金流量质量分析

1. 筹资活动现金净流量大于零

筹资活动现金净流量大于零时企业通过银行及资本市场的筹资能力较强，但应密切关注资金的使用效果，防止未来无法支付到期的负债本息而陷入债务危机。

2. 筹资活动现金净流量小于零

筹资活动现金净流量小于零时，意味着企业在吸收权益性投资、发行债券以及借款等方面所收到的现金之和小于企业的偿还债务、支付筹资费用、分配股利或利润、偿还利息、融资租赁所支付的现金以及减少注册资本等方面所支付的现金之和。此时应重点关注企业是否已面临偿债压力而又缺乏新的筹资能力；企业是否已无新的投资发展机会。

第五节 现金流量表综合分析

一、现金流量表水平分析

现金流量表水平分析，是指用金额、百分比的形式，对现金流量表内每个项目本期或多期的金额与其基期的金额进行比较分析，编制出现金流量表水平分析表，从而揭示差距，观察和分析企业现金流量的变化趋势。同时对这些变化作进一步分析，找出其变化的原因，判断这种变化是有利还是不利，并力求对这种趋势是否会延续作出判断。

【例4-5】CDE公司2021年的现金流量表如表4-3所示。

表4-3 现金流量表

编制单位：CDE公司　　　　　　　　2021年度　　　　　　　　单位：元

项目	行次	金额
一、经营活动产生的现金流量：		
销售商品、提供劳务收到的现金		2 685 474
收到的税费返还		459 000
现金流入小计		3 144 474

续表

项目	行次	金额
购买商品、接受劳务支付的现金		2 454 800
支付给职工以及为职工支付的现金		80 000
支付的各项税费		561 234
支付的其他与经营活动有关的现金		36 000
现金流出小计		3 132 034
经营活动产生的现金流量净额		12 440
二、投资活动产生的现金流量:		
收回投资所收到的现金		16 500
取得投资收益所收到的现金		8 050
处置固定资产、无形资产和其他长期资产所收回的现金净额		1 500
现金流入小计		26 050
购建固定资产、无形资产和其他长期资产所支付的现金		229 800
投资所支付的现金		20 000
现金流出小计		249 800
投资活动产生的现金流量净额		−223 750
三、筹资活动产生的现金流量:		
吸收投资所收到的现金		50 000
借款所收到的现金		300 000
收到的其他与筹资活动有关的现金		10 000
现金流入小计		360 000
偿还债务所支付的现金		42 400
分配股利、利润或偿付利息所支付的现金		50 500
现金流出小计		92 900
筹资活动产生的现金流量净额		267 100
四、汇率变动对现金及现金等价物的影响		
五、现金及现金等价物净增加额		55 790

根据表 4-3,CDE 公司 2020 年、2021 年的现金流量表水平分析表如表 4-4 所示。

表 4-4 CDE 公司现金流量表水平分析表

单位:元

项目	2021 年	2020 年	变动额	变动率/%
一、经营活动产生的现金流量:				
销售商品、提供劳务收到的现金	2 685 474	2 495 050	190 424	7.63
收到的税费返还	459 000	420 966	38 034	9.03
现金流入小计	3 144 474	2 916 016	228 458	7.83
购买商品、接受劳务支付的现金	2 454 800	2 256 096	198 704	8.81

续表

项　目	2021年	2020年	变动额	变动率/%
支付给职工以及为职工支付的现金	80 000	76 000	4 000	5.26
支付的各项税费	561 234	525 500	35 734	6.80
支付的其他与经营活动有关的现金	36 000	34 400	1 600	4.65
现金流出小计	3 132 034	2 891 996	240 038	8.30
经营活动产生的现金流量净额	12 440	24 020	−11 580	−48.20
二、投资活动产生的现金流量：			0	
收回投资所收到的现金	16 500	15 660	840	5.36
取得投资收益所收到的现金	8 050	7 780	270	3.47
处置固定资产、无形资产和其他长期资产所收回的现金净额	1 500	1 730	−230	−13.29
现金流入小计	26 050	25 170	880	3.50
购建固定资产、无形资产和其他长期资产所支付的现金	229 800	135 022	94 778	70.19
投资所支付的现金	20 000	18 000	2 000	11.11
现金流出小计	249 800	153 022	96 778	63.24
投资活动产生的现金流量净额	−223 750	−127 852	−95 898	−75.0
三、筹资活动产生的现金流量：			0	
吸收投资所收到的现金	50 000	46 000	4 000	8.70
借款所收到的现金	300 000	180 000	120 000	66.67
收到的其他与筹资活动有关的现金	10 000	6 000	4 000	66.67
现金流入小计	360 000	232 000	128 000	55.17
偿还债务所支付的现金	42 400	41 000	1 400	3.41
分配股利、利润或偿付利息所支付的现金	50 500	44 700	5 800	12.98
现金流出小计	92 900	85 700	7 200	8.40
筹资活动产生的现金流量净额	267 100	146 300	120 800	82.57
四、汇率变动对现金及现金等价物的影响	0	0	0	0
五、现金及现金等价物净增加额	55 790	42 468	13 322	31.37

从表4-4的计算结果可以看出以下特点。

(1) 该公司2021年度经营活动产生的现金流入、流出量均比上年有所增加，但流出量的增长幅度要略大于流入量的增长幅度，致使经营活动现金流量净额降低了48.2%。应进一步查明现金流出相对增长过快的原因，及时对各项开支加以严格控制，加快应收账款的回收速度，以防止经营活动现金流量净额的进一步下降。

(2) 该公司2021年度投资活动产生的现金流出量的增长幅度明显高于流入量的增长幅度，企业投资活动产生的现金流量净额呈现负增长趋势，说明企业投资规模有了新的扩张。其中购建固定资产支出增长较为明显，说明该公司本期注重基本建设投资，故可预测未来期的市场前景看好，刺激了公司的投资欲望，因而有可能带来新的利润增长机会。但应保证投资期限与筹资期限的相互匹配，否则有可能造成财务风险的增加。

(3) 该公司 2021 年度筹资活动产生的现金流入量有大幅增加，这主要是投资活动对现金的大量需求的结果。其中大部分的资金通过举债筹集，因此应关注公司的偿债能力，下期应适当扩展新的筹资渠道，以降低财务风险。本期筹资活动产生的现金流出量变化幅度不大，这主要是因为偿还债务以及支付利息等项支出与其相关的筹资活动相比，具有一定的滞后性。

二、现金流量表结构分析

现金流量表结构分析，是指同一时期现金流量表中不同项目间的比较与分析，以揭示各项数据在企业现金流量中的相对意义。其步骤如下。

(1) 计算现金流入总额、现金流出总额和现金余额。

(2) 计算各现金流入项目和各现金流出项目占总现金流入额和流出额的比例。

(3) 分析各类现金流入和各类现金流出小计占现金流入总额和现金流出总额的比例。

(4) 计算企业各项业务，包括经营活动、投资活动、筹资活动现金收支净流量占全部现金余额的比例。

(5) 按比例大小或比例变动大小，找出重要项目进行重点分析，了解现金流量的形成、变动过程及其变动原因。

1. 现金流量总结构分析

现金流量总结构分析可以分为现金流入、现金流出及现金净流量结构分析。

1) 现金流入纵向结构分析

现金流入构成是反映企业经营活动的现金流入量、投资活动的现金流入量和筹资活动的现金流入量分别占现金流入量的比重，以及各项业务活动现金流入中具体项目的构成情况，从而明确企业的现金究竟来自何方，要增加现金流入主要应在哪些方面采取措施，等等。一般来说，经营活动现金流入占现金流入比重大的企业，经营状况较好，财务风险较低，现金流入结构合理，企业的财务状况稳定。另外，如果投资活动现金净流量为较大的负数时，一方面说明企业加大投资，未来收益有可能增长，具有一定成长性；另一方面，任何投资都具有一定风险性，从而导致较大的投资风险。从现金流量表内容分类中可以得出以下三类现金流入结构分析模式。

$$经营活动产生的现金流入占总现金流入的比重 = \frac{经营活动产生的现金流入}{现金流入合计} \times 100\%$$

$$投资活动产生的现金流入占总现金流入的比重 = \frac{投资活动产生的现金流入}{现金流入合计} \times 100\%$$

$$筹资活动产生的现金流入占总现金流入的比重 = \frac{筹资活动产生的现金流入}{现金流入合计} \times 100\%$$

以上三类模式是以"现金流入总计"为关键项目。以此项目的数据作为基数(即为100%)，然后将经营活动、投资活动和筹资活动以这个关键项目的百分率形式表示和纵向排列。

【例 4-6】根据表 4-3，CDE 公司现金流入结构分析表如表 4-5 所示。

表 4-5　现金流入纵向结构百分比分析

项　目	金额/元	部分结构百分比/%	总体结构百分比/%
经营活动现金流入	3 144 474	100	
销售商品、提供劳务收到的现金	2 685 474	85.40	89.07
收到其他与经营活动有关的现金	459 000	14.60	
投资活动现金流入	26 050	100	
收回投资	16 500	63.34	
投资收益	8 050	30.90	0.73
处置固定资产	1 500	5.76	
筹资活动现金流入	360 000	100	
吸收投资	50 000	13.89	
借款	300 000	83.33	10.20
其他	10 000	2.78	
现金流入合计	3 530 524		100

其分析要点为：①经营活动现金流入占现金流入总量的 89.07%，是其主要来源。其中，主营业务收入占 85.40%，税费返还占 14.60%，都比较正常；②投资活动现金流入占现金流入总量的 0.73%，说明企业投资活动获取的现金较少。其中，收回投资占 63.34%，取得投资收益占 30.90%，说明企业投资现金流入大部分为回收资金，而非获利；③筹资活动占现金流入总量的 10.20%，也占有相当地位，其中主要来自借款融资；④综上所述，维持该公司运行、支撑公司发展所需要的大部分现金是在经营过程中产生的，这无疑是企业财务状况良好的一个标志。而收回投资、分得股利取得的现金以及银行借款、发行债券、接受外部投资取得的现金对公司的运行起到了辅助性或补充性的融资作用。

2）　现金流出纵向结构分析

现金流出构成是反映企业经营活动的现金流出量、投资活动的现金流出量和筹资活动的现金流出量分别占现金总流出量的比重。它具体地反映企业的现金用于哪些方面。在一个公司的现金流出中，其经营活动的现金流出如购买商品、接受劳动等活动支出的现金往往要占到较大的比重，投资活动和筹资活动的现金流出则因公司的财务政策不同而存在很大的差异。一般来说，在公司正常经营活动中，其经营活动的现金流出具有一定的稳定性，各期变化幅度不会太大，但投资和筹资活动的现金流出稳定性较差，甚至具有相当的偶发性。随着交付投资款、偿还到期债务、支付股利等活动的发生，当期该类活动的现金流出便会呈现剧增。

在不同企业，不同时期分析企业现金流出的结构时，应结合具体情况具体分析。

$$\text{经营活动产生的现金流出占总现金流出的比重} = \frac{\text{经营活动产生的现金流出}}{\text{现金流出合计}} \times 100\%$$

$$\text{投资活动产生的现金流出占总现金流出的比重} = \frac{\text{投资活动产生的现金流出}}{\text{现金流出合计}} \times 100\%$$

$$\text{筹资活动产生的现金流出占总现金流出的比重} = \frac{\text{筹资活动产生的现金流出}}{\text{现金流出合计}} \times 100\%$$

以上三类模式是以"现金流出总计"为关键项目。以此项目的数据作为基数(即为100%)，然后将经营活动、投资活动和筹资活动以这个关键项目的百分率形式表示和纵向排列。

【例4-7】根据表4-3，CDE公司2021年的现金流出结构分析如表4-6所示。

与现金流入结构分析类似，在CDE公司本期的现金流出量中，经营活动所付现金占90.14%，投资活动所付现金占7.19%，筹资活动所付现金占2.67%。将此现金流出量与现金流入量相结合，可以发现该公司的现金流入与流出主要来自经营活动所得，用于经营活动所费；公司进行固定资产投资，支付投资者利润等现金需要，主要来源于外部筹资，特别是举债筹资。从总体上看，该公司的运行是健康的，发展是稳定的。但应特别注意公司以举债筹资扩大投资所带来的财务风险及其偿还能力。

表4-6　现金流出纵向结构百分比分析

项　目	金额/元	部分结构百分比/%	总体结构百分比/%
经营活动现金流出	3 132 034	100	
购买商品、接受劳务支付的现金	2 454 800	78.38	
支付给职工以及为职工支付的现金	80 000	2.55	90.14
支付的各项税费	561 234	17.92	
支付的其他与经营活动有关的现金	36 000	1.15	
投资活动现金流出	249 800	100	
购建固定资产所支付的现金	229 800	91.99	7.19
投资所支付的现金	20 000	8.01	
筹资活动现金流出	92 900	100	
偿还债务所支付的现金	42 400	45.64	2.67
分配股利、利润或偿付利息所支付的现金	50 500	54.36	
现金流出合计	3 474 734		100

3) 现金净流量纵向结构分析

现金净流量纵向结构分析是反映公司经营活动、投资活动及筹资活动的现金净流量占公司全部现金净流量的百分比，以及公司本年度创造的现金及现金等价物净增加额中，以上三类活动的贡献程度。通过分析，可以明确体现出本期的现金净流量主要由哪类活动产生，以此可说明现金净流量形成的原因是否合理。

在对现金净流量纵向结构分析中，当企业的现金净增加额为正数时，如主要是由经营活动产生的现金流量净额引起的，可以反映企业收现能力强，坏账风险小，其营销能力一般不错；如主要由投资活动或处置非流动资产引起的，可以反映出企业生产能力正在衰退，从而处置资产以缓解资金压力，但也可能是企业在调整资产结构，应结合上市公司的其他资料进行判断；如主要是由筹资活动引起的，则意味着企业在未来将负担更多的股息或利息。除非该企业在未来产生更大的现金流量，否则将承受更大的财务风险。

当企业现金净增加额为负数，但如果企业经营活动产生的现金流量净额为正数，且数额较大，则这一般是由企业扩大投资或购置生产设备等所致，反映企业并非经营状况不佳，反而是未来可能有更大的现金流入。

通过以上分析，还可进一步推断出，对现金流量结构的总体分析可以认定出企业生命周期所在阶段。总量相同的现金流量在经营活动、投资活动、筹资活动之间分布不同，则意味着不同的财务状况。一般情况下如表4-7所示。

表4-7 组合分析表

现金流量方向			结　果
经营活动	投资活动	筹资活动	
正	正	正	此时筹资、经营和投资能力强,效益良好,财务风险小。需要警惕资金浪费,把握好投资机会
正	正	负	可能表明企业已步入成熟期。经营和投资活动都已经产生现金回报,并有能力偿还债务或向投资者支付报酬。财务风险小
正	负	正	可能表明企业仅仅依靠经济活动产生的现金流量不足以满足企业扩张的需求,需要另外筹集资金反映企业处在业务成熟及迅速发展时期
正	负	负	表明企业依靠经营活动能产生足够的现金流量来回报投资者,同时满足企业扩张的需求
负	正	正	表明企业目前正常经营活动已出现问题,主营业务活动需要调整,需通过筹集资金来满足日常经营活动及企业产业调整的资金需求
负	负	正	表明企业需依靠筹集资金来满足企业产业调整或扩展的需求,弥补经营活动的现金不足,或处于初创阶段,或处于衰退期
负	正	负	可能表明企业需要依靠处置固定资产、无形资产和其他长期资产所收回的现金来弥补经营活动的现金短缺及偿还债务的资金需求,处于衰退期
负	负	负	表明企业只能依靠前期积累来维持日常经营活动,偿还债务,往往发生在盲目扩张后的企业,财务风险较大

$$经营活动产生的现金净流量比重 = \frac{经营活动产生的现金净流量}{现金流量净额合计} \times 100\%$$

$$投资活动产生的现金净流量比重 = \frac{投资活动产生的现金净流量}{现金流量净额合计} \times 100\%$$

$$筹资活动产生的现金净流量比重 = \frac{筹资活动产生的现金净流量}{现金流量净额合计} \times 100\%$$

【例4-8】根据表4-3,CDE公司的现金净流量结构分析如表4-8所示。

表4-8 现金净流量结构分析

项　目	金额/元	构成比率/%
经营活动产生的现金净流量	12 440	22.30
投资活动产生的现金净流量	−223 750	−401.06
筹资活动产生的现金净流量	267 100	478.76
现金净流量总额	55 790	100.00

在 CDE 公司本期的现金净流量结构中，投资活动引起现金净流量减少了 223 750 元，而经营活动只增加现金净流量 12 440 元，其余的现金缺口则是通过筹资活动得以弥补。筹资活动引起现金净流量增加 267 100 元，用于投资活动后尚有些许剩余。

该公司经营活动现金流量为正数，投资活动现金净流量为负数，筹资活动现金净流量为正数，说明其正处于成长发展期。这时销售呈现上升趋势，为了扩大市场份额，企业仍需要大量追加投资，但仅靠经营活动现金流量净额无法满足所需投资，因此通过外部所筹资金作为必要补充。但这将意味着在未来将负担更多的股息或利息，承受更大的财务风险。

2. 现金流量内部结构分析

1) 现金流入的结构分析

现金流入的结构反映的是企业各项目业务活动的现金流入比重，即分别以经营活动产生的现金流入量、投资活动产生的现金流入量、筹资活动产生的现金流入量为关键项目，并以此项目的数据作为基数(即为 100%)，然后将各类中的现金流入项目都以这个关键项目的百分率形式表示。通过现金流入构成分析，可以明确企业的现金来源。

① 经营活动产生的现金流入结构百分比 $= \dfrac{\text{经营活动产生的现金流入各项目}}{\text{经营活动现金流入合计}} \times 100\%$

② 投资活动产生的现金流入结构百分比 $= \dfrac{\text{投资活动产生的现金流入各项目}}{\text{投资活动现金流入合计}} \times 100\%$

③ 筹资活动产生的现金流入结构百分比 $= \dfrac{\text{筹资活动产生的现金流入各项目}}{\text{筹资活动现金流入合计}} \times 100\%$

【例 4-9】根据表 4-3，CDE 公司的现金流入结构分析如表 4-9 所示。

表 4-9 现金流入结构分析

项 目	金额/元	部分结构百分比/%
经营活动现金流入	3 144 474	100
销售商品、提供劳务收到的现金	2 685 474	85.40
收到其他与经营活动有关的现金	459 000	14.60
投资活动现金流入	26 050	100
收回投资	16 500	63.34
投资收益	8 050	30.90
处置固定资产	1 500	5.76
筹资活动现金流入	360 000	100
吸收投资	50 000	13.89
借款	300 000	83.33
其他	10 000	2.78
现金流入合计	3 530 524	

从表 4-9 可以看出：在 CDE 公司实现的经营活动现金流入中，2021 年"销售商品、提供劳务"占经营活动现金流入的 85.40%，可以看到经营活动现金流入比重合理，这可以告诉我们企业的经营活动现金流入的主要来源是主营业务收入还有其他明细账目，说明企业

经营活动能为其创造更多的现金收入，比较合理。2021年CDE公司"收回投资"占全部投资活动现金流入的比重为63.34%，投资活动中各项明细所占流入量的比例可以告诉我们企业的投资活动现金流入的主要来源，也是对其合理性、真实性进行分析判断的基础。2021年筹资活动现金流入主要来自借款。

2) 现金流出的结构分析

现金流出的结构反映的是企业各项目业务活动的现金流出比重，即分别以经营活动产生的现金流出量、投资活动产生的现金流出量、筹资活动产生的现金流出量为关键项目，并以此项目的数据作为基数(即为100%)，然后将各类中的现金流出项目都以这个关键项目的百分率形式表示。通过现金流出构成分析，可以明确企业的现金流分别用于三项活动的哪些具体方面。

① 经营活动产生的现金流出结构百分比 = $\dfrac{经营活动产生的现金流出各项目}{经营活动现金流出合计} \times 100\%$

② 投资活动产生的现金流出结构百分比 = $\dfrac{投资活动产生的现金流出各项目}{投资活动现金流出合计} \times 100\%$

③ 筹资活动产生的现金流出结构百分比 = $\dfrac{筹资活动产生的现金流出各项目}{筹资活动现金流出合计} \times 100\%$

【例4-10】根据表4-3，CDE公司现金流出结构分析如表4-10所示。

表4-10 现金流出结构分析

项 目	金额/元	部分结构百分比/%
经营活动现金支出	3 132 034	100
购买商品、接受劳务支付的现金	2 454 800	78.38
支付给职工以及为职工支付的现金	80 000	2.55
支付的各项税费	561 234	17.92
支付的其他与经营活动有关的现金	36 000	1.15
投资活动现金流出	249 800	100
购建固定资产所支付的现金	229 800	91.99
投资所支付的现金	20 000	8.01
筹资活动现金流出	92 900	100
偿还债务所支付的现金	42 400	45.64
分配股利、利润或偿付利息所支付的现金	50 500	54.36
现金流出合计	3 474 734	

从以上分析可以看出，CDE公司经营活动流出的现金中，"购买商品、接受劳务支付的现金"支出占主要地位，通过计算经营活动中各项明细所占流出量的比例，可以了解企业的经营活动现金流出的主要途径，找出减少经营活动现金流出的途径，以便提高企业的盈利水平，并有效利用现金。CDE公司投资活动的现金流出量主要用于购建长期资产占投资活动现金流出的91.99%。通过计算投资活动中各项明细所占流出量的比例，可以了解企业的投资活动现金流出的主要途径，以评价资金的使用风险，找到以最少的投入换取最大

回报的途径。CDE 公司筹资活动现金流出主要用来偿还债务和分配股利、利润，分别占 45.64%和 54.36%。通过计算筹资活动中各项明细所占流出最大的比例，可以了解企业的筹资活动现金流出的主要途径，以便进一步分析如何有效安排企业的资金使用节奏，防止财务危机的发生。

三、现金流量表财务比率分析

有较强偿债能力的企业才能筹集到更多的资金，从而为投资人带来更多的利润。运用现金流量表分析企业的偿债能力，可以从如下两个方面进行分析。

(一)现金流量表偿债能力分析

可以利用现金流量表来分析企业的偿债能力，资产负债表曾详细介绍过流动比率，但企业有些项目如呆滞的存货、收不回的应收账款等，虽具有流动资产的性质，事实上却不能再转变成流动资产，不再具有偿债的能力。因此仅用流动比率是不足以全面分析企业偿债能力的。现金流量表主要通过以下四个常用指标来分析企业的偿债能力。

1. 现金比率

现金比率是指用现金余额除以流动负债总额所得的比率，用于衡量企业短期偿债能力。其计算公式为

$$现金比率 = \frac{企业期末现金资产}{企业期末流动负债总额} \times 100\%$$

对债权人来说，现金比率越高越好，大于 1 说明企业仅靠手中现金即可偿还流动负债，这样当然最好不过。但对企业来说，恰恰相反，因为资产的流动性和其盈利能力成反比，保持最具流动性的现金会降低企业的盈利能力，所以企业不愿现金比率太高。

2. 现金流动负债比率

现金(包括现金等价物)是衡量公司资产流动性的基本标准。公司持有现金的重要目的之一是偿债和支付，现金流动负债比率是衡量上市公司偿还短期债务能力的一个重要指标。其计算公式为

$$现金流动负债比率 = \frac{现金及现金等价物余额}{流动负债期末合计} \times 100\%$$

其中现金及现金等价物余额可以通过现金流量表中的"现金期末余额"和"现金等价物期末余额"相加求得，这两个项目在现金流量表的补充资料里查找。

3. 现金负债总额比率

现金负债总额比率主要用于衡量公司通过经营活动产生的现金净额偿还全部债务的能力。其计算公式为

$$现金负债总额比率 = \frac{经营活动产生的现金流量净额}{全部负债} \times 100\%$$

公式中的"全部负债"包括流动负债和长期负债。必须指出，公司可根据自身情况选择一些确实需要偿还的债务项目列入"全部负债"之内。这一比率越高，说明公司举借债务的能力越强。

无论是现金到期债务比率还是现金负债总额比率，都有一个前提条件，即经营活动产生的现金净流量需大于 0，如果小于等于 0，就谈不上用经营活动产生的现金净流量还债的问题，自然这两个比率也失去了意义。

无论是长期负债还是短期负债，都是企业需要用现金支付的债务，所以仅仅考虑流动负债是不全面的，还需要衡量企业的所有债务偿还能力，即现金负债总额比率。

4. 现金到期债务比率

现金到期债务比率的基本原理是上市公司的债务很大程度上要由经营活动产生的现金净流量进行偿还，借新债、还旧债既难于操作又有风险，而投资活动无法保证总是有现金的净流入，这一比率也突出了经营活动对公司的重要性。

公式中"到期债务额"通常是指那些即将到期而必须用现金偿还的债务，一般有应付票据、银行或其他金融机构短期借款、到期的应付债券和到期的长期借款等，它根据本期期末资产负债表上有关项目的期末数确定。其计算公式为

$$现金到期债务比率 = \frac{经营活动现金净额}{本期到期债务} \times 100\%$$

其中本期到期债务，是指即将到期的长期债务和应付票据，不包括短期借款和应付账款。因为通常作为企业到期的长期负债和本期应付票据是不能延期的，到期必须如数偿还，对这一指标，可根据其大小直接判断企业的即期偿债能力，可帮助报表使用者对企业即将到期且不能展期的债务偿还能力加以衡量。一般认为该比率应当大于 1:1，通常企业设置的标准值以 1.5:1 为好。该比率越高，企业资金流动性越好，企业到期偿还债务的能力就越强。

(二)现金流量表盈利能力分析

利用现金流量表分析企业的盈利能力，就是把经营活动产生的现金净流量与净利润、企业总资本等进行比较，从而揭示企业保持现有经营水平、创造未来利润的能力。

1. 销售现金比率

销售现金比率即经营活动现金净流量与同期销售收入总额的比值，它能准确反映出企业每实现 100 元的收入，收到的净现金是多少。其计算公式为

$$销售现金比率 = \frac{经营活动现金净流量}{销售收入总额} \times 100\%$$

2. 总资产净现率

总资产净现率是经营活动现金净流量与企业平均总资产的比值。用来衡量每 100 元的资产，本年度通过经营带来多少"纯粹"的现金。其计算公式为

$$总资产净现率 = \frac{经营活动现金净流量}{平均资产总额} \times 100\%$$

3. 盈利现金比率

盈利现金比率是经营活动现金净流量与本企业本年净利润的比值,用来衡量企业每获得 100 元的利润中,有多少是从经营活动获得的可以随时使用的"真真切切"的现金。

$$盈利现金比率 = \frac{经营活动现金净流量}{净利润} \times 100\%$$

本 章 小 结

本章重点介绍了现金流量表的分析。现金流量表以现金的流入和流出反映企业在一定期间内的经营活动、投资活动和筹资活动的动态情况,反映企业现金流入和流出的全貌,表明企业获得现金和现金等价物的能力。在企业生命周期的四个阶段中,企业从经营活动、投资活动和筹资活动中获得的现金流量均呈现不同的特征。通过对现金流量结构的分析可以具体了解现金的来源、用途,以及现金净流量的构成,进一步分析各项目对总体所产生的影响、发生变化的原因和变化的趋势,从而有利于对现金流量作出更准确的判断和评价。对现金流量的分析不仅应关心现金流量净额的情况,还应深入分析现金流量质量。对企业现金流量质量的分析应注意定量分析与定性分析相结合,辩证地看待现金流入流出量,结合资产负债表、利润表及其相关信息对现金流量进行全面、综合的分析。

思 考 题

1. 什么是现金流量?现金流量表中的"现金"具体包括什么?
2. 现金流量表包括哪几部分?三类活动现金流量具体包括哪些内容?
3. 分析不同的现金流量组合的内涵,说明什么组合较为理想?
4. 现金流量表的结构分析包括哪几个方面?
5. 如何评价企业的筹资活动现金流入状况?是否越多越好?

第五章

所有者权益变动表分析

【学习目标】

通过本章学习,使学生了解和掌握所有者权益变动表的分析,包括所有者权益变动表的性质和作用、格式与内容,所有者权益变动表的阅读以及重点项目的分析方法,并能够通过本表与资产负债表、利润表相关内容的钩稽关系,对企业的资本结构、财务状况和盈利能力作出分析评价。

【知识结构图】

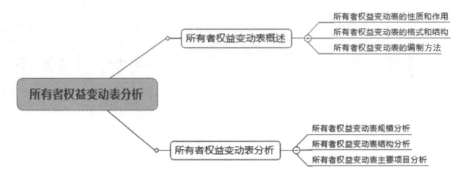

【引例】

华谊兄弟传媒股份有限公司是一家知名综合性民营娱乐集团，2009年在创业板上市。根据公司2015年年报显示，公司实现营业收入38.74亿元，同比增长62.14%；利润总额为14.96亿元，同比增长16.99%；归属于公司普通股股东的净利润为9.76亿元，同比增长8.86%。2016年4月26日公司发布公告称，2015年度利润分配及资本公积金转增股本方案为：以2015年12月31日总股本13.92亿股为基数，按每10股派发现金股利人民币1.00元(含税)共计派发现金1.39亿元。以截至2015年12月31日公司总股本13.92亿股为基数，以资本公积金转增股本，每10股转增10股，共计转增13.92亿股。

所有者权益变动表可以反映企业股利分配政策及现金支付能力，为投资者的投资决策提供全面信息。该表既有资产负债表中的项目内容(所有者权益)，又有利润表中的项目内容(综合收益总额)，还包括利润分配的内容。所有者权益变动表反映的信息对报表使用者有很重要的作用，学会分析所有者权益变动表，对报表使用者来说有着很重要的意义。那么如何对所有者权益变动表进行分析呢？

(资料来源：蒋洁琼．http://www.cs.com.cn/ssgs/gsxw/201604/t20160426_4956659.html.)

第一节　所有者权益变动表概述

企业会计报表体系包括资产负债表、利润表、现金流量表、所有者权益变动表(或股东权益变动表)和附注。2007年以前，企业所有者权益变动情况是以资产负债表附表形式予以体现的。2007年新准则颁布后，要求上市公司正式对外呈报所有者权益变动表，所有者权益变动表成为与资产负债表、利润表和现金流量表并列披露的第四张财务报表，其地位和作用的重要性得到了体现。

一、所有者权益变动表的性质和作用

(一)所有者权益变动表的性质

所有者权益变动表是反映构成所有者权益的各组成部分当期的增减变动情况的报表。它能够全面反映一定时期所有者权益变动的情况，不仅包括所有者权益总量的增减变动，还包括所有者权益增减变动的重要结构性信息，让报表使用者理解所有者权益增减变动的根源。

所有者权益是企业资产扣除负债后由所有者享有的剩余权益，是企业自有资本的来源，它的数量多少、内部结构变动等都会对企业的财务状况和经营发展趋势造成影响，所有者权益变动报表已成为会计报表使用人十分关注的主要会计报表之一。

(二)所有者权益变动表的作用

(1) 有利于揭示企业抵御财务风险的实力，为会计报表使用者提供企业盈利能力方面的信息。所有者权益是企业的自有资本，也是企业生产经营、承担债务责任、抵御财务风险的物质基础。所有者权益的增减变动直接决定着企业经济实力的强弱变化，即企业承担债务责任，抵御财务风险的实力变化。而所有者权益的增减主要源于企业利润的增长，所以该表也间接地反映出企业的盈利能力，从而为报表使用者提供企业盈利能力方面的信息。

(2) 有利于对企业的保值增值情况作出正确判断，揭示所有者权益增减变动的原因。所有者权益变动表反映企业自有资本的质量，揭示所有者权益变动的原因，为会计报表使用者正确地评价企业的经营管理工作提供信息。所有者权益的增减变动有多种原因，该表全面记录了影响所有者权益变动的各个因素的年初余额和年末余额。通过每个项目年末和年初余额的对比以及各项目构成比例的变化，揭示所有者权益变动的原因及过程，从而为会计报表使用者判断企业自有资本的质量，正确评价企业的经营管理工作提供信息。

(3) 有利于了解企业净利润的分配去向以及评价利润分配政策。所有者权益变动表反映企业股利分配政策及现金支付能力，为投资者的投资决策提供全面信息。该表既有资产负债表中的项目内容(所有者权益)，又有利润表中的项目内容(综合收益总额)，还包括利润分配的内容。同时，向所有者支付多少利润又取决于公司的股利分配情况，不仅向投资人或潜在投资人提供了有关股利分配政策和现金支付能力方面的信息，而且通过这一过程将新企业会计准则"四大"主要报表有机地联系在一起，为报表使用者全面评价企业的财务状况、经营成果和企业发展能力提供了全面信息。

二、所有者权益变动表的格式和结构

(一)以矩阵的形式列报

为了清楚地表明构成所有者权益的各组成部分当期的增减变动情况，所有者权益变动表以矩阵的形式列示。一方面，列示导致所有者权益变动的交易或事项，改变了以往仅仅按照所有者权益的各组成部分反映所有者权益变动情况，而是按所有者权益变动的来源对一定时期所有者权益变动情况进行全面反映；另一方面，按照所有者权益各组成部分(包括实收资本、其他权益工具、资本公积、库存股、其他综合收益、盈余公积、未分配利润)列示交易或事项对所有者权益各部分的影响。

(二)列示所有者权益变动的比较信息

根据财务报表列报准则的规定，企业需要提供比较所有者权益变动表，因此，所有者权益变动表还就各项目再分为"本年金额"和"上年金额"两栏分别填列。

所有者权益变动表的格式如表 5-1 所示。

编制单位：ABC股份有限公司　　　　　2021年度　　　　　单位：元

表 5-1 所有者权益变动表

项目	本年金额									上年金额								
	实收资本(或股本)	其他权益工具	资本公积	减:库存股	其他综合收益	盈余公积	未分配利润	所有者权益合计	实收资本(或股本)	其他权益工具	资本公积	减:库存股	其他综合收益	盈余公积	未分配利润	所有者权益合计
一、上年年末余额	5 000 000					100 000	50 000	5 150 000								
加:会计政策变更																
前期差错更正																
二、本年年初余额	5 000 000					100 000	50 000	5 150 000								
三、本年增减变动金额(减少以"-"号填列)						104 940	516 660	621 600								
(一)综合收益总额							699 600	699 600								
(二)所有者投入和减少资本																
(1)所有者投入资本																
(2)其他权益工具持有者投入资本																
(3)股份支付计入所有者权益的金额																
(4)其他																
(三)利润分配																
(1)提取盈余公积						104 940	-104 940	0								

续表

项目	本年金额									上年金额							
	实收资本(或股本)	其他权益工具	资本公积	减:库存股	其他综合收益	盈余公积	未分配利润	所有者权益合计	实收资本(或股本)	其他权益工具	资本公积	减:库存股	其他综合收益	盈余公积	未分配利润	所有者权益合计
(2)对所有者(或股东)的分配							-78 000	-78 000								
(3)其他																
(四)所有者权益内部结转																
(1)资本公积转增资本(或股本)																
(2)盈余公积转增资本(或股本)																
(3)盈余公积弥补亏损																
(4)设定受益计划变动额结转留存收益																
(5)其他综合收益结转留存收益																
(6)其他																
四、本年年末余额	5 000 000					204 940	566 660	5 771 600								

三、所有者权益变动表的编制方法

所有者权益变动表各项目均需填列"本年金额"和"上年金额"两栏。"上年金额"栏内各项数字,应根据上年度所有者权益变动表"本年金额"内所列数字填列。上年度所有者权益变动表规定的各个项目的名称和内容同本年度不一致的,应对上年度所有者权益变动表各项目的名称和数字按照本年度的规定进行调整,填入所有者权益变动表的"上年金额"栏内。"本年金额"栏内各项数字一般应根据"实收资本(或股本)""其他权益工具""资本公积""库存股""其他综合收益""盈余公积""利润分配""以前年度损益调整"科目的发生额分析填列。

所有者权益变动表各项目的列报说明如下。

(一)"上年年末余额"项目

"上年年末余额"项目,反映企业上年资产负债表中实收资本(或股本)、其他权益工具、资本公积、库存股、其他综合收益、盈余公积、未分配利润的年末余额,应根据上年资产负债表中"实收资本(或股本)""其他权益工具""资本公积""库存股""其他综合收益""盈余公积""未分配利润"等项目的年末余额填列。

(二)"会计政策变更"和"前期差错更正"项目

"会计政策变更"和"前期差错更正"项目,分别反映企业采用追溯调整法处理的会计政策变更的累积影响金额和采用追溯重述法处理的会计差错更正的累积影响金额,应根据"盈余公积""利润分配""以前年度损益调整"等科目的发生额分析填列,并在"上年年末余额"的基础上调整得出"本年年初金额"项目。

(三)"本年增减变动金额"项目

1. "综合收益总额"项目

"综合收益总额"项目,反映净利润和其他综合收益扣除所得税影响后的净额相加后的合计金额,应根据当年利润表中"其他综合收益的税后净额"和"净利润"项目填列,并对应列在"其他综合收益"和"未分配利润"栏。

2. "所有者投入和减少资本"项目

"所有者投入和减少资本"项目,反映企业当年所有者投入的资本和减少的资本,其中包括以下几项。

"所有者投入资本"项目,反映企业接受投资者投入形成的实收资本(或股本)和资本公积,应根据"实收资本""资本公积"等科目的发生额分析填列,并对应列在"实收资本"和"资本公积"栏。

"其他权益工具持有者投入资本"项目,反映企业接受其他权益工具持有者投入资本,应根据"实收资本""资本公积"等科目发生额分析填列。

"股份支付计入所有者权益的金额"项目,反映企业处于等待期中的权益结算的股份支付当年计入资本公积的金额,应根据"资本公积"科目所属的"其他资本公积"二级科目的发生额分析填列,并对应列在"资本公积"栏。

3. "利润分配"项目

"利润分配"下各项目反映当年对所有者(或股东)分配的利润(或股利)金额和按照规定提取的盈余公积金额,并对应列在"未分配利润"和"盈余公积"栏。其中包括以下几项。

"提取盈余公积"项目,反映企业按照规定提取的盈余公积,应根据"盈余公积""利润分配"科目的发生额分析填列。

"对所有者(或股东)的分配"项目,反映对所有者(或股东)分配的利润(或股利)金额,应根据"利润分配"科目的发生额分析填列。

4. "所有者权益内部结转"项目

"所有者权益内部结转"下各项目,反映不影响当年所有者权益总额的所有者权益各组成部分之间当年的增减变动,包括资本公积转增资本(或股本)、盈余公积转增资本(或股本)、盈余公积弥补亏损等。其中包括以下几项。

"资本公积转增资本(或股本)"项目,反映企业以资本公积转增资本或股本的金额,应根据"实收资本""资本公积"等科目的发生额分析填列。

"盈余公积转增资本(或股本)"项目,反映企业以盈余公积转增资本或股本的金额,应根据"实收资本""盈余公积"等科目的发生额分析填列。

"盈余公积弥补亏损"项目,反映企业以盈余公积弥补亏损的金额,应根据"盈余公积""利润分配"等科目的发生额分析填列。

"设定受益计划变动额结转留存收益"项目,反映企业因重新计量设定受益计划净负债或净资产所产生的变动计入其他综合收益,结转至留存收益的金额。

"其他综合收益结转留存收益"项目,主要反映在以下两个方面。第一,企业指定为以公允价值计量且其变动计入其他综合收益的非交易性权益工具投资终止确认时,之前计入其他综合收益的累计利得或损失从其他综合收益中转入留存收益的金额;第二,企业指定为以公允价值计量且其变动计入损益的金融负债终止确认时,之前由企业自身信用风险变动引起而计入其他综合收益的累计利得或损失从其他综合收益中转入留存收益的金额等。

第二节　所有者权益变动表详细分析

一、所有者权益变动表规模分析

所有者权益变动表的规模分析,是将所有者权益变动表的整体数据变动与各个项目的数据变动进行对比,揭示企业当期所有者权益规模与各个组成要素变动的关系,解释企业净资产的变动原因,从而进行相关分析与决策的过程。

所有者权益变动表的规模分析思路,是通过所有者权益的来源及其变动情况,了解会计期间内影响所有者权益增减变动的具体原因,判断构成所有者权益各个项目变动的合法性与合理性,为报表使用者提供较为真实的所有者权益总额及其变动信息。

二、所有者权益变动表结构分析

对所有者权益结构进行分析，必须考虑以下几个因素。

1. 所有者权益结构与所有者权益总量

所有者权益结构变动既可能是因为所有者权益总量变动引起的，也可能是因为所有者权益内部各项目本身变动引起的，两者的变化可分为：①总量变动，结构变动。例如，当各具体项目发生不同程度变动时，其总量会因此变动，但由于各项目变动幅度不同，其结构也会随之变动。②总量不变，结构变动。这是由所有者权益内部各项目之间相互转化造成的。例如，以资本公积转增股本。③总量变动，结构不变。当所有者权益内部各项目按相同比例呈同方向变动时，会出现这种情况。实务中第三种情况几乎没有，而第一种、第二种情况是普遍存在的。

2. 所有者权益结构与企业利润分配政策

所有者权益实质上可以分为两类：投资人投资和生产经营活动形成的积累。一般来说，投资人投资不是经常变动的，因此，由企业生产经营获得的利润积累而形成的所有者权益数量的多少，就会直接影响所有者权益结构，而这完全取决于企业的生产经营业绩和利润分配政策。如果企业奉行高利润分配政策，就会把大部分利润分配给投资者，留存收益的数额就较小，所有者权益结构变动就不太明显，生产经营活动形成的所有者权益所占比重就较低；反之，其比重就较高。

3. 所有者权益结构与企业控制权

企业的真正控制权掌握在投资人手中。如果企业吸收投资人追加投资来扩大企业规模，就会增加所有者权益中投入资本比重，使所有者权益结构发生变化，同时也会分散企业的控制权。如果投资人不想让企业的控制权被分散，就会在企业需要资金时，采取负债筹资方式，在其他条件不变时，既不会引起企业所有者权益结构发生变动，也不会分散企业控制权。

4. 所有者权益结构与所有者权益资金成本

所有者权益结构影响所有者权益资金成本的一个基本前提是，所有者权益各项目的资金成本不同。事实上，在所有者权益各项目中，只有投资人投入的资本，才会发生实际资金成本支出，其余各项目是一种无实际筹资成本的资金来源，其资金成本只不过是机会成本，即它们无须像投入资本那样分配企业的利润。在实务中，即使把这种成本考虑进去，因为筹措这类资金既不花费时间，也无须支付筹资费用，因而这类资金的成本要低于投入资本的资金成本。基于此类资金的这一特点，在所有者权益中，这类资金比重越大，所有者权益资金成本就越低。

5. 所有者权益结构与经济环境

企业筹资渠道有多条，筹资方式也有多种，企业可以根据需要进行选择。企业在选择筹资渠道和筹资方式时，不仅取决于企业的主观意愿而且还受外界经济环境的影响。例如，

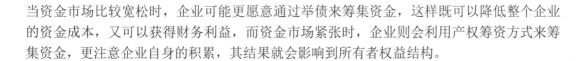

当资金市场比较宽松时,企业可能更愿意通过举债来筹集资金,这样既可以降低整个企业的资金成本,又可以获得财务利益,而资金市场紧张时,企业则会利用产权筹资方式来筹集资金,更注意企业自身的积累,其结果就会影响到所有者权益结构。

三、所有者权益变动表主要项目分析

在分析所有者权益变动表主要项目时,重点分析本年增减变动金额状况。这是该表的核心部分,反映所有者从年初到年末的增减变化全过程及原因。具体内容如下。

(一)综合收益总额

综合收益总额与利润表中的"综合收益总额"一致。综合收益是指企业在某一期间除与所有者以其所有者身份进行的交易之外的其他交易或事项所引起的所有者权益变动。运用综合收益信息进行会计报表分析不仅能提高报表分析的科学性和准确性,更好地满足报表使用者的决策需要和风险控制需求,而且评价企业经营业绩更具有全面性和客观性。我国财政部于2014年修订了《企业会计准则第30号——财务报表列报》,将综合收益正式写入会计准则,将其他综合收益列入资产负债表、利润表以及所有者权益变动表,并在会计报表附注中列表详细披露。

(二)所有者投入和减少资本

企业的实收资本因各种情况会发生增减变化,所有者权益变动表要求单独列示以下几项内容。

第一,所有者投入资本。所有者投入资本通常采用如下形式:投资者追加投入的资本;分配股票股利,在办理增资手续后增加的股本;公司发行的可转换公司债券按规定转为股本;与债权人协商,将重组债务转为资本等。该项内容会引起企业实收资本(或股本)的增加。

第二,其他权益工具持有者投入资本。反映企业接受其他权益工具持有者投入资本。

第三,股份支付计入所有者权益的金额。企业以权益结算的股份支付换取职工或其他方提供服务的,应在行权日,根据实际行权的权益工具数量计算确定应计入实收资本(或股本)的金额,将其转入实收资本或股本。该项内容也会引起企业实收资本(或股本)的增加。

第四,企业实收资本减少。引起企业实收资本减少的主要原因包括两种:一是资本过剩;二是发生重大亏损需要减少实收资本。企业减少注册资本,须按照法定程序报经批准。股份有限公司采用收购本企业股票方式减资的,按注销股票的面值总额减少股本。购回股票支付的价款超过面值总额的部分,应依次冲减资本公积和留存收益;购回股票支付的价款低于面值总额的,所注销库存股的账面余额与所冲减股本的差额作为增加资本或股本溢价处理。另外,中外合作经营企业根据合同规定在合作期间归还投资者的投资时,也会引起资本的减少。

(三)利润分配

企业的税后净利润应按规定的程序进行分配,包括提取盈余公积、计算应付现金股利或利润等,剩余的部分为未分配利润。所有者权益变动表要求单独列示以下两项利润分配的内容。

第一，提取盈余公积。一般企业提取盈余公积包括法定盈余公积和任意盈余公积两部分。盈余公积项目反映的内容还包括中外合作经营企业在经营期间用利润归还的投资；金融企业计提的"一般风险准备"；外商投资企业计提的"储备基金""企业发展基金"和"职工奖励及福利基金"等。

第二，对所有者(或股东)的分配。企业在按规定计提了盈余公积、储备基金、风险准备等基金后，应制定股利分配方案。企业经股东大会或类似机构决议，分配给股东或投资者的现金股利或利润，计入"应付股利"；分配给股东的股票股利，在办理增资手续后，转作股本。

利润分配分析应包括利润分配活动全面分析、利润分配项目分析和利润分配政策分析。

1. 利润分配活动全面分析

利润分配活动全面分析主要是对利润分配的规模、结构的变动情况和利润分配的变动趋势进行分析。通过分析，揭示利润分配规模、结构和趋势变动的原因，并对其变动情况及变动的合理性作出评价。

(1) 利润分配规模及变动分析。利润分配规模及变动分析，就是要对企业本期净利润分配的各项实际数与前期的实际数进行对比，以揭示各主要分配渠道分配额的增减变动情况，确定其增减变动的原因及其变动的合理性。对利润分配规模及其变动分析，主要是根据所有者权益变动表的数据，与公司历史年度数据相比，分析各项分配项目的变动数量和变动率。

(2) 利润分配结构及变动分析。利润分配结构是指各分配渠道的分配额占可供分配利润总额的比重，通过结构分析可以反映利润分配项目与总体的关系及其变动情况。

(3) 利润分配趋势分析。利润分配趋势分析是依据企业若干会计期间的所有者权益变动表所提供的利润分配情况，选择某一会计期间的资料作为基期，设该会计期间各个项目数额为100%，然后将其他会计期间相同项目的数据按基期项目数的百分比列示，进行序时的、连续的对比，以了解其发展变化趋势。

2. 利润分配项目分析

利润分配项目分析主要是对企业留用利润项目和利润(或股利)分配进行分析，通过分析影响留用利润和利润(或股利)分配的因素，研究企业股利与留存收益之间比例关系确定的合理性。

企业留用利润的分析。企业留用利润包括盈余公积(法定盈余公积、法定公益金、任意盈余公积)和未分配利润，留用利润的分析可以从我国法律环境、所有者因素、公司因素及其他方面着手进行分析。

利润(或股利)分配分析。股利是公司按所有者所持股份的比例分配给所有者的本期或累计盈余利润。对企业股利分配的分析可以结合企业不同生命周期、企业收益的稳定性等方面进行分析。

3. 利润分配政策分析

利润分配政策分析主要是对利润分配政策和股利支付方式的选择进行分析，通过了解股利分配政策(如剩余股利政策、固定股利政策、固定股利比例政策、不分配股利政策、正常股利加额外股利政策等)。股利支付方式的类型(如现金股利、财产股利、负责股利、股票股利等)及其优缺点,结合利润分配项目分析,评价企业选择股利政策的适当性与合理性。

在我国,股利通常有两种方式:一种是现金股利(派现),即以现金支付股利;另一种是股票股利(也称送股),即以股票支付股利。这两种方式对企业财务状况的影响是不同的:派现使企业的资产和所有者权益同时减少,股东手中的现金增加;送股使流通在外的股份数增加,企业账面的未分配利润减少,股本增加,每股账面价值和每股收益被稀释。

(1) 现金股利。现金股利是公司最常见、最易被投资者接受的股利支付方式。这种形式能够满足大多数投资者希望得到稳定投资回报的要求。公司支付现金股利,不仅要符合法定要求,即具备足够的可分配资产,还取决于公司的投资需要、现金流量和股东意愿等因素。

(2) 股票股利。是公司以股票形式向投资者发放股利的方式,即按比例向股东派发公司的股票。股票股利是一种特殊的股利形式,它不直接增加股东的财富,不会导致企业资产的流出或负债的增加,不影响公司的资产、负债及所有者权益总额的变化,所影响的只是所有者权益内部有关项目及其结构的变化,即将未分配利润转为股本。股票股利的发放增加了公司在外的股票数量。股票股利增加了每位股东持有公司股份的绝对额,但并不影响每位股东占公司股东权益的比重。

(四)所有者权益内部结转

所有者权益内部各项目之间的结转不会引起所有者权益总额的变化。所有者权益变动表要求单独列示以下主要内容。

第一,资本公积转增资本(或股本)。资本公积转增资本是指企业为扩充资本的需要,经股东大会或类似机构决议,将资本公积的一部分转为实收资本,该业务不增加所有者权益总额,但改变了资本结构。

第二,盈余公积转增资本(或股本)。其形式与资本公积转增资本类似,但是盈余公积转增资本所减少的是留存收益,是利润和资本之间的转化,因此它与资本公积转增资本有本质的区别。

第三,盈余公积弥补亏损。弥补以前年度的经营亏损的途径包括三种,用盈余公积补亏只是其中的一种,企业还可以用以后年度税前利润(现行规定为5年内)和税后利润弥补亏损。金融企业用一般风险准备弥补亏损,也应在该项目中有所反映。

"设定受益计划变动额结转留存收益"和"其他综合收益结转留存收益"也属于所有者权益内部结转,不会引起所有者权益总额的变化。

本 章 小 结

本章重点介绍了所有者权益变动表的性质、作用以及分析方法。所有者权益变动表是反映企业在一定期间内构成所有者权益的各组成部分的增减变动情况的报表。对所有者权益变动表分析,主要是分析所有者权益各个项目的变动规模与结构,了解其变动趋势,评价企业净资产的实力,分析由于股权分置、所有者权益分配政策、再筹资方案等财务政策对所有者权益的影响。

思 考 题

1. 简述所有者权益变动表与其他会计报表的关系。
2. 如何理解所有者权益要素？
3. 简述所有者权益变动的原因。
4. 股利决策对所有者权益变动有何影响？

第六章

会计报表附注分析

【学习目标】

通过本章学习，使学生了解会计报表附注的内容和作用，掌握会计政策、会计估计的含义及其对会计报表分析的影响，掌握关联方的概念以及关联方交易对会计报表分析的重要性，掌握资产负债表日后事项及其对会计报表分析的影响，以准确解读企业的财务信息。

【知识结构图】

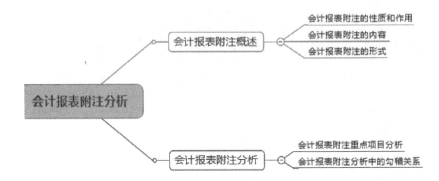

【引例】

吉林紫鑫药业股份有限公司(以下简称紫鑫药业)是一家集科研、开发、生产、销售、药用动植物种养殖为一体的高科技股份制企业。紫鑫药业自2010年开始讲起了人参的故事后，其2010年报、2011年中报先后交出了净利润分别同比大增184%、325%的亮丽答卷。

据紫鑫药业2010年年报显示，公司营业收入前五名客户合计为其带来2.3亿元收入，占比达到36%。而紫鑫药业历年的定期报告，这五家公司均未被提及过，在2010年年报中也未披露紫鑫药业与这五名客户之间存在关联关系。五大客户"横空出世"，其背景是颇为"神秘"，被曝出与紫鑫药业存在诸多牵连，甚至多家公司最终均直接指向紫鑫药业实际控制人或其家族，这些公司的注册、变更、高管、股东等信息中无不存在紫鑫药业及其关联方的影子。与此同时，向紫鑫药业提供人参货源的上游客户——来自吉林延边的四家人参贸易公司也具有高度的相关性，成立时间相同、经营范围相同、公司住所相同，甚至连集中迁址的时间也出奇地统一。

2014年2月，中国证监会对紫鑫药业作出处罚。处罚理由是紫鑫药业未在其2010年的年报中披露与某些公司的关联关系和关联交易。

可见，会计报表附注反映的信息对报表使用者有很重要的作用，学会分析会计报表附注，对报表使用者来说有着很重要的意义。那么如何对会计报表附注进行分析呢？

(资料来源：http://www.p5w.net/stock/zt/2011/10/zxyy/)

第一节 会计报表附注概述

一、会计报表附注的性质和作用

(一)会计报表附注的性质

会计报表附注是会计报表的重要组成部分，是对会计报表的详细解释和补充说明。附注是对会计报表中列示项目的文字描述或明细资料，以及对未能在报表中列示项目的说明，对于正确理解会计报表起着重要的作用。

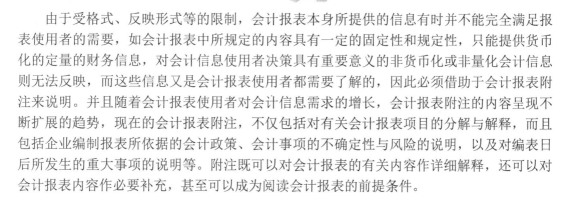

由于受格式、反映形式等的限制，会计报表本身所提供的信息有时并不能完全满足报表使用者的需要，如会计报表中所规定的内容具有一定的固定性和规定性，只能提供货币化的定量的财务信息，对会计信息使用者决策具有重要意义的非货币化或非量化会计信息则无法反映，而这些信息又是会计报表使用者都需要了解的，因此必须借助于会计报表附注来说明。并且随着会计报表使用者对会计信息需求的增长，会计报表附注的内容呈现不断扩展的趋势，现在的会计报表附注，不仅包括对有关会计报表项目的分解与解释，而且包括企业编制报表所依据的会计政策、会计事项的不确定性与风险的说明，以及对编表日后所发生的重大事项的说明等。附注既可以对会计报表的有关内容作详细解释，还可以对会计报表内容作必要补充，甚至可以成为阅读会计报表的前提条件。

(二)会计报表附注的作用

会计报表附注起到的作用有如下几点。

1. 提高会计报表的可比性

会计报表是依照会计准则编制而成的，而会计准则在许多方面规定了可供选择的多种处理方法，企业可以结合本行业的特点及其具体情况进行择定，这就导致了不同行业或同一行业各个企业所提供的会计信息之间的差异。另外，会计报表处理方法前后期间应坚持一贯性，但在情况发生变化时，企业有可能改变原来采用的会计处理方法，会计处理方法的变更自然会影响会计信息的可比性。因此，在财务报告中，通过会计报表附注，用适当的方式来说明企业所选用的会计政策及其变更，这就大大提高了不同企业及本企业前后期间会计资料的可比性。

2. 增进会计报表信息的可理解性

由于会计报表的数据之间存在内在逻辑关系，对于不具备一定会计基础知识的报表使用者来说，很难理解这种逻辑关系。而会计报表使用者有着不同的知识背景和工作经验，他们对信息需求的内容也各不相同，各有侧重。因此，会计报表的可理解性就成为会计报表编制者必须为会计报表分析者提供的一个基本条件。这个基本条件需要企业会计人员对财务报表中的项目数据进行分解或解释，将一个个抽象的会计数据分解成若干具体项目，并说明产生各项目所选择或采用的会计方法，这样才能真正有助于报表使用者正确理解会计报表，正确读取所需要的各种会计信息。

另外，从两者反映的具体形式上来看，会计报表以数字表示为主，会计报表附注则重点在文字说明，辅以数字解释，通过两者之间的相互作用和影响，不但能使得具备会计知识的人员加深理解，而且能使非会计专业的其他人士也能够"看懂"会计报表。

3. 体现会计报表信息的完整性

会计报表附注不仅包括企业采用的主要会计政策、会计报表重要项目的明细资料，还包括不能在会计报表内反映的对企业重要事项的揭示等，从而使会计报表提供的信息更加完整。有助于会计报表使用者更全面地了解企业的财务状况、经营成果和现金流量信息。

4. 突出会计报表信息的重要性

会计报表中所含有的数量信息较多，内容复杂，使用者可能会抓不住重点，对其中的重要信息了解不够全面详细。通过会计报表附注，可将会计报表中的重要数据进一步予以分解说明，以帮助使用者了解哪些是重要的信息，哪些应当引起足够的关注或重视，哪些能够对企业未来产生重要影响等。

二、会计报表附注的内容

会计报表附注的内容，应该结合报表使用者和提供者对信息的要求而确定。

首先，从会计信息的需求方来看，不同的信息使用者对会计报表附注的内容多少、繁简程度有不同的要求。比如对于企业内部分析师、外部分析师、风险投资机构来说，他们希望企业能提供的会计信息越多、越详细越好，以便其深入、全面地掌握这个企业的财务状况和运营状况；而对于短期持有公司股票的股东来说，他们可能并不需要很多的附注信息，阅读过多的附注内容或许对他们来说意味着时间的浪费。会计报表附注内容过于庞杂有时还会给人以抓不住重点的感觉。

其次，从财务会计信息提供者的角度来看，他们或许不愿提供太多的会计报表附注资料，以避免透露过多的商业秘密和花费过多的会计报表编制成本，也避免遭到会计报表使用者的无端指责、猜忌等麻烦；但有时，出于向公众宣传企业的良好形象、吸引投资者注意等目的，他们往往不厌其烦地在会计报表附注中披露大量的信息。

因此，对于政府机构、监管机构及其他会计管理机构来说，必须研究和确定会计报表附注应当包括的内容。当然，考虑到不同行业、不同企业的特点，还有一些企业需要在会计报表附注中自愿披露一些信息，会计管理部门一般只对会计报表附注"至少"应包括哪些内容作出规定。以下以我国新颁布实施的《企业会计准则》为例，对会计报表附注的主要内容作一些介绍。

(一)企业的基本情况

本部分介绍了企业的基本信息，是进行财务报告分析时首先需要了解的。具体内容包括以下几项。

(1) 企业注册地、组织形式和总部地址。
(2) 企业的业务性质和主要经营活动。
(3) 母公司及集团最终母公司的名称。
(4) 财务报告的批准报出者和财务报告批准报出日。

(二)会计报表的编制基础

财务报告的编制是基于一定的会计假设(会计主体、持续经营、会计分期、货币计量)之上的，会计报表的编制也应以会计假设为前提。只有符合公认的基本会计假设编制的会计报表才不会给使用者造成误导，所以，只要是按照公认的会计假设编制的会计报表一般情况下无须以说明。但如果编制的会计报表未遵循基本会计假设，则必须予以披露，说明理由。比如，在通常情况下，会计报表是以持续经营假设为前提编制的，如果公司是以非持续经营为前提，则应当在会计报表附注中予以专门说明。比如，是以持续经营为基础还是以清算为基础。

(三) 遵循企业会计准则的声明

企业应当声明编制的会计报表符合企业会计准则的要求，真实、完整地反映了企业的财务状况、经营成果和现金流量等有关信息。

(四) 重要会计政策和会计估计

会计政策是指企业在会计确认，计量和报告中所采用的原则、基础和会计处理方法。企业采用的会计计量基础也属于会计政策。会计估计是指企业对其结果不确定的交易或事项以最近可利用的信息为基础所作的判断。

企业应当披露采用的重要会计政策和会计估计，不重要的会计政策和会计估计可以不披露。在披露重要会计政策和会计估计时，应当披露重要会计政策的确定依据和会计报表项目的计量基础，以及会计估计中所采用的关键假设和不确定因素。

上市公司通常都会披露以下几种重要的会计政策和会计估计。

(1) 应收款项坏账准备计提方法。公司对于单项金额重大的应收款项，单独进行减值测试。有客观证据表明其发生了减值的，确认减值损失，计提坏账准备。

(2) 存货核算方法。

(3) 固定资产计价、折旧方法和减值准备的计提方法。

(4) 无形资产计价及摊销方法。

(5) 收入确认原则。

(6) 所得税的会计处理方法。

(7) 合并会计报表的编制方法。

(五) 会计政策和会计估计变更及差错更正的说明

会计政策变更是指企业对相同的交易或事项由原来采用的会计政策改用另一会计政策的行为。为保证会计信息的可比性，使财务报告使用者在比较企业不同期间的会计报表时，能够正确判断企业的财务状况、经营成果和现金流量的趋势，一般情况下，企业应在每期采用相同的会计政策，不应也不能随意变更会计政策。但符合下列条件之一，应改变原采用的会计政策。

(1) 法律、行政法规或者国家统一的会计制度等要求变更。

(2) 会计政策变更能够提供更可靠、更相关的会计信息。

与会计政策的变更一样，如果企业据以进行估计的基础发生了变化，或者由于取得新信息、积累更多经验及后来的发展变化，可能需要对会计估计进行修订，这时就会发生会计估计变更。

前期差错是指由于没有运用或错误运用下列两种信息而对前期会计报表造成省略或错报。

(1) 编报前期会计报表时预期能够取得并加以考虑的可靠信息。

(2) 前期财务报告批准报出时能够取得的可靠信息。

前期差错通常包括计算错误、应用会计政策错误、疏忽或曲解事实及舞弊产生的影响，以及存货、固定资产盘盈等。

(六)会计报表重要项目的说明

企业对会计报表重要项目的说明,应当按照资产负债表、利润表、现金流量表、所有者权益变动表及其项目列示的顺序,采用文字和数字描述相结合的方式进行披露。会计报表重要项目的明细金额合计应当与会计报表项目金额相衔接。

会计报表附注通常需进行详细披露与说明的项目有:应收款项项目、存货项目、投资项目、固定资产项目、无形资产项目、费用项目、收入项目等。

(七)或有事项

或有事项是指过去的交易或事项形成的,其结果须由某些未来事项的发生或不发生才能决定的不确定事项。例如,企业对商品提供售后担保,将无偿提供修理服务,从而发生一定的修理费用,至于这笔费用是否发生,费用金额大小,取决于将来是否发生修理请求及修理工作量。问题是,按照权责发生制原则,企业不能等到客户提出修理请求时,才对担保损失加以确认,而应当在资产负债表日对发生修理请求的可能性及修理工作量的大小作出判断和估计,以决定是否在当期加以确认。企业可能发生修理费用这种不确定状况,称为或有事项。又如,企业对被告的侵权行为提起诉讼,如果胜诉,将从被告那里获得赔偿,至于能否得到赔偿,要看判决结果。只有在司法部门作出判决时,才能最后证实企业是否获得了收益。企业有可能获得赔偿这种不确定情形即为或有事项。

对或有事项,企业应当在会计报表附注中披露下列信息。

1. 预计负债

(1) 预计负债的种类、形成原因以及经济利益流出不确定性的说明。

(2) 各类预计负债的期初、期末余额和本期变动情况。

(3) 与预计负债有关的预期补偿金额和本期已确认的预期补偿金额。

2. 或有负债(不包括极小可能导致经济利益流出企业的或有负债)

(1) 或有负债的种类及其形成原因,包括未决诉讼、未决仲裁、对外提供担保等形成的或有负债。

(2) 经济利益流出不确定性的说明。

(3) 或有负债预计产生的财务影响以及获得补偿的可能性,无法预计的应当说明原因。

企业通常不应当披露或有资产,但或有资产很可能会给企业带来经济利益的,应当披露其形成的原因、预计产生的财务影响等。

在涉及未决诉讼、未决仲裁的情况下,如果按相关规定披露全部或部分信息预期会对企业造成重大不利影响的,则企业无须披露这些信息,但应当披露该未决诉讼、未决仲裁的性质,以及没有披露这些信息的事实和原因。

(八)资产负债表日后事项

资产负债表日后事项是指资产负债表日至财务报告批准报出日之间发生的有利或不利事项。它包括资产负债表日后调整事项和资产负债表日后非调整事项。

对资产负债表日后事项,企业应当披露下列信息。

(1) 每项重要的资产负债表日后非调整事项的性质、内容及其对财务状况和经营成果的影响无法作出估计的,应当说明原因。

(2) 资产负债表日后企业利润分配方案中拟分配的及经审议批准宣告发放的股利或利润。

(九)关联方关系及其交易

一方控制、共同控制另一方或对另一方施加重大影响以及两方或两方以上同受一方控制、共同控制或重大影响的,构成关联方。关联方关系则指有关联的各方之间的关系。

关联方披露的基本要求如下。

(1) 企业无论是否发生关联方交易,均应当在附注中披露与母公司和子公司有关的下列信息:①母公司和子公司的名称;②母公司和子公司的业务性质、注册地、注册资本(或实收资本、股本)及其变化;③母公司对该企业或者该企业对子公司的持股比例和表决权比例。

(2) 企业与关联方发生关联交易的,应当在附注中披露该关联方关系的性质、交易及交易要素。交易要素至少应当包括:①交易的金额;②未结算项目的金额、条款和条件以及有关提供或取得担保的信息;③未结算应收项目的坏账准备金额;④定价政策。

(3) 关联方交易应当分别对关联方及交易类型予以披露。类型相似的关联方交易,在不影响会计报表阅读者正确理解关联方交易对会计报表影响的情况下,可以合并披露。

三、会计报表附注的形式

会计报表附注的编制应运用灵活多样的形式。会计报表附注一般有尾注说明、括弧说明、脚注说明、补充说明四种形式,企业在编制过程中可以根据实际说明情况加以选择。

首先,在计量手段上,采用货币与非货币相结合的方式。会计报表附注的发展趋势是将非财务信息以及不能在会计报表内列示的信息纳入其中,而这些信息如人力资源、社会责任等,在实际中往往难以货币化,应借助于其他一些非货币手段进行充分说明。其次,在计量属性上,允许多种形式并存。会计报表沿用的是以交易价格为基础的历史成本计量属性,随着市场一体化进程的加快,其已逐渐暴露出局限性,而公允价值以其所具备的客观性将受到越来越多的认同,因此针对不同的项目,可以考虑在附注中以公允价值予以补充披露。

第二节 会计报表附注详细分析

一、会计报表附注重点项目分析

一般情况下,在阅读和分析会计报表之前,首先要阅读会计报表附注,了解企业一些主要的背景资料和会计资料。在分析会计报表过程中,也需要经常翻阅会计报表附注,将会计报表附注和会计报表结合起来进行分析,辨别会计报表的真实程度,并对会计报表中有关数据的详细情况深入调查。会计报表附注的内容比较多，但以下内容往往都是阅读与分析的重点。

(一)会计政策、会计估计变更以及差错更正的分析

1. 会计政策变更

会计政策是指企业在会计核算过程中所采用的原则、基础和会计处理方法。会计政策变更是指企业对相同的交易或事项由原来采用的会计政策改用另一会计政策的行为。为了保证会计信息的可比性，使会计报表使用者在比较分析会计报表时，能够正确判断企业的财务状况、经营成果和现金流量的变化趋势，企业所采用的会计政策在每一会计期间和前后各期保持一致，不得随意变更。若会计变更能提供更可靠、更相关的会计信息，应当采用追溯法进行处理。对于会计政策的变更，应进行以下分析。

1) 分析会计政策变更的理由是否充分

对于法律、法规强制要求发生的会计变更，主要关注其变更的合法性，即企业采用的新会计政策是否符合法律、法规和会计制度的要求，会计处理是否合法。对于会计政策变更能够提供有关财务状况、经营成果和现金流量等更可靠、更相关的会计信息时，则重点分析是否能真实、公允地反映企业的财务状况、经营成果和现金流量，企业是否利用会计政策变更粉饰会计报表。

2) 分析会计政策变更的会计处理是否正确

对于法律、法规强制要求发生的会计变更，应该按照有关规定执行；对于企业自愿变更会计政策的，一般要求采用追溯调整法，若会计政策变更的累计影响数不能合理地确定，则应采取未来适用法。

3) 分析会计报表附注中披露的会计政策变更内容是否完整

企业应当在附注披露会计政策变更的性质、内容和原因，当期和各个列报前期会计报表中受影响的项目名称和调整金额，无法进行追溯调整的，说明该事实和原因以及开始应用变更后的会计政策的时点、具体应用情况。

【例 6-1】H 公司原来采用先进先出法对存货计价，由于物价持续上涨，公司决定从 2021 年 1 月 1 日起采用加权平均法。2021 年 1 月 1 日存货按先进先出法计价的成本为 600 000 元，2021 年该公司购入存货的实际成本为 1 200 000 元，2021 年 12 月 31 日按加权平均法计算确定的期末存货成本为 700 000 元，当年销售收入为 1 600 000 元。假设当年期间费用(销售费用、管理费用、财务费用)共 180 000 元，所得税税率为 25%，并假设税法也认可企业采用加权平均法对存货计价，当年应纳税所得与税前利润相等。2021 年 12 月 31 日按先进先出法计算确定的期末存货成本为 850 000 元。

H 公司由于经济环境发生变化而改变会计政策，属于会计政策变更。由于采用加权平均法难以进行追溯调整，因此采用未来适用法进行会计处理，即不必计算 2021 年 1 月 1 日及以前各期期末按加权平均法计价的应有余额，以及对留存收益的影响余额，只需从 2021 年开始采用加权平均法计价。但需要计算确定由于此项会计政策变更对 2021 年净利润的影响数，以便在报表附注中披露此信息。

存货按加权平均法计价条件下 2021 年的销售成本 = 期初存货成本 + 本期购入存货成本 − 期末存货成本 = 600 000 + 1 200 000 − 700 000 = 1 100 000(元)

存货按先进先出法计价条件下 2021 年的销售成本＝期初存货成本＋本期购入存货成本－期末存货成本＝600 000＋1 200 000－850 000＝950 000(元)

会计政策变更对2021年净利润的影响数计算表如表6-1所示。

可见，该公司 2021 年存货计价由先进先出法改为加权平均法，这项会计政策变更使当年净利润减少了 112 500 元。

表 6-1　会计变更对当前净利润的影响数计算表

单位：元

项　目	加权平均法	先进先出法
营业收入	1 600 000	1 600 000
减：营业成本	1 100 000	950 000
期间费用	180 000	180 000
利润总额	320 000	470 000
减：所得税费用	80 000	117 500
净利润	240 000	352 500
差额	－112 500	

2．会计估计变更

会计估计变更是指由于资产和负债的当前状况及预期未来经济利益和义务发生了变化，从而对资产或负债的账面价值或者资产的定期消耗金额进行的重估和调整。分析时应注重以下几个方面。

(1) 分析会计估计变更的合理性

会计的一个重要特点就在于其中充满了估计和判断，因而会计不可能做到精确，只能力求公允。会计估计变更是否合理，即运用新的估计是否能够提供比以前更合理、更公允的会计信息，可以通过将其与同行业类似企业的对比分析进行判断。

(2) 分析会计估计变更的正确性

对会计政策要求会计估计变更的会计处理主要采用未来适用法，不调整以前年度会计报表。

(3) 分析会计估计变更披露的正确性

企业应当在会计报表附注中披露会计估计变更的内容和原因、变更对当期和未来期间的影响数，以及会计估计变更的影响数不能确定的，披露一下事实和原因。

【例6-2】E公司于2017年1月1日起开始计提折旧的管理用设备一台，价值84 000元，预计使用年限为8年，预计净残值为4 000元，按平均年限法计提折旧。至2021年年初，由于新技术发展等原因，需要对原估计的使用年限和净残值作出修正，修改后该设备预计尚可使用年限为2年，预计净残值为2 000元。

该公司对上述会计估计变更的处理方式如下。

(1) 不调整以前各期折旧，也不计算累积影响数。

(2) 变更日以后发生的经济业务改按新的估计提取折旧。按原估计，每年折旧额为10 000元，已提折旧4年，共计40 000元，固定资产账面价值为44 000元，则第5年相关科目的期初余额如下：固定资产 84 000 元，减累计折旧 40 000 元，则固定资产账面价值 44 000 元。

改变预计使用年限后，2021 年起每年计提的折旧费用为 21 000 元[(44 000-2 000)÷2]。2021 年不必对以前年度已提折旧进行调整，只需按重新预计的尚可使用年限和净残值计算确定年折旧费用，有关会计处理如下。

借：管理费用　　　　　　21 000
　　贷：累计折旧　　　　　　　21 000

(3) 附注说明。本公司一台管理用设备的成本为 84 000 元，原预计使用年限为 8 年，预计净残值为 4 000 元，按平均年限法计提折旧。由于新技术发展，该设备已不能按原使用年限计提折旧，本公司于 2021 年年初将该设备的预计尚可使用年限变更为 2 年，预计净残值变更为 2 000 元，以反映该设备在目前情况下的预计尚可使用年限和净残值。此估计变更影响本年度净利润减少数为 8 250 元 [(21 000-10 000)×(1-25%)]。

【例 6-3】中联重科是工程机械 A+H 股上市公司，主要从事工程机械、环境产业、农业机械等高新技术装备的研发制造。其 2012 年中期报告业绩增长存在悬疑：在行业陷入周期性低迷的情况下，公司一方面持续进行激进的信用销售，另一方面却缩减了坏账的计提比例。众所周知，工程机械行业通常采取"首付+3 年还款"的方式进行信用销售，即俗称的"期货式销售"，亦为国际惯例。这一销售模式，在为行业相关公司带来销售规模的同时，也带来了信用风险，尤其是当行业基本面趋势性低迷时，相关公司更需要加强对款项回收的控制，并加强对坏账准备计提的管理等。然而，在 2012 年国内投资增速放缓、工程机械行业消费信心不足的环境下，中联重科的计提坏账准备却出现了蹊跷的"缩水"。根据公告，从 2011 年 10 月起，中联重科宣布变更坏账准备计提比例，"1 年以内(含 1 年)""1~2 年"的应收账款计提比例由 5%、10%大幅下滑至 1%、6%。

从实施新坏账准备计提比例的 2012 年中报来看，这一变更影响绝非小数。根据 2012 年中报，中联重科上半年的应收账款合计 189.71 亿元，按公司新坏账准备计提比例计算，计提坏账准备总额为 4.17 亿元，占其中期净利润的 7.42%。但若按其在 2010 年行业高度景气时实施的旧坏账准备计提比例计算，则计提坏账准备总额应为 11.39 亿元，占其中期净利润达 20.26%。变更前后的差额高达 7.22 亿元。其中，变化最为明显的"1 年以内(含 1 年)""1~2 年"两个账龄的应收账款，合计贡献差额便高达 7.38 亿元。

(资料来源：http://finance.sina.com.cn/stock/s/20120926/091513242929.shtml)

3. 会计差错更正

会计差错是指由于没有运用或错误运用以下两种信息，而对前期会计报表造成遗漏或误报。

(1) 编报前期会计报表时能够合理预计取得并应当加以考虑的可靠信息。

(2) 前期会计报表批准报出时能够取得的可靠信息。

会计差错会造成企业的会计信息不真实，分析的重点是判断差错的性质是否是故意造成，如提前确认尚未实现的收入、不确认已实现的收入都属于故意产生的差错。其他原因造成的差错也会造成会计差错，如账户分类及计算错误，会计估计错误，漏记已经完成的交易、对事实的忽视和误用等。

【例6-4】深圳海联讯科技股份有限公司(以下简称海联讯),是一家从事电力信息化系统集成业务的国家高新技术企业,于2011年在创业板上市。2013年4月27日,海联讯一口气发布了32份公告。在这32份公告中,就"夹塞"着两份和公司"会计差错"有关的公告。一份是由审计机构天健会计师事务所出具的《关于深圳海联讯科技股份有限公司重要前期差错更正的说明》,另一份则是《关于对以前年度重大会计差错更正及追溯调整的公告》。正是这两份"会计差错"公告,掀起海联讯涉嫌财务造假的冰山一角。

根据天健会计师事务所出具的《重要前期差错更正的说明》,海联讯调整2010年虚假冲减应收账款,调增应收账款及其他应付款1.13亿元,2011年该指标为1.33亿元,两者合计高达2.46亿元。

(资料来源:邓小红.海联讯财务造假事件反思.财会月刊.2015(2))

【例6-5】2021年12月31日,甲公司发现2020年公司漏记一项管理用固定资产的折旧费用为300 000元,所得税申报表中也未扣除该项费用。假定2020年甲公司适用所得税税率为25%,无其他纳税调整事项。该公司按净利润的10%和5%提取法定盈余公积和任意盈余公积。假定税法允许调整应交所得税。

(1) 分析错误的后果。2020年少计折旧费用300 000元;多计所得税费用为75 000(即300 000×25%)元;多计净利润为225 000元;多计应交税费为75 000(即300 000×25%)元;多提法定盈余公积和任意盈余公积为22 500(即225 000×10%)元和11 250(即225 000×5%)元。

(2) 会计处理如下。

① 补提折旧

借:以前年度损益调整——管理费用　　　　300 000
　　贷:累计折旧　　　　　　　　　　　　　　　　300 000

② 调整应交所得税

借:应交税费——应交所得税　　　　　　　75 000
　　贷:以前年度损益调整——所得税费用　　　　75 000

③ 将"以前年度损益调整"科目余额转入未分配利润

借:利润分配——未分配利润　　　　　　　225 000
　　贷:以前年度损益调整　　　　　　　　　　　　225 000

④ 因净利润减少,调减盈余公积

借:盈余公积——法定盈余公积　　　　　　22 500
　　　　　　——任意盈余公积　　　　　　11 250
　　贷:利润分配——未分配利润　　　　　　　　　33 750

(3) 财务报表调整和重述(财务报表略)

甲公司在列报2021年度财务报表时,应调整2021年年末资产负债表有关项目的年初余额、利润表有关项目的上年金额及所有者权益变动表有关项目的上年金额。

① 资产负债表项目的调整

调减固定资产为300 000元;调减应交税费为75 000元;调减盈余公积为33 750元,调减未分配利润为191 250元。

② 利润表项目的调整

调增管理费用为300 000元,调减所得税费用为75 000元,调减净利润为225 000元。

③ 所有者权益变动表项目的调整

调减前期差错更正项目中盈余公积上年金额为 33 750 元，未分配利润上年金额为 191 250 元，所有者权益合计上年金额为 225 000 元。

④ 财务报表附注说明

本年度发现2020年漏记固定资产折旧为 300 000 元，在编制2021年和2020年比较财务报表时，已对该项差错进行了更正。更正后，调减2020年净利润为 225 000 元，调增累计折旧为 300 000 元。

(二)或有事项的分析

或有事项，尤其是或有负债的存在，会使得公司未来的生产经营具有重大不确定性，甚至有可能危及企业的生存。因此，应重视对会计报表附注中或有事项信息的解读和分析，分析时应特别注意对外担保等近年来对上市公司产生重大不利影响的事项，借此判断公司经营面临的风险大小。

1. 存货

企业为执行销售合同或劳务合同而持有的存货，通常应当以产成品或商品的合同价格作为其可变现净值的计算基础。如果企业持有的存货数量少于销售合同的订购数量，实际持有的与该销售合同相关的存货应按销售合同所规定的价格作为可变现净值的计算基础。如果该合同为企业亏损合同，应同时按照或有事项的会计处理原则确认预计负债。

2. 长期股权投资

对于采用权益法核算的长期股权投资，投资企业在确认分担被投资单位发生的亏损时，应综合考虑长期股权投资及其他实质上构成对被投资单位净投资的长期权益项目的账面价值。在长期股权投资的账面价值减记至零的情况下，如果仍有未确认的投资损失，应以其他长期权益项目的账面价值为基础继续确认。另外，投资企业在确认应分担被投资单位的净损失时，还应考虑在投资合同或协议中是否存在履行其他额外损失的补偿义务，按照或有事项的会计处理原则确认预计将承担的损失金额。

3. 职工薪酬

与或有事项相关的职工薪酬主要表现在辞退福利中。企业应当根据《企业会计准则》，按照辞退计划条款的规定，合理预计并确认辞退福利产生的负债。其中，对于职工没有选择权的辞退计划，应当根据计划条款确定拟解除劳动关系的职工数量，对每一职位员工的辞退补偿等计提应付职工薪酬(预计负债)。对于自愿接受裁减的建议，企业应当根据或有事项处理原则，预计将会接受裁减建议的职工数量，并据此对每一职位员工的辞退补偿标准等计提应付职工薪酬(预计负债)。预计接受裁减的职工数量可以根据最可能发生的数量确定，也可以按照各种发生数量及其发生概率计算确定。

(三)资产负债表日后事项的分析

资产负债表日后事项分析的核心内容是判断资产负债表日后事项是调整事项还是非调整事项。因为调整事项和非调整事项在会计处理上是完全不同的。对于调整事项，必须进

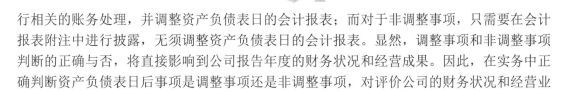

行相关的账务处理,并调整资产负债表日的会计报表;而对于非调整事项,只需要在会计报表附注中进行披露,无须调整资产负债表日的会计报表。显然,调整事项和非调整事项判断的正确与否,将直接影响到公司报告年度的财务状况和经营成果。因此,在实务中正确判断资产负债表日后事项是调整事项还是非调整事项,对评价公司的财务状况和经营业绩有着重要意义。

资产负债表日后调整事项是指对资产负债表日已经存在的情况提供了新的或进一步证据的事项。调整事项的主要特点在于它的"续发性",即它的发生是以前已发生或存在事项或时间的延续和结束,因而也常被称为"续发事项"。而对于非调整事项而言,其重要特点在于"后发性",即它在资产负债表日之后发生,不直接影响资产负债表日的状况和相关会计年度的经营成果。非调整事项并不影响会计报表金额,但可能影响对会计报表的正确理解。因此,如不对其加以说明,有可能致使会计报表使用者产生误解,对被审单位的现有财务状况和未来背景作出错误的判断。《企业会计准则第29号——资产负债表日后事项》列举了常见的调整事项和非调整事项,掌握这些内容对于正确理解和使用会计报表是大有裨益的。

根据《企业会计准则》规定,资产负债表日后调整事项主要包括以下内容。

(1) 资产负债表日后诉讼案件结案,法院判决证实了企业在资产负债表日已经存在现时义务,需要调整原先确认的与该诉讼案件相关的预计负债,或确认一项新负债。

【例6-6】甲公司与乙公司签订一项供销合同,约定甲公司在2020年11月供应给乙公司一批物资。由于甲公司未能按照合同发货,致使乙公司发生重大经济损失。乙公司通过法律程序要求甲公司赔偿经济损失55 000万元,该诉讼案件在12月31日尚未判决,甲公司确认了45 000万元的预计负债,并将该项赔款反映在12月31日的会计报表中。2021年2月7日,经法院一审判决,甲公司需要偿付乙公司经济损失50 000万元,甲公司不再上诉,赔款已经支付。

甲公司情况属于资产负债表日后诉讼案件结案,后经法院判决证实了甲公司在资产负债表日已经存在现时义务,则需要调整原先确认的与该诉讼案件相关的预计负债。

(2) 资产负债表日后取得确凿证据,表明某项资产在资产负债表日发生减值,或者需要调整该项资产原先确认的减值金额。

(3) 资产负债表日后进一步确定了资产负债表日前资产的成本或售出资产的收入。

(4) 资产负债表日后发现了会计报表舞弊或差错。

资产负债表日后非调整事项主要包括以下内容。

(1) 资产负债表日后发生重大诉讼、仲裁、承诺。

【例6-7】甲公司销售房地产,2020年与丁企业签订房地产的购销合同。2021年1月,丁企业通知甲公司,其在获得银行贷款方面有困难,但仍然能够履行合同。之后不久,甲公司将该房地产另售他人。2021年2月,丁企业通过法律手段起诉甲企业违背受托责任。2021年3月,甲公司同意付给丁企业500 000元的现金以使其撤回法律诉讼。

由于资产负债表日后发生的重大诉讼、仲裁、承诺等事项影响较大,为防止误导投资者及其他财务报告使用者,应当在报表附注中进行相关披露,即甲公司和丁企业应在2020年年度报表附注中披露诉讼事项的信息。

(2) 资产负债表日后资产价格、税收政策、外汇汇率发生重大变化。

(3) 资产负债表日后因自然灾害导致资产发生重大损失。
(4) 资产负债表日后发行股票和债券以及其他巨额举债。
(5) 资产负债表日后资本公积转增资本。
(6) 资产负债表日后发生巨额亏损。
(7) 资产负债表日后发生企业合并或处置子公司。

(四)关联方交易的分析

关联方交易广泛地存在于我国上市公司的生产经营中,这与我国国有企业改制的特殊背景有关。在行政审批制下,由于实行"规模控制,限报家数"政策,股票发行额度成为十分稀缺的资源。企业通过激烈竞争拿到的股票发行额度往往与其资产规模不相匹配,只好削足适履,将一部分经营业务和经营性资产剥离,或者进行局部改制,将原本不具有面向市场的生产线、车间和若干业务拼凑成一个上市公司,并通过模拟手段编制这些非独立核算单位的会计报表。辩证地看,剥离与模拟在我国证券市场发展中功不可没,如果不允许剥离与模拟,许多企业(特别是国有企业)是不具备上市资格的,是无法通过股份制改革和上市摆脱困境的。然而,这种上市制度的缺陷也很明显:上市公司与其母公司在生产经营上存在千丝万缕的联系。比如,有的上市公司本是原国有企业的一个生产车间改组上市的,尽管上市了,但其与其他车间的关系仍然没有变,比如,该上市公司的原材料供应实际上来源于上游车间,产品销售也主要面向下游车间,只不过现在上游车间和下游车间的购销关系变成了两家企业之间的关联交易。另外,由于上市公司与母公司在利益上存在诸多一致,上市公司通过上市"圈钱"后向母公司"输血"及上市公司在经营不佳时向母公司"要饭"等。关联交易是严重地侵蚀着会计信息真实性的灵魂。

1. 上市公司利用关联交易操纵利润的主要方法

1) 关联购销

关联购销是上市公司利用关联交易操纵利润最常见的手法。对该类交易,应注意审核关联交易价格的合理性,关注对财务状况和经营成果产生重大影响的关联方交易价格,是否与交易对象的账面价值或其市场通行价格存在较大差异,从而判断关联交易到底是正常的购销行为还是利润操纵的手段。

2) 股权转让、资产置换和出售

由于我国对公司价值的评估方法缺乏相应的理论体系及操作规范,公司并购的法律和财务处理不够完善,同时也由于地方政府部门不恰当的干预,使得资产转让和资产置换表现为一种不等价交换和利润转移的工具,表现为通过股权转让、资产置换等方式来美化财务状况和经营业绩。其具体表现形式有:一是上市公司将不良资产和等额债务剥离出上市公司,以降低财务费用和避免不良资产经营所产生的亏损或损失;二是上市公司将不良资产转卖给母公司,这里的不良资产十分有限,但却能卖个好价钱,在转让过程中上市公司往往获得一笔可观的收益;三是母公司将优质资产低价卖给子公司,但转让价款长期挂账且不计利息,子公司一方面获得了优质资产的经营收益,另一方面不需要付出任何代价;四是母公司将自己的优质资产与子公司的不良资产进行置换,置换时对优质资产和不良资产的评估根本不考虑资产的质量和获利能力,一律按照成本法评估其价值,这显然对上市公司有利。另外,一些上市公司还通过向下属公司注入资金,增持股份或转让股权,减少持股比例，运用长期投资中成本法与权益法核算上的差异来实现报表中利润反映的操纵目标。

3) 资金占用

在我国，企业之间相互拆借资金是有关法律所不允许的，但从实际情况看，上市公司同关联公司之间进行资金拆借的现象比比皆是。然而，这些被关联方占用的资金往往很难收回，从而将上市公司拖垮。随之而来的是一些上市公司还可以利用收取资金占用费的方法以粉饰会计报表。

4) 担保和抵押

上市公司与关联企业之间通过关联担保侵占上市公司利益的问题比较严重。许多上市公司对外担保有相当一部分是给大股东提供的。显然，这种担保也是一种关联交易。关联方即大股东往往通过这种方式侵占上市公司利益。

5) 费用分担

由于许多上市公司与母公司之间存在着接受服务和提供服务的关系，在上市改组时，双方往往签订了有关协议，明确了有关费用支付和分摊标准，因而可以通过改变费用分摊的方式和标准来提高公司的利润。主要形式有母公司调低上市公司应交纳的费用标准，或承担上市公司的管理费用、广告费用、离退休人员费用，或是将上市公司以前年度交纳的有关费用退回等。

2. 关联方交易的识别分析

关联方交易中滋生了大量的不等价交易、虚假交易，损害了大量中小投资者的利益，并有可能造成国有资产的流失。因此，在关联方交易的分析中，重点应关注关联方交易的实质，关联方交易对企业财务状况和经营成果的影响。运用关联方交易剔除法可以较为真实地了解上市公司的实际盈利能力。所谓关联方交易剔除法，就是在分析会计报表时，将来自关联方的收入和利得从上市公司利润表中剔除，仅需要分析上市公司自身非关联方交易实现利润的情况。显然，剔除关联方交易后的利润总额与剔除前相比差额越大，表明上市公司的盈利在很大程度上依赖关联企业，公司自身获取利润的能力越差，则有理由对上市公司自身的"造血"能力产生怀疑。此时，应进一步关注关联交易的定价政策、关联交易的发生时间，借此判断关联交易的真实目的，了解上市公司有无利用不等价的关联方交易来进行利润操作。

对于企业已披露的关联方交易，应重点关注关联方交易的内容，尤其是定价政策。不过，有些上市公司出于某种目的，可能故意隐瞒一些不公允的关联交易，此时，可以借助其他资料来识别企业当期是否存在关联方交易。可供参考的方法包括：查阅股东大会、董事会会议及其他重要会议记录和公告，以及企业的重大事项公告，从中识别是否存在关联方交易的内容；通过与前期报表进行比较，发现以前存在重大关联方交易的对象本期是否又发生了新的关联方交易，因为大部分关联交易具有一定的连续性；关注期末报表中数据较大的、异常的及不经常的交易或金额，上市公司往往为了粉饰经营业绩和财务状况在期末进行这类关联方交易，因此，如果年报中有的项目与第三季度的季报相比存在明显异常，就应当特别关注。

综上所述，不合理的关联方交易，其核心是利用不合理的价格来转移资产、负债等，以达到调节利润的目的，而利益驱动是关联方交易中存在价格问题的主要原因。因此，报表使用者必须对关联方关系及其交易予以足够的重视。

二、会计报表附注分析中的钩稽关系

会计报表附注中的财务钩稽关系反映了企业经营活动中的内在联系，是判断会计报表附注内容真实性、合法性和充分表达的重要依据。附注中许多内容之间有一定的钩稽关系，阅读分析附注时应注意以下几个方面的内容。

(1) 不同报告期对同一内容的表述是否一致，若发生变化，是否合理。如某公司在上年附注中披露固定资产中无运输设备，在本期报表附注中披露的固定资产期初数中却包含运输设备等。

(2) 比较本期会计报表附注披露的数据与上期附注披露的数据，判断是否合乎情理。例如，应收账款的账龄分析，本期2～3年的款项金额是否大于或等于上期1～2年的款项金额；又如，上年主营业务收入中有70%属于劳务收入，而本期劳务收入却只占3%。这类异常情况虽然不一定存在错误，但分析人员必须予以关注，查明其具体原因。

(3) 附注中不同项目之间的钩稽关系是否合理。例如，分析坏账准备时，要用企业坏账准备计提数与应收账款和其他应收款的余额总和相比较求得比值，与会计制度规定的坏账准备计提比例以及附注中披露的比例相比较，审查坏账准备及其提取比率的准确性。又如，对货币资金与现金净流量的分析性复核，可以通过分析货币资金期初期末余额与现金流量表中现金净流量之间的钩稽关系，比较货币资金的增加额与经营活动所产生的现金流量、短期借款以及本期增加的长期借款，审查是否存在粉饰经营收入和经营产生的现金流量情况。再如，固定资产累计折旧项目存在着以下钩稽关系。

① 各类固定资产本期减少的金额≥累计折旧减少的金额；

② 各类固定资产原值期末余额−累计折旧期末余额≥固定资产残值；

③ 固定资产本期增加的金额≥在建工程本期转入固定资产的金额；

④ 各类别固定资产累计折旧的本期增加金额<(各类别固定资产期初数+本期增加数)×折旧率；

⑤ 固定资产抵押金额≤固定资产原值；

⑥ 固定资产抵押数与承诺事项披露的有关数据是否一致等。

(4) 检查有无其他逻辑上的错误。例如，在建工程资金来源为自筹，并非借款，但该项目却存在巨额资本化利息，显然不合常理；又如，同一项目中期报告披露的资本化金额为200万元，而年度报告披露资本化金额却为20万元。

本 章 小 结

本章重点介绍了会计报表附注的性质、作用以及分析方法。会计报表附注是会计报表的重要组成部分，是对会计报表的详细解释和补充说明。会计报表分析要将会计报表附注和会计报表结合起来进行分析，以辨别会计报表的真实程度。会计报表附注的内容比较多，对会计报表附注的分析主要从会计政策变更、会计估计变更和会计差错更正、会计报表各项目注释、关联方关系及其交易、资产负债表日后事项等方面进行分析。

思 考 题

1. 会计报表附注的内容包括哪些？分析时应重点分析哪些内容？
2. 比较会计政策变更、会计估计变更和会计差错更正之间的区别，试说明应如何进行分析？
3. 为什么说会计报表项目注释的分析是对会计报表分析的有益补充？
4. 关联交易和资产负债表日后事项分析可以提供哪些信息，请举例说明。

第七章

合并会计报表分析

【学习目标】

通过本章学习,使学生了解企业合并会计报表的合并范围、编制程序及基本格式,理解编制合并会计报表时需进行抵销处理的项目,掌握合并资产负债表和利润表的分析。

【知识结构图】

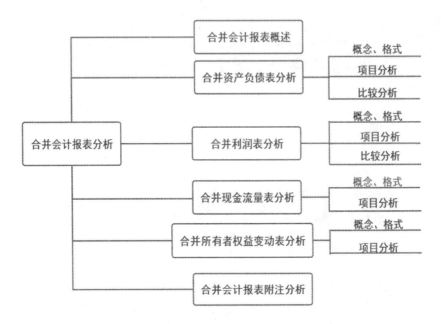

【引例】

吉利成功并购沃尔沃案例

2010年3月28日，吉利与美国福特汽车公司在瑞典正式签署收购沃尔沃汽车公司的协议。在四个月的时间里，吉利公司完成了对沃尔沃公司的相关资产的收购。

吉利公司为了此次并购，前期做了很多必要的准备，对沃尔沃的企业文化、经营策略、品牌定位、财务状况等方面进行了深入调查和分析，以确保并购的顺利开展。并购是否能够给沃尔沃公司带来新的发展契机，在短期内关注公司是否盈利，长远来看需要关注公司之间能否协同发展。

沃尔沃在并购后扭转了连续2年的巨额亏损，2010年全年利润总额达到了3.2亿美元，2011年全球销量达到了44.9万辆，比上年增长了20%。吉利公司在并购后对公司的人力、财力、文化、品牌、技术等方面进行了整合，将其经营理念与沃尔沃的需求进行充分的交流，保证了公司运行管理的高效性。因此，奠定了坚实的行业基础，实现了并购后的平稳过渡。

在激烈的市场竞争中，企业为了寻求发展，并购是有效途径之一。企业完成并购后，合并会计报表的分析更需要重视，合并会计报表为企业决策者提供所需的财务信息，直接关系到企业能否得到进一步发展。

(资料来源：http://auto.qq.com/a/20100803/000022.htm)

第一节 合并会计报表概述

一、合并会计报表的概念及合并范围

(一)合并会计报表的概念

合并会计报表又称为合并财务报表,是指反映母公司和其全部子公司形成的企业集团整体的财务状况、经营成果和现金流量的财务报表。主要包括合并资产负债表、合并利润表、合并现金流量表、合并所有者权益(或股东权益)变动表及合并会计报表附注。

母公司,是指控制一个或一个以上主体(含企业、被投资单位中可分割的部分,以及企业所控制的结构化主体)的主体。子公司,是指被母公司控制的主体。不论子公司的规模大小、子公司向母公司转移资金能力是否受到严格的限制,也不论子公司的业务性质与母公司或企业集团其他子公司是否有明显差别,只要是能够被母公司施加控制的,都应纳入合并范围。但是,已宣告被清理整顿或已宣告破产的原子公司,不再是母公司的子公司,不纳入合并财务报表范围。

(二)合并会计报表的合并范围

母公司作为企业合并会计报表的编制主体,在编制合并财务报表时,明确合并范围是其编制合并会计报表的前提。

合并会计报表的合并范围是指以"控制"为基础,确定纳入合并会计报表编报的子公司的范围,即明确哪些子公司应当包括在母公司编制的合并会计报表范围之内。其中,控制是指投资方拥有决定另一个投资方的财务和经营政策的权力,并能够运用对被投资方的权力从被投资方的经营活动中获得利益。

投资方应根据相关事实和情况综合考虑来判断其是否控制被投资方,一般情况下,控制的方式主要有两种。

1. 以拥有表决权方式达到控制

表决权是指投资方对被投资方具有投票权,能够据此参与企业经营管理决策,其中包括被投资方经营计划、内部管理机构的设置、年度财务预算和决算方案等。表决权的比例通常与投资方的持股比例是一致的(另有规定情况除外)。通常情况下,当投资方拥有被投资企业 50%以上表决权时,能够主导股东大会对该被投资企业的生产经营决策实施控制,投资方拥有该被投资企业的控制权。因此,投资方拥有被投资方 50%以上表决权是投资方拥有控制权的重要指标,应将其纳入合并会计报表的合并范围。

投资方拥有被投资方 50%以上表决权,具体又包括以下三种情况。

(1) 投资方直接拥有被投资企业 50%以上表决权。例如,投资方 A 公司拥有被投资方 B 公司 80%的股权。可见,A 公司直接拥有 B 公司 50%以上的表决权,对 B 公司具有控制权,那么,A 公司是 B 公司的母公司,B 公司是 A 公司的子公司,A 公司在编制合并会计报表时,应将 B 公司纳入其合并会计报表范围内。

(2) 投资方间接拥有被投资企业 50%以上表决权。间接拥有主要是投资方通过被投资方对被投资方的被投资方拥有50%以上的表决权。例如，投资方A公司拥有被投资方B公司70%的股权，而B公司拥有C公司80%的股权，A公司通过B公司间接对C公司拥有56%的表决权。可见，A公司间接拥有C公司50%以上的表决权，对C公司具有控制权，C公司也是A公司的子公司。因此，A公司在编制合并会计报表时，也应将C公司纳入其合并会计报表范围内。

(3) 投资方以直接和间接方式合计拥有并控制被投资企业50%以上表决权。直接和间接方式合计拥有并控制50%以上的表决权，是指投资方以直接方式拥有某被投资企业不到50%的表决权资本，但同时通过间接方式拥有该被投资企业一定数量的表决权，两者合计共拥有和控制被投资企业50%以上的表决权。例如，A公司拥有B公司80%的股份，同时拥有C公司20%的股份，B公司拥有C公司40%的股份，可见，A公司通过B公司间接拥有C公司32%的股份，直接拥有C公司20%的股份，A公司以直接和间接方式合计拥有C公司52%的表决权，A公司对C公司具有控制权，C公司属于A公司的子公司。因此，A公司编制合并会计报表时，应将C公司纳入其合并会计报表范围内。

2. 以表决权加其他方法达到控制

在投资方通过直接和间接方式没有拥有和控制被投资方的50%以上表决权的情况下，但投资方通过其他方法对被投资方的经营活动实施了控制，此时，被投资方应作为投资方的子公司，纳入投资方合并会计报表的合并范围。具体包括以下内容。

通过和该被投资方其他投资者之间的签订协议，持有该被投资方50%以上表决权；根据被投资方的章程或协议规定，投资方有权控制被投资方的财务和经营决策；有权任免被投资方的董事会等类似权力机构的多数成员；在被投资方董事会等类似权力机构会议上拥有半数以上的表决权。

二、合并会计报表的编制原则

除了遵循会计报表编制的一般原则和要求外，还应当遵循以下原则和要求。

(一)以个别会计报表为基础编制

合并会计报表并不是直接根据母公司和子公司账簿编制的，而是利用母公司和子公司编制的反映各方面财务状况和经营成果的会计报表提供的数据，通过合并会计报表的特有方法进行编制的。

(二)一体性原则

合并会计报表反映的是企业集团的财务状况和经营成果，反映是由多个法人企业组成的一个会计主体的财务情况，在编制合并会计报表时应当将母公司和所有子公司作为整体来看待，视为一个会计主体，母公司和子公司发生的经营活动都应当从企业集团这一整体的角度进行考虑。

(三)重要性原则

与个别会计报表相比，合并会计报表涉及多个法人主体，涉及的经营活动的范围很广，母公司与子公司的经营活动往往跨越不同行业的界限,有时母公司与子公司的经营活动甚至相差很大。

三、合并会计报表编制的前期准备工作

(1) 统一母子公司的会计政策。
(2) 统一母子公司的资产负债表日及会计期间。
(3) 对子公司以外币表示的财务报表进行折算。
(4) 收集编制合并财务报表的相关资料。

四、合并会计报表的编制程序

(一)编制合并工作底稿

合并工作底稿是编制合并会计报表的基础性工作。合并工作底稿可以按照母公司和子公司的资产负债表、利润表、现金流量表和所有者权益变动表中包含的各项目的顺序进行设计,并将个别会计报表中各项目的金额进行汇总和抵销,计算得出合并会计报表各项目的合并金额。合并工作底稿基本格式,如表 7-1 所示。

表 7-1 合并工作底稿基本格式

单位:元

项目	母公司	子公司1	子公司2	……	合计金额	抵销分录		少数股东权益	合并金额
						借方	贷方		
(资产负债表项目)									
货币资金									
……									
短期借款									
……									
实收资本									
……									
未分配利润									
少数股东权益									
(利润表项目)									
营业收入									
营业成本									
……									
净利润									
(所有者权益变动表项目)									
未分配利润——年初									
……									
未分配利润——年末									

(二)将母公司和纳入合并范围的子公司个别会计报表中各项目的数据过入合并工作底稿

将母公司和纳入合并范围的子公司个别资产负债表、利润表及所有者权益变动表中各项目的数据过入合并工作底稿进行加总，计算得出个别会计报表各项目合计金额。

(三)编制调整分录与抵销分录

编制调整分录与抵销分录是编制合并会计报表至关重要的环节，其主要作用是调整因会计政策及计量基础的不同而对个别会计报表造成的影响，并且抵销在个别会计报表汇总过程中重复的因素，通常抵销的是母公司与子公司之间或是子公司之间的业务往来。例如，非同一控制下企业合并取得的子公司，在购买日，合并报表中要将子公司的资产、负债由账面价值调整到公允价值，后续期间应调整到按购买日公允价值持续计算的金额。需要注意的是，在合并工作底稿中编制调整分录和抵销分录，编写分录时，借贷方分别是会计报表中的报表项目，不是具体的会计科目。例如，调整子公司管理用固定资产，假定固定资产公允价值大于账面价值，按公允价值计算应补提折旧时，补提折旧金额计入"固定资产"报表项目。

(四)计算合并会计报表各项目的合并金额

在母、子公司个别会计报表各项目加总金额的基础上，加上或减去调整和抵销分录中的发生额，分别计算出合并会计报表中各项目的合并金额。

(五)填列合并会计报表

根据合并工作底稿中计算出的各项目的合并金额，填列在合并会计报表中。

五、合并会计报表的局限性

合并会计报表对企业发展的积极作用不言而喻，会计报表使用者通过它可以了解整个企业集团的财务状况、经营成果等方面的综合信息，然而，合并会计报表仍存在一些局限性，包括以下几个方面。

(一)合并会计报表不能真实反映企业集团的偿债能力

合并会计报表反映是母、子公司组成的企业集团的财务状况，反映的对象是由若干个法人组成的会计主体，往往不具备法人主体资格。因此，合并会计报表后整个企业集团偿债能力的会计信息，如资产负债率、流动比率、速动比率等，可能毫无意义。在了解企业集团偿债能力时，需将合并会计报表与个别会计报表结合起来分析，以获取企业集团真实的偿债能力情况。

(二)企业集团的不同行业经营降低了合并会计报表的实用性

由于企业集团内各子公司的业务和经营差别可能较大，涉及不同行业的经营，不同行业所采用的会计政策不同，对于同一会计事项的处理，可能会得到不同的财务结果，有时甚至数据相差很大,导致财务数据的不可比性。例如母、子公司分别为工业企业和金融企业时,个别会计报表合并后使得合并报表上的某些项目可能就因合并而失去了意义,降低了合并会计报表的实用性。

六、合并会计报表分析的程序

合并会计报表与个别会计报表相比,合并会计报表是将母、子公司构成的企业集团作为一个会计主体进行综合反映,具有以下几个特点:合并会计报表反映内容是由母、子公司组成的企业集团状况,不是法律意义上的主体,而个别会计报表反映内容是单个的企业法人;合并会计报表是以纳入合并范围的个别会计报表为基础,通过调整和抵销有关会计事项对会计报表的影响编制的,不需要设置账簿,而个别会计报表在编制时,必须遵循审核会计凭证、登记账簿到编制报表的账务处理程序进行。

由于合并会计报表是以个别会计报表为基础,经过复杂合并过程编制的,因此,在分析时还需要考虑合并会计报表分析的特有程序。

(一)了解企业集团的状况

在进行合并会计报表分析时,了解集团的实际状况十分重要。集团内部的企业状况直接影响合并会计报表上的数据。如母、子公司之间的业务往来内容;母、子公司之间资金借贷关系等情况。

(二)比较合并会计报表与个别会计报表

由于合并会计报表是在对纳入合并范围的个别会计报表的数据进行加工的基础上,通过调整,将企业集团内部的经济业务对个别会计报表的影响予以抵销,然后合并个别会计报表各项目的数额编制而成的,对个别会计报表分析时,经营成果的变动幅度会较为明显,经营状况的解读较为容易。通过两者比较分析,可以了解集团是否存在利用其子公司进行操纵利润。

企业集团的合并会计报表所反映的会计报表存在一定的局限性,合并会计报表无法提供母公司和子公司本身的财务状况和经营成果。根据合并会计报表上数据进行比率分析,有时无法作出准确的财务判断,从合并报表上取得的资料十分有限,了解了合并会计报表的局限性,对于报表使用者正确作出决策,有很大帮助。

(三)掌握合并会计报表准则

在进行多个企业集团合并会计报表分析时,应掌握各集团合并时遵循的合并会计报表准则。在我国,发行外资股的公司可以提供按国际会计准则或境外主要募集行为发生的会计准则调整的财务报告。虽然国内外准则总体原则是一致的,但我国的合并会计报表准则与国际准则有一些重要的差异,如国际准则要求在个别会计报表中,无论是对子公司的投资,还是对联营企业的投资以及对联合控制主体的投资,均应采用成本法或国际会计准则规定的公允价值法核算。而我国会计准则规定对被投资单位实施控制的投资采用成本法核算、对被投资单位具有共同控制或重大影响的长期股权投资采用权益法核算。

第二节　合并资产负债表分析

一、合并资产负债表的概念

合并资产负债表是反映企业集团在某一特定日期财务状况的报表，由合并资产、负债和所有者权益等项目组成。

通过对合并资产负债表分析能够了解企业集团财务状况的变动情况及变动原因，揭示合并资产负债表及相关项目的内涵，评价会计对经营状况的反映程度以及会计信息的质量，满足报表使用者进行决策的需求。

二、合并资产负债表的格式

为解决企业在合并财务报表编制中的实际问题，针对 2019 年 1 月 1 日起分阶段实施的《企业会计准则第 21 号——租赁》，以及企业会计准则实施中的有关情况，在《财政部关于修订印发 2019 年度一般企业财务报表格式的通知》和《财政部关于修订印发 2018 年度金融企业财务报表格式的通知》的基础上，对合并财务报表格式进行了修订，适用于执行企业会计准则的企业 2019 年度合并财务报表及以后期间的合并财务报表，现行合并资产负债表如表 7-2 所示。合并财务报表格式涵盖母公司和从事各类经济业务的子公司的情况，包括一般企业、商业银行、保险公司和证券公司等。企业应根据重要性原则并结合本企业实际情况，对确需单独列示的内容，可增加合并财务报表项目；对不存在相应业务的合并财务报表项目，可进行必要删减。以金融企业为主的企业集团，应以金融企业财务报表格式为基础，结合一般企业财务报表格式和本通知的要求，对合并财务报表项目进行调整后编制。

表 7-2　合并资产负债表　　　　　　　　　　　　　　　　　企合 01 表

编制单位：　　　　　　　　　　年　月　日　　　　　　　　　单位：元

资产	期末余额	年初余额	负债和所有者权益	期末余额	年初余额
流动资产：			流动负债：		
货币资金			短期借款		
结算备付金			向中央银行借款		
拆出资金			拆入资金		
交易性金融资产			交易性金融负债		
应收票据			衍生金融负债		
应收账款			应付票据		
应收款项融资			应付账款		
预付款项			预收款项		
应收保费			卖出回购金融资产款		
应收分保账款			吸收存款及同业存放		

续表

资产	期末余额	年初余额	负债和所有者权益	期末余额	年初余额
应收分保合同准备金			代理买卖证券款		
其他应收款			代理承销证券款		
买入返售金融资产			应付职工薪酬		
存货			应交税费		
合同资产			其他应付款		
持有待售资产			应付手续费及佣金		
一年内到期的非流动资产			应付分保账款		
其他流动资产			合同负债		
流动资产合计			持有待售负债		
非流动资产：			一年内到期的非流动负债		
发放贷款及垫款			其他流动负债		
债权投资			流动负债合计		
其他债权投资			非流动负债：		
长期应收款			保险合同准备金		
长期股权投资			长期借款		
其他权益工具投资			应付债券		
其他非流动金融资产			其中：优先股		
投资性房地产			永续债		
固定资产			长期应付款		
在建工程			预计负债		
生产性生物资产			递延收益		
油气资产			递延所得税负债		
无形资产			其他非流动负债		
开发支出			非流动负债合计		
商誉			负债合计		
长期待摊费用			所有者权益(或股东权益)		
递延所得税资产			实收资本(或股本)		
其他非流动资产			其他权益工具		
非流动资产合计			其中：优先股		
			永续债		
			资本公积		
			减：库存股		
			其他综合收益		
			专项储备		

续表

资产	期末余额	年初余额	负债和所有者权益	期末余额	年初余额
			盈余公积		
			一般风险准备		
			未分配利润		
			外币报表折算差额		
			归属于母公司所有者权益合计		
			少数股东权益		
			所有者权益合计		
资产总计			负债和所有者权益合计		

从表 7-2 中可以看出，与个别资产负债表不同的项目包括：少数股东权益和外币报表折算差额。其中，"少数股东权益"项目反映除母公司以外的其他投资者在子公司的权益，表示其他投资者在子公司所有者权益中所拥有的份额。当母公司拥有子公司 100%股份时，子公司就没有其他投资者，因此，就不存在"少数股东权益"。"外币报表折算差额"项目是专门用于反映将以母公司记账本位币以外的货币编制的子公司会计报表折算为母公司记账本位币时所产生的折算差额。我国《企业会计准则》规定，对以外币表示的资产负债表折算时，所有"资产""负债"类项目，都必须按照合并会计报表决算日的市场汇率折算为母公司记账本位币；"所有者权益"类项目，除"未分配利润"项目外，均按照发生时的市场汇率折算为母公司的记账本位币，折算后资产类项目与负债类项目和所有者权益类项目合计数的差额，作为"外币报表折算差额"在"未分配利润"项目后单独列示。

三、合并资产负债表项目的分析

合并资产负债表分析的方法与个别资产负债表分析的方法基本相同，分析指标的计算方法也没有太大差异。但在编制合并资产负债表时是以个别资产负债表为基础，经过了复杂的合并程序编制而成的，因此在进行分析前，我们首先应对合并资产负债表的编制程序进行了解，然后再对合并资产负债表的各项目进行分析。

根据合并会计报表的编制程序，编制合并资产负债表时，首先需要编制合并工作底稿，将个别会计报表金额过渡到合并工作底稿中；其次根据会计事项编制调整分录和抵销分录，并将调整和抵销的金额计入合并工作底稿中；再次将工作底稿中不同项目的金额合计；最后将合计金额计入合并资产负债表中。

(一)调整项目的分析

1. 对子公司的个别财务报表进行调整

在编制合并资产负债表时，首先应对各子公司进行分类，分为同一控制下企业合并中取得的子公司和非同一控制下企业合并中取得的子公司两类。

(1) 同一控制下企业合并中取得的子公司，如果不存在与母公司会计政策和会计期间不一致的情况，则不需要对子公司的个别财务报表进行调整。

(2) 非同一控制下企业合并中取得的子公司,除应考虑会计政策及会计期间不一致的情况,需要对子公司的个别财务报表进行调整外,还应当以母公司在购买日设置的备查簿中登记该子公司有关可辨认资产、负债及或有负债等公允价值为基础,对子公司的个别财务报表进行调整,以使子公司的个别财务报表反映为在以购买日公允价值为基础上确定的可辨认资产、负债及或有负债等在本期资产负债表日应有的金额。

购买日将子公司的资产、负债由账面价值调整到公允价值时,对应项目是资本公积。在连续编制合并资产负债表时,上期编制合并会计报表时调整分录中涉及"实收资本(或股本)""资本公积""其他综合收益"等项目的,在本期编制合并财务报表调整分录时,均应计入"实收资本(或股本)—年初""资本公积—年初""其他综合收益—年初"项目,对于上期编制调整分录时涉及利润表中的项目,在本期编制合并财务报表调整分录时,均应计入"未分配利润"项目。

【例7-1】 假设A公司能够控制B公司,2021年12月31日,A公司个别资产负债表中对B公司的长期股权投资的金额为30 000 000元,拥有其80%的股权。A公司在个别资产负债表中采用成本法核算该项长期股权投资。该投资在2021年1月1日A公司在非同一控制下企业合并方式下用银行存款50 000 000元购买取得。购买日,B公司拥有一栋管理用办公大楼,账面价值为8 000 000元,公允价值为9 000 000元,按直线法计提折旧,尚可使用年限为10年,预计净残值为0。B公司其他资产和负债公允价值与账面价值相等。假定A、B公司的会计政策和会计期间一致,不考虑A、B公司内部交易及合并会计报表中资产、负债的所得税影响。在合并工作底稿中编制2021年12月31日对B公司个别会计报表的调整分录。

借:固定资产——原价　　　　　　　　1 000 000
　　贷:资本公积——本年　　　　　　　　　1 000 000
借:管理费用　　　　　　　　　　　　　　50 000
　　贷:固定资产——累计折旧　　　　　　　　50 000

2. 按权益法调整子公司的长期股权投资

按照权益法调整对子公司的长期股权投资,在合并工作底稿中应根据子公司发生业务编制的调整分录。对于应享有子公司当期实现净利润的份额,借记"长期股权投资"项目,贷记"投资收益"项目;按照应承担子公司当期发生的亏损份额,借记"投资收益"项目,贷记"长期股权投资"等项目。对于当期收到子公司分派的现金股利或利润,应借记"投资收益"项目,贷记"长期股权投资"项目。调整子公司除净损益、其他综合收益以及利润分配以外的所有者权益的其他变动,按母公司应享有或应承担的份额,借记或贷记"长期股权投资"项目,贷记或借记"资本公积"项目。在连续编制合并资产负债表时,对于上期编制调整分录时涉及利润表中的项目,在本期编制合并资产负债表调整分录时,均应计入"未分配利润"项目。

【例7-2】 承【例7-1】2021年1月1日,B公司股东权益总额为35 000 000元,其中股本为20 000 000元,资本公积为15 000 000元,其他综合收益为0,盈余公积为0,未分配利润为0。2021年,B公司实现净利润为10 000 000元,提取盈余公积为1 000 000元,宣告并分派现金股利为6 000 000元,未分配利润为3 000 000元。B公司因投资性房地产转换计入当期其他综合收益的金额为1 000 000元,无其他导致所有者权益变动的事项。在合并工作底稿中编制2021年12月31日对B公司长期股权投资的调整分录。

以B公司2021年1月1日各项可辨认资产、负债的公允价值为基础,重新确定的B公司2021年的净利润为10 000 000-50 000 = 9 950 000元。按享有子公司当期实现净利润的份额计算调整金额为9 950 000×80% = 7 960 000元。

借:长期股权投资　　　　　　　　7 960 000
　　贷:投资收益　　　　　　　　　　　7 960 000

对于当期收到子公司分派的现金股利的调整,按享有子公司分派现金股利的份额计算调整金额为6 000 000×80% = 4 800 000元。

借:投资收益　　　　　　　　　　4 800 000
　　贷:长期股权投资　　　　　　　　　4 800 000

对B公司因投资性房地产转换计入当期其他综合收益的调整,按享有子公司其他综合收益的份额计算调整金额为1 000 000×80% = 800 000元。

借:长期股权投资　　　　　　　　　800 000
　　贷:其他综合收益　　　　　　　　　　800 000

(二)抵销项目的分析

编制合并资产负债表时需要进行抵销处理的项目主要有:母公司对子公司股权投资项目与子公司所有者权益项目;母公司与子公司、子公司相互之间发生的内部债权债务项目;存货项目,即内部购进存货价值中包含的未实现内部销售利润;固定资产项目(包括固定资产原价和累计折旧项目),即内部购进固定资产价值中包含的未实现内部销售利润;无形资产项目,即内部购进无形资产价值包含的未实现内部销售利润;与抵销的长期股权投资、应收账款、存货、固定资产、无形资产等资产相关的减值准备的抵销。

1. 长期股权投资项目与子公司所有者权益项目的抵销

从整个企业集团角度来看,母公司对子公司的投资只是资产在不同企业项目上的不同分配,并不影响整个企业集团的资产、负债和所有者权益的增减变动。编制合并会计报表时应当在母公司和子公司会计报表数据(或经调整的数据)简单相加的基础上,将母公司对子公司长期股权投资项目与子公司所有者权益项目予以抵销。

(1) 在子公司为全资子公司的情况下,母公司对子公司长期股权投资的金额和子公司所有者权益各项目的金额应当全额抵销。在合并工作底稿中编制的抵销分录为:借记"股本(或实收资本)""资本公积""盈余公积""其他综合收益"和"未分配利润"项目,贷记"长期股权投资"项目。当母公司对子公司长期股权投资的金额大于子公司所有者权益总额时,其差额作为商誉处理,应按其差额,借记"商誉"项目。

(2) 在子公司为非全资子公司的情况下,应当将母公司对子公司长期股权投资的金额与子公司所有者权益中母公司所享有的份额相抵销。子公司所有者权益中不属于母公司的份额,即子公司所有者权益中少数股东投资持股的份额,在合并会计报表中作为"少数股东权益"处理。在合并工作底稿中编制的抵销分录为:借记"股本(或实收资本)""资本公积""盈余公积""其他综合收益"和"未分配利润"项目,贷记"长期股权投资"和"少数股东权益"项目。当母公司对子公司长期股权投资的金额与在子公司所有者权益中享有的份额不一致时,其差额应比照全资子公司的情况处理。

在合并财务报表时，子公司少数股东分担的当期亏损超过了少数股东在该子公司期初所有者权益中所享有的份额，其余额应当冲减少数股东权益，即少数股东权益可以为负数。

2. 母公司对子公司持有的长期股权投资的投资收益的抵销

母公司对子公司持有的长期股权投资产生的投资收益金额应当全额抵销。在合并工作底稿中编制的抵销分录为：借记"投资收益""少数股东损益"和"未分配利润——年初"项目，贷记"提取盈余公积""对所有者(或股东)的分配""未分配利润——年末"项目。

【例 7-3】承【例 7-1】和【例 7-2】编制 2021 年 1 月 1 日(购买日)与长期股权投资相关的抵销分录。

2021 年 1 月 1 日，将 A 公司的长期股权投资与 B 公司所有者权益抵销，子公司的固定资产由账面价值调整到公允价值时，资本公积调增到 15 000 000 + 1 000 000 = 16 000 000 元，少数股东投资持有 B 公司所有者权益的份额 20%，确定少数股东权益金额为(20 000 000 + 16 000 000) × 20% = 7 200 000 元：

借：股本　　　　　　　　　　　　20 000 000
　　资本公积　　　　　　　　　　16 000 000
　　商誉　　　　　　　　　　　　 1 200 000
　　贷：长期股权投资　　　　　　　　　　30 000 000
　　　　少数股东权益　　　　　　　　　　 7 200 000

3. 内部债权与债务项目的抵销

在编制合并资产负债表时，需要进行抵销处理的内部债权债务项目主要包括：应收账款与应付账款项目；应收票据与应付票据项目；预付账款与合同负债项目；债权投资与应付债券项目；其他应收款与其他应付款项目。

1) 应收账款与应付账款项目的抵销

(1) 初次编制合并会计报表时的抵销处理。期末内部应收账款抵销时，借记"应付账款"项目，贷记"应收账款"项目。随着内部应收账款的抵销，相应地也需要内部应收账款计提坏账准备予以抵销。内部应收账款计提的坏账准备抵销时，借记"应收账款——坏账准备"项目，贷记"信用减值损失"项目。若出现转回坏账准备的情况，做相反账务处理。

(2) 连续编制合并会计报表时的抵销处理。在连续编制合并会计报表进行抵销处理时，首先，将内部应收账款与应付账款予以抵销，借记"应付账款"项目，贷记"应收账款"项目。其次，需要将上期抵销的坏账准备进行抵销，即按上期抵销的坏账准备的期初数，借记"应收账款——坏账准备"项目，贷记"未分配利润——年初"项目。最后，对于本期个别财务报表中计提(或冲回)的坏账准备数额抵销，即按照本期个别资产负债表中期末内部应收账款相对应的坏账准备的增加额，借记"应收账款——坏账准备"项目，贷记"信用减值损失"项目，或按照本期个别资产负债表中期末内部应收账款相对应的坏账准备的减少额，借记"信用减值损失"项目；贷记"应收账款——坏账准备"项目。

【例 7-4】A 公司 2019 年 12 月 31 日个别资产负债表中的内部应收账款项目为 5 750 000 元，该应收账款账面余额为 6 000 000 元，坏账准备账户期末余额为 250 000 元，假定 A 公司 2019 年首次编制合并财务报表，不考虑所得税等其他影响因素。2019 年 12 月 31 日，编制合并财务报表抵销分录。

借：应付账款	6 000 000	
贷：应收账款		6 000 000
借：应收账款——坏账准备	250 000	
贷：信用减值损失		250 000

2) 内部商品购销业务的抵销

(1) 当期内部购进商品并形成存货情况下的抵销处理。企业内部购进商品当期全部实现对外销售时，对于同一购销业务，销售方和购买方企业的个别会计报表都作了反映。但从企业集团整体来看，这一购销业务只是实现了一次对外销售，其销售收入只是销售企业向企业集团外部企业销售该产品的销售收入，其销售成本只是销售企业向购买企业销售该商品的成本。在编制合并财务报表时，必须将重复反映的内部营业收入与内部营业成本予以抵销。进行抵销处理时，按照内部销售收入的金额，借记"营业收入"项目，贷记"营业成本"项目；若企业内部购进商品当期未全部实现对外销售时，在抵销营业收入同时，还需要将存货价值中包含的未实现内部销售利润予以抵销，在合并工作底稿中按照期末内部购进形成的存货价值中包含的未实现内部销售损益的金额，借记"营业成本"项目，贷记"存货"项目。

【例7-5】A公司是B公司的母公司，持有B公司80%的股份。2021年5月18日，B公司向A公司销售一批存货，售价为1 000万元，商品成本为700万元，未计提存货跌价准备，A公司以银行存款支付该交易款项，并将购进的存货为存货核算。至2021年12月31日，该存货仍有20%未实现对外销售。2021年12月31日，对剩余存货进行检查，未发生存货跌价损失。除此之外，A公司与B公司2021年年末发生其他交易，假定不考虑相关税费等因素的影响，编制2021年合并会计报表内部交易的抵销分录。

2021年存货中包含的未实现内部销售损益为(10 000 000 - 7 000 000) × 20% = 600 000元。在2021年合并工作底稿中的抵销分录：

借：营业收入	10 000 000	
贷：营业成本		10 000 000
借：营业成本	600 000	
贷：存货		600 000

(2) 连续编制合并会计报表时内部购进商品的抵销处理。在连续编制合并会计报表的情况下，首先必须将上期抵销的存货价值中包含的未实现内部销售损益对本期期初未分配利润的影响予以抵销，调整本期期初未分配利润的金额；其次对本期内部购进存货进行抵销处理，其具体抵销处理程序和方法如下。

将上期抵销的存货价值中包含的未实现内部销售损益对本期期初未分配利润的影响进行抵销。即按照上期内部购进存货价值中包含的未实现内部销售损益的金额，借记"未分配利润——年初"项目，贷记"营业成本"项目。

对于本期发生内部购销活动的，将内部销售收入、内部销售成本及内部购进存货中未实现内部销售损益予以抵销。即按照销售企业内部销售收入的金额，借记"营业收入"项目，贷记"营业成本"项目。

将期末内部购进存货价值中包含的未实现内部销售损益予以抵销。对于期末内部购买形成的存货(包括上期结转形成的本期存货)，应按照购买企业期末内部购入存货价值中包含的未实现内部销售损益的金额，借记"营业成本"项目，贷记"存货"项目。

3) 内部固定资产交易的合并抵销处理

(1) 购入当期内部交易的固定资产的抵销处理。在合并会计报表中，将本期由于该内部交易购入固定资产原价中包含的未实现内部销售利润抵销，具体分为两种情况。第一种情况，集团内部一方销售的商品，在另一方购入后作为固定资产使用。在抵销内部销售利润时，借记"营业收入"项目，贷记"营业成本"项目，本期购入的固定资产原价中包含的未实现内部销售利润金额计入"固定资产——原价"项目。第二种情况，集团内部一方销售的固定资产，在另一方购入后作为固定资产使用。按照本期购入的固定资产原价中包含的未实现内部销售利润金额，借记"资产处置收益"项目，贷记"固定资产——原价"项目。

本期内部交易购入固定资产的使用而多计提的折旧费需要予以抵销，并调整本期计提的累计折旧额。即按照本期内部交易的固定资产多计提的折旧额，借记"固定资产——累计折旧"项目，贷记"管理费用"等项目。

(2) 连续编制合并会计报表时内部交易的固定资产的抵销处理。以后会计期间，该内部交易固定资产仍然以其原价在购买企业的个别资产负债表中列示，编制合并会计报表时，将内部交易固定资产原价中包含的未实现内部销售损益抵销，并调整期初未分配利润。即按照固定资产原价中包含的未实现内部销售损益的金额，借记"未分配利润——年初"项目，贷记"固定资产——原价"项目。

将以前会计期间内部交易固定资产多计提的累计折旧抵销，并调整期初未分配利润。即按照以前会计期间抵销该内部交易固定资产多计提的累计折旧额，借记"固定资产——累计折旧"项目，贷记"未分配利润——年初"项目。

(3) 发生变卖或报废清理的内部固定资产交易的抵销处理。若发生变卖，将上述抵销分录中的"固定资产——原价"项目和"固定资产——累计折旧"项目用"资产处置收益"项目代替。将期初固定资产原价中包含的未实现内部销售利润抵销，借记"未分配利润——年初"项目，贷记"资产处置收益"项目；将期初累计多计提摊销，借记"资产处置收益"项目，贷记"未分配利润——年初"项目；将本期多提折旧抵销，借记"资产处置收益"项目，贷记"管理费用"等项目。若因已丧失使用功能或因自然灾害发生毁损等原因而报废清理的内部固定资产交易的抵销，则将前述抵销分录中的"固定资产——原价"项目和"固定资产——累计折旧"项目用"营业外收入"或"营业外支出"项目代替。

4) 内部无形资产交易的合并抵销处理

从集团内部购入的无形资产，其抵销处理方法与固定资产原价中包含的未实现内部销售利润的抵销基本相似，可比照进行抵销处理。

四、合并资产负债表的比较分析

合并资产负债表与母公司个别资产负债表进行比较分析，主要采用报表项目增减分析方法。在报表项目增减分析时，分析的项目主要包括总资产项目的增减；应收账款、应收票据、应付票据和应付账款项目的增减；存货项目的增减；固定资产项目的增减。

(一)总资产项目的增减

合并资产负债表的总资产项目金额与母公司个别资产负债表的总资产项目金额比较，如果金额增加的幅度较小，可能存在以下情况：集团内部存在大量累计损失的企业；集团内部存在较大金额的未实现内部交易的损益；子公司存在大量的债务。

(二)应收账款、应收票据、应付票据和应付账款项目的增减

在母、子公司之间内部交易不多时，企业集团合并报表中母、子公司之间的债权债务抵销的金额不会太大，合并资产负债表中应收票据、应收账款、应付票据和应付账款项目的金额应该比母公司个别资产负债表中项目反映金额大。反之，在母、子公司之间内部交易较多时，企业集团合并报表中母、子公司之间的债权债务抵销的金额较多，合并资产负债表中应收账款、应付账款项目的金额应该比母公司个别资产负债表中项目反映金额小。

(三)存货项目的增减

合并资产负债表中存货项目的金额与母公司个别资产负债表中存货项目的金额相比，如果增加金额较多，可能存在如下情况：子公司的销售出现困难；母公司将存货转移给了子公司；存货内部销售尚未抵销处理。

(四)固定资产项目的增减

合并资产负债表中固定资产项目的金额应该比母公司个别资产负债表中固定资产项目的金额多。同时，也要考虑固定资产增加的幅度和子公司的企业形态。一般制造业企业的子公司较多，固定资产项目增加的金额较大。

第三节 合并利润表分析

一、合并利润表的概念

合并利润表应当以母公司和子公司的利润表为基础，在抵销母公司与子公司，子公司相互之间发生的内部交易对合并利润表的影响后，由母公司合并编制。

在市场经济条件下，企业集团追求的根本目标是企业价值最大化或是股东权益最大化，无论哪一目标的实现都需要利润。合并利润表的分析可正确评价企业集团各方面的经营业绩，及时、准确地发现企业经营管理中存在的问题，为投资者、债权人的投资与信贷决策提供信息。

二、合并利润表的格式

针对2018年1月1日起分阶段实施的新金融工具准则、新收入准则和2019年1月1日起分阶段实施的新租赁准则，结合企业会计准则实施中的有关情况，我国财政部对合并会计报表格式进行了修订，合并利润表的一般格式如表7-3所示。已执行新金融准则、新收入准则和新租赁准则的企业，应当按照《企业会计准则》如表7-3格式内容编制合并财务报表；已执行新金融准则但未执行新收入准则和新租赁准则的企业，或已执行新金融准则和新收入准则但未执行新租赁准则的企业，应当结合准则具体的要求对合并财务报表项目进行相应调整。

合并利润表与个别利润表的格式内容基本相同。只是合并利润表增加了五个项目，即在"净利润"项目下增加"归属于母公司股东的净利润""少数股东权益"两个项目；在属于同一控制下企业合并增加的子公司当期的合并利润表中还应在"净利润"项目之下增加"其中：被合并方在合并前实现的净利润"项目；在"综合收益总额"项目下增加了"归属于母公司所有者权益的综合收益总额"和"归属于少数股东的综合收益总额"两个项目。

表 7-3　合并利润表　　　　　　　　　　　　　　　　　　　企合 02 表

编制单位：　　　　　　　　年度　　　　　　　　　　　　单位：元

项　目	本期金额	上期金额
一、营业总收入		
其中：营业收入		
利息收入		
已赚保费		
手续费及佣金收入		
二、营业总成本		
其中：营业成本		
利息支出		
手续费及佣金支出		
退保金		
赔付支出净额		
提取保险责任准备金净额		
保单红利支出		
分保费用		
销售费用		
管理费用		
研发费用		
财务费用		
其中：利息费用		
利息收入		
加：其他收益		
投资收益(损失以"-"号填列)		
其中：对联营企业和合营企业的投资收益		
以摊余成本计量的金融资产终止确认收益		
汇兑收益(损失以"-"号填列)		
净敞口套现收益(损失以"-"号填列)		
公允价值变动收益(损失以"-"号填列)		
信用减值损失(损失以"-"号填列)		
资产减值损失(损失以"-"号填列)		
资产处置收益(损失以"-"号填列)		

续表

项　目	本期金额	上期金额
三、营业利润		
加：营业外收入		
减：营业外支出		
四、利润总额(亏损总额以"-"号填列)		
减：所得税费用		
五、净利润(净亏损以"-"号填列)		
(一)按经营持续性分类		
1. 持续经营净利润(净亏损以"-"号填列)		
2. 终止经营净利润(净亏损以"-"号填列)		
(二)按所有权归属分类		
1. 归属于母公司股东的净利润(净亏损以"-"号填列)		
2. 少数股东权益(净亏损以"-"号填列)		
六、其他综合收益的税后净额		
(一)归属于母公司所有者的其他综合收益的税后净额		
1. 不能重分类进损益的其他综合收益		
(1)重新计算设定受益计划变动额		
(2)权益法下不能转损益的其他综合收益		
(3)其他权益工具投资公允价值变动		
(4)企业自身信用风险公允价值变动		
……		
2. 将重分类进损益的其他综合收益		
(1)权益法下可转损益的其他综合收益		
(2)其他债权投资公允价值变动		
(3)金融资产重分类计入其他综合收益的金额		
(4)其他债权投资信用减值准备		
(5)现金流量套期准备		
(6)外币财务报表折算差额		
……		
(二)归属于少数股东的综合收益总额		
七、综合收益总额		
(一)归属于母公司所有者的综合收益总额		
(二)归属于少数股东的综合收益总额		
八、每股收益		
(一)基本每股收益		
(二)稀释每股收益		

三、合并利润表项目的分析

根据合并会计报表的编制程序，母公司编制合并利润表时，首先需要将母、子公司个别利润表各项目金额和抵销分录金额过渡合并工作底稿中，其次将合并工作底稿中的金额合计数登记到合并利润表中。

个别利润表以母公司和子公司单独个体为会计主体进行列报，反映其一定会计期间的经营成果。在以个别会计报表为基础计算的收入和费用等项目金额中，会存在重复计算的因素，因此，编制合并利润表时，也需要将这些重复因素予以抵销。

(一)内部商品购销的抵销

对内部商品购销进行抵销时，具体包括不同的情况进行处理：企业内部购进的商品当期全部实现对外销售时的抵销处理；企业内部购进的商品未全部实现对外销售时的抵销处理；企业内部购进的商品部分实现对外销售的抵销处理。结合合并资产负债表中内部商品购销的抵销处理。

(二)内部购进固定资产或无形资产的合并抵销

在对企业内部固定资产或无形资产交易的合并抵销处理时，需要将固定资产或无形资产原价中包含的未实现内部销售利润抵销的同时，也应当对固定资产多计提的折旧或无形资产多计提的摊销金额进行摊销。相关的会计处理与合并资产负债表中抵销处理无差异，只是编制合并利润表时关注的项目不同。

(三)内部应收票据及应收账款计提坏账准备的抵销

企业内部应收票据及应收账款计提的坏账准备的抵销处理，编制合并资产负债表时，在对企业内部应收票据及应收账款与应付票据及应付账款相互抵销时，也需要将计提的坏账准备予以抵销。在编制合并利润表时，借记"应收账款——坏账准备"项目，贷记"信用减值损失"项目。连续编制合并利润表的抵销可参照合并资产负债的具体会计处理。

(四)内部股权投资收益的抵销

编制合并利润表时，需将母公司对子公司长期股权投资的投资收益予以抵销。母公司在编制合并利润表时，是将子公司的营业收入、营业成本和期间费用等项目与母公司相应的项目进行合并，将其视为母公司的一部分，因此，合并项目时需要剔除母公司对子公司长期股权投资产生的投资收益影响。

(五)内部发生的费用支出项目的抵销

企业集团内部经济业务往来时，往往伴随一些费用产生。如子公司在母公司处购买商品时支付的运杂费，在子公司的角度发生了费用支出，在母公司的角度产生了收入，但是从整个集团的角度，既没有增加费用支出，也没有增加收入，不会影响整个集团的总体利润。因此，在编制合并利润表时，内部发生的费用支出项目应相互抵销。

四、合并利润表的比较分析

合并利润表与母公司个别利润表进行比较分析,判断企业集团内部之间形成的损益是否完全抵销,以防止企业集团通过内部往来转移资产或负债等达到改变当期损益的目的,分析时主要采用报表项目增减分析。在报表项目增减分析时,分析的项目主要包括营业收入项目的增减;期间费用项目的增减。

(一)营业收入项目的增减

合并利润表中营业收入项目与母公司个别利润表中营业收入项目比较,如果营业收入项目的增加金额较少,则需要考虑企业集团内部是否存在母、子公司之间较大金额的内部交易。

(二)期间费用项目的增减

合并利润表中与母公司个别利润表中期间费用项目比较,如果期间费用项目的增加金额较小,则需要考虑企业集团内部母子公司之间是否存在内部固定资产的租赁交易或是存在母、子公司之间广告代理业务委托交易等事项。

第四节 合并现金流量表分析

一、合并现金流量表的概念

合并现金流量表是综合反映母公司及其所有子公司组成的企业集团在一定会计期间现金和现金等价物流入和流出的报表。与个别现金流量表一样,合并现金流量表中的现金流量也分为经营活动产生的现金流量、投资活动产生的现金流量和筹资活动产生的现金流量三类。

合并现金流量表是按照收付实现制来估计企业的收入和支出,它反映的经济活动与合并利润表是相同的,只是反映的角度不同。企业集团的净利润和经营活动产生的现金净流量在一段时间内的累计结果应该趋于一致。其经营活动产生的现金流量的编制方法有直接法和间接法两种。我国《企业会计准则》规定,企业应当采用直接法列示经营活动产生的现金流量。在采用直接法的情况下,以合并利润表有关项目的数据为基础,调整得出本期的现金流入和现金流出。

二、合并现金流量表的格式

合并现金流量表的格式综合考虑了企业集团中一般工商企业和金融企业的现金流入和流出列报的要求,与个别现金流量表的格式基本相同,主要增加了反映金融企业行业特点和经营活动现金流量的项目,如表7-4所示。

表 7-4　合并现金流量表　　　　　　　　　　　　　　　　　　　　　　　企合 03 表

编制单位：　　　　　　　　　　　　年度　　　　　　　　　　　　　　　　　　单位：元

项　目	本期金额	上期金额
一、经营活动产生的现金流量		
销售商品、提供劳务收到的现金		
客户存款和同业存放款项净增加额		
向中央银行借款净增加额		
向其他金融机构拆入资金净增加额		
收到原保险合同保费取得的现金		
收到再保业务现金净额		
保户储金及投资款净增加额		
收取利息、手续费及佣金的现金		
回购业务资金净增加额		
代理买卖证券收到的现金净额		
收到的税费返还		
收到其他与经营活动有关的现金		
经营活动现金流入小计		
购买商品、接受劳务支付的现金		
客户贷款及垫款净增加额		
存放中央银行和同业款项净增加额		
向其他金融机构拆入资金净增加额		
支付原保险合同赔付款项的现金		
拆出资金净增加额		
支付利息、手续费及佣金的现金		
支付保单红利的现金		
支付给职工以及为职工支付的现金		
支付的各项税费		
支付其他与经营活动有关的现金		
经营活动现金流出小计		
经营活动产生的现金流量净额		
二、投资活动产生的现金流量		
收回投资收到的现金		
取得投资收益收到的现金		
处置固定资产、无形资产和其他长期资产收回的现金净额		
处置子公司及其他营业单位收到的现金净额		
收到其他与投资活动有关的现金		
投资活动现金流入小计		
购建固定资产、无形资产和其他长期资产支付的现金		
投资支付的现金		
质押贷款净增加额		
取得子公司及其他营业单位支付的现金净额		
支付其他与投资活动有关的现金		

续表

项　目	本期金额	上期金额
投资活动现金流出小计		
投资活动产生的现金流量净额		
三、筹资活动产生的现金流量		
吸收投资收到的现金		
其中：子公司吸收少数股东投资收到的现金		
取得借款收到的现金		
收到其他与筹资活动有关的现金		
筹资活动现金流入小计		
偿还债务支付的现金		
分配股利、利润或偿付利息支付的现金		
其中：子公司支付给少数股东的股利、利润		
支付其他与筹资活动有关的现金		
筹资活动现金流出小计		
筹资活动产生的现金流量净额		
四、汇率变动对现金及现金等价物的影响		
五、现金及现金等价物净增加额		
六、期初现金及现金等价物余额		
七、期末现金及现金等价物余额		

合并现金流量表与个别现金流量表相比，一个特殊的问题是在子公司为非全资子公司的情况下，涉及子公司与其少数股东之间的现金流入与流出的处理。对于子公司的少数股东增加在子公司中的权益性投资，在合并现金流量表中应当在"筹资活动产生的现金流量"项目中的"吸收投资收到的现金"项目下"其中：子公司吸收少数股东投资收到的现金"项目反映。对于子公司向少数股东支付现金股利或利润，在合并现金流量表中应当在"筹资活动产生的现金流量"项目中的"分配股利、利润或偿付利息支付的现金"项目下"其中：子公司支付给少数股东的股利、利润"项目反映。

三、合并现金流量表项目的分析

在分析合并现金流量表时应对其抵销项目进行重点分析主要包括以下几项。

(1) 母、子公司之间的投资活动的抵销。

母、子公司之间的投资活动的抵销主要包括：母公司从子公司中购买其持有的其他企业的股票和母公司对子公司投资。

① 当母公司从子公司中购买其持有的其他企业的股票时
借：投资活动现金流量——投资支付的现金
　　贷：投资活动现金流量——收回投资收到的现金

② 当母公司对子公司投资时
借：投资活动现金流量——投资支付的现金
　　贷：筹资活动现金流量——吸收投资收到的现金

【例 7-6】母公司经董事会决议通过向其子公司以银行转账方式追加投资，投入资金

10 000 万元。在编制合并现金流量表时，需将母公司对子公司的现金投入予以抵销，为此，进行抵销处理应编制的分录如下：

借：投资活动现金流量——投资支付的现金　　　　　　　　　10 000
　　贷：筹资活动现金流量——吸收投资收到的现金　　　　　　　　　10 000

(2) 母公司与子公司、子公司相互之间当期取得投资收益收到的现金与分配股利、利润或偿付利息支付的现金的处理。

借：筹资活动现金流量——分配股利、利润或偿付利息支付的现金
　　贷：投资活动现金流量——取得投资收益收到的现金

【例 7-7】母公司持有其子公司 80%的股权，子公司在 2021 年实现净利润 20 000 万元，经股东大会决议于按本年度实现净利润的 10%向股东分派现金股利。母公司收到现金股利 1 600 万元。在编制合并现金流量表时，需将现金股利予以抵销，为此，进行抵销处理应编制的分录如下。

借：筹资活动现金流量——分配股利、利润或偿付利息支付的现金　　　1 600
　　贷：投资活动现金流量——取得投资收益收到的现金　　　　　　　　　1 600

(3) 母公司与子公司、子公司相互之间当期销售商品没有形成固定资产、工程物资、在建工程、无形资产等资产的情况所产生的现金流量。

借：经营活动现金流量——购买商品、接受劳务支付的现金
　　贷：经营活动现金流量——销售商品、提供劳务收到的现金

【例 7-8】在子公司个别资产负债表存货项目中，有 10 000 万元为本期从母公司购进的存货。母公司本期销售该商品的销售收入为 10 000 万元(不考虑增值税)，销售成本为 8 000 万元，销售毛利率为 20%，母公司在本期收到子公司以银行转账方式支付的货款，在编制合并现金流量表时，需将现金销售收入予以抵销，为此，进行抵销处理应编制的分录如下。

借：经营活动现金流量——购买商品、接受劳务支付的现金　　　　　10 000
　　贷：经营活动现金流量——销售商品、提供劳务收到的现金　　　　　10 000

(4) 母公司与子公司、子公司相互之间当期销售商品形成固定资产、工程物资、在建工程、无形资产等资产的情况所产生的现金流量。

借：投资活动现金流量——购建固定资产、无形资产和其他长期资产支付的现金
　　贷：经营活动现金流量——销售商品、提供劳务收到的现金

【例 7-9】母公司向其子公司销售一条生产线，取得收入 80 000 万元，该生产线的成本为 60 000 万元。母公司在当期收到子公司以银行转账方式支付的款项。在编制合并现金流量表时，需将母公司处置生产线的现金流入和子公司购入生产线的现金流出予以抵销，为此，进行抵销处理应编制的分录如下。

借：投资活动现金流量——购建固定资产支付的现金　　　　　　　80 000
　　贷：经营活动现金流量——销售商品、提供劳务收到的现金　　　　80 000

(5) 母公司与子公司、子公司相互之间处置固定资产、无形资产和其他长期资产情况所产生的现金流量。

母公司与子公司、子公司相互之间处置固定资产、无形资产和其他长期资产收回的现金净额，应当与购建固定资产、无形资产和其他长期资产支付的现金净额相互抵销。

借：投资活动现金流量——购建固定资产、无形资产和其他长期资产支付的现金净额
　　贷：投资活动现金流量——处置固定资产、无形资产和其他长期资产收回的现金净额

(6) 母公司与子公司、子公司相互之间当期发生的其他内部交易所产生的现金流量应当抵销。

母公司与子公司、子公司相互之间当期销售商品所产生的现金流量应当抵销。母公司与子公司、子公司相互之间当期销售商品没有形成固定资产、在建工程、无形资产等资产的情况下，该内部销售商品所产生的现金流量，在销售方的个别现金流量表中表现为"销售商品、提供劳务收到的现金"的增加，而在购买方个别现金流量表中表现为"购买商品、接受劳务支付的现金"的增加。为此，在编制合并现金流量表时必须将由此所产生的现金流量予以抵销。

借：经营活动现金流量——购买商品、接受劳务支付的现金
　　贷：经营活动现金流量——销售商品、提供劳务收到的现金

母公司与子公司、子公司相互之间以现金流量结算债权与债务所产生的现金流量应当抵销。这种业务对债权方来说是现金流入，对于债务方确是现金流出。在现金结算的债权与债务是由于相互之间内部销售商品和提供劳务而产生的情况下，就双方个别现金流量表来说，在债权方的个别现金流量表中表现为"销售商品、提供劳务收到的现金"的增加，而在债务方的个别现金流量表中表现为"购买商品、接受劳务支付的现金"的增加。

在现金结算的债权与债务是由于相互之间内部往来而产生的情况下，就双方个别现金流量来说，在债权方的个别现金流量中表现为"收到的其他与经营活动有关的现金"的增加，在债务方的个别现金流量表中表现为"支付的其他与经营活动有关的现金"的增加，在编制合并现金流量表时都应当予以抵销。

第五节　合并所有者权益变动表分析

一、合并所有者权益变动表的概念

合并所有者权益变动表是以母、子公司个别所有者权益变动表为基础，在抵销母、子公司以及子公司之间发生的内部交易对合并所有者权益变动表的影响后，由母公司编制。合并所有者权益变动表时也可以根据合并资产负债表和合并利润表进行编制。

合并所有者权益变动表中提供了企业集团的所有者结构变化信息与合并资产负债表中所有者权益部分相辅相成，提供了所有者权益具体项目变动的过程，弥补了合并资产负债表只能提供某一时点财务状况的不足，让会计报表的使用者了解引起所有者权益变动的原因。

二、合并所有者权益变动表的格式

合并所有者权益变动表的格式与个别所有者权益变动表的格式基本相同。在合并所有者权益变动表中应单独列示归属于母公司所有者的综合收益总额和归属于少数股东的综合收益总额。如表 7-5 所示。

表 7-5 合并所有者权益变动表

编制单位：　　　　　　　　　　　　　　　年度　　　　　　　　　　　　　　　企业 04 表
　　　　　　　　　　　　　　　　　　　　　　　　　　　　　　　　　　　　　　单位：元

项目	本年金额											
	归属于母公司所有者权益											少数股东权益	所有者权益合计
	实收资本(或股本)	其他权益工具 ||| 资本公积	减：库存股	其他综合收益	专项储备	盈余公积	一般风险准备	未分配利润	其他	小计		
		优先股	永续债	其他											
一、上年年末余额															
加：会计政策变更															
前期差错更正															
其他															
二、本年年初余额															
三、本年增减变化金额（减少"-"填列）															
(一)综合收益总额															
(二)所有者投入和减少资本															
(1)所有者投入的普通股															
(2)其他权益工具持有者投入资本															
(3)股份支付计入所有者权益的金额															
(4)其他															

续表

项目	本年金额													少数股东权益	所有者权益合计
	归属于母公司所有者权益														
	实收资本(或股本)	其他权益工具			资本公积	减:库存股	其他综合收益	专项储备	盈余公积	一般风险准备	未分配利润	其他	小计		
		优先股	永续债	其他											
(三)利润分配															
(1)提取盈余公积															
(2)提取一般风险准备															
(3)股份支付计入所有者权益的金额															
(4)其他															
(四)所有者权益内部结转															
(1)资本公积转增资本															
(2)盈余公积转增资本															
(3)盈余公积弥补亏损															
(4)设定受益计划变动额结转留存收益															
(5)其他综合收益结转留存收益															
(6)其他															
四、本年年末余额															

注：上年金额项目与本年金额项目相同。

三、合并所有者权益变动表项目的分析

企业编制合并所有者权益变动表时,母公司需要进行抵销处理的项目主要包括:母公司对子公司的长期股权投资应当与母公司在子公司所有者权益中所享有的份额相互抵销;母公司对子公司持有的长期股权投资的投资收益应当抵销;母公司与子公司发生的内部交易对所有者权益变动的影响应当抵销。

合并所有者权益变动表中的本年利润分配项目需要站在整个企业集团的角度,反映对母公司股东和子公司的少数股东的利润分配情况。因此,子公司的个别所有者权益变动表中本年利润分配各项目的金额,包括提取盈余公积、向股东分派的利润和期末未分配利润的金额都必须予以抵销。通过利润分配分析可以了解企业利润分配活动对所有者权益的影响、企业利润分配政策及其趋势,从一定侧面了解企业的发展战略;少数股东权益和少数股东损益分析包括子公司超额亏损分析、少数股东权益和少数股东损益动态变化分析。因此,在分析合并所有者权益变动项目时,应对需抵销处理的项目重点分析。

还需要说明的是,子公司在"专项储备"项目中反映的按照国家相关规定提取的安全生产费等,与留存收益不同,在长期股权投资与子公司所有者权益相互抵销后,应当按归属于母公司所有者的份额予以回复,借记"未分配利润"项目,贷记"专项储备"项目。

随着市场经济竞争愈发激烈,企业的合并所有者权益变动表也将越来越受到关注。与个别所有者权益变动表相比,合并所有者权益变动表的信息综合度更高,报表使用者结合所有者权益变动表的资料和其他报表资料,分析企业所有者权益总额和各具体项目增减变动情况和变动趋势,可以揭示所有者权益增减变动的原因、存在的问题和差距。

第六节 合并会计报表附注分析

一、合并会计报表附注的概述

附注是合并会计报表的必要组成部分,是对在合并资产负债表、合并利润表、合并现金流量表和合并所有者权益变动表等报表中列示项目的文字描述或明细资料,以及对未能在这些报表中列示项目的说明等。

附注与合并资产负债表、合并利润表、合并现金流量表和合并所有者权益变动表等报表具有同等的重要性,是会计报表的重要组成部分。

二、合并会计报表附注的披露要求

(1) 附注披露的信息应是定量、定性信息的结合,从而能从量和质两个角度对企业经济事项完整地进行反映,满足信息使用者的决策需求。

(2) 附注应当按照一定的结构进行系统合理的排列和分类,有顺序地披露信息。

(3) 附注相关信息应当与合并资产负债表、合并利润表、合并现金流量表和合并所有

者权益变动表等报表中列示的项目相互参照,从而从整体上更好地理解会计报表。

三、合并会计报表附注披露的内容

企业母公司应当按照规定披露合并会计报表附注信息,主要包括下列内容。

(1) 企业基本情况,如企业概况、合并会计报表范围等。

(2) 会计报表的编制基础,如持续经营等。

(3) 重要会计政策及会计估计,如遵循《企业会计准则》的声明等。

(4) 合并会计报表项目注释。

(5) 合并范围变更,如非同一控制下企业合并增减子公司情况等。

(6) 在其他主体中的权益。

(7) 与金融工具相关的风险。

(8) 公允价值的披露。

(9) 关联方及关联交易,如本企业的母公司情况、子公司情况等。

(10) 股份支付情况。

(11) 承诺及或有事项。

(12) 资产负债表日后事项,如销售退回、利润分配情况等。

(13) 其他重要事项,如前期会计差错更正、资产置换、年金计划、终止经营、分部信息、其他对投资者决策有影响的重要交易和事项等。

(14) 母公司会计报表主要项目注释。

(15) 补充资料,如当期非经常性损益明细表、净资产收益率及每股收益、境内外会计准则下会计数据差异等。

本 章 小 结

本章重点介绍了合并会计报表的分析。合并会计报表又称为合并财务报表,是指反映母公司和其全部子公司形成的企业集团整体的财务状况、经营成果和现金流量的财务报表。主要包括合并资产负债表、合并利润表、合并现金流量表、合并所有者权益(或股东权益)变动表及合并会计报表附注。在分析合并会计报表时,既要关注合并会计报表项目分析,特别是合并时调整和抵销的项目分析,又要注意与个别会计报表项目的比较分析。

思 考 题

1. 企业合并会计报表的合并范围?
2. 分析合并资产负债表时,如何对各个项目进行分析?
3. 分析合并利润表时,如何对各个项目进行分析?

第八章

财务能力分析

【学习目标】

通过本章学习,使学生了解偿债能力、盈利能力、营运能力和发展能力分析的主要指标,重点掌握如何通过资产负债表和利润表进行偿债能力分析、盈利能力分析、营运能力分析和发展能力分析。

【知识结构图】

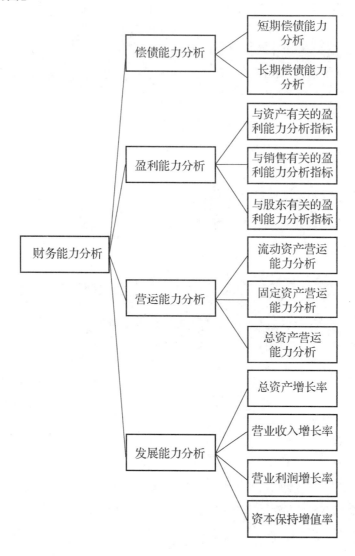

【引例】

2021年，华为在运营商业务领域实现销售收入2815亿元人民币。华为助力全球运营商部署了领先的5G网络，华为和运营商、合作伙伴一起，累计签署了3000多个5G行业应用商用合同，5G在制造、矿山、钢铁、港口、医疗等行业规模商用。

数字化转型浪潮下，华为企业业务取得快速增长，实现销售收入1024亿元人民币。面向政府、交通、金融、能源以及制造等重点行业，华为发布了11大场景化解决方案，成立了煤矿、智慧公路、海关和港口等军团，整合资源高效服务客户。全球700多个城市、267家世界500强选择华为开展数字化转型，服务与运营伙伴数量增长到6 000多家。

终端业务坚持以消费者为中心，构建万物智联、亿亿连接的全球生态，为全球消费者带来全场景智慧生活体验，实现销售收入2 434亿元人民币。智能穿戴、智慧屏、TWS耳机及消费者云服务均实现持续增长，其中可穿戴设备和智慧屏业务收入同比增长超过30%。

搭载 HarmonyOS 的华为设备超过 2.2 亿台，成为全球发展速度最快的移动终端操作系统。

(资料来源：https://baijiahao.baidu.com/s?id=1728545235172256258&wfr=spider&for=pc)

第一节　偿债能力分析

偿债能力是指企业偿还到期债务(包括本金和利息)的能力，也就是企业对偿还到期债务的承受能力或保证程度。企业偿债能力是反映企业财务状况和经营能力的重要标志。企业是否具有以现金或其他资产偿还到期债务的能力，是企业能否生存和健康发展的重要依据。通过对企业偿债能力进行分析，能很好地揭示一个企业财务风险的大小。企业偿债能力分析包括短期偿债能力分析和长期偿债能力分析两个方面。

一、短期偿债能力分析

(一)短期偿债能力分析的含义

短期偿债能力，是指一个企业流动资产与流动负债的比例关系，它是流动资产对流动负债及时足额偿还的保证程度，反映了企业对到期短期债务的支付能力。企业的流动资产与流动负债的关系以及资产的变现速度是影响短期偿债能力的主要因素。短期偿债能力是财务分析中必须十分重视的一个方面，短期偿债能力不足，企业无法满足债权人的要求，因而可能会面临破产或者造成生产经营的混乱。

(二)影响企业短期偿债能力的因素

1. 公司的融资能力

如果公司有较强的短期融资能力，能够与银行等金融机构保持良好稳定的信用关系，那么，它就能够提高公司的支付能力，具备随时能够筹集到大量的资金来按期偿付到期债务并支付利息。

2. 公司随时准备变现的长期资产

某些长期资产，拥有广阔的二级市场，具备随时可以变现的能力，那么，公司就可能将一些长期资产很快出售变成现金，以增加公司的短期偿债能力。

3. 公司的偿债信誉

如果公司的偿债能力一直很好，即公司在债权人方面信用良好，当公司短期偿债能力方面暂时遇到困难时，就可以通过发行债券和股票等方法很快地来解决短期资金短缺，提高短期偿债能力。这种提高公司偿债能力的因素，取决于公司自身的信用状况和资本市场的筹资环境。

4. 公司的或有负债

按照《企业会计准则》规定，或有负债不能作为企业负债登记入账，只需在表外作出相应的披露即可。但是，影响或有负债的因素是多变的，随着时间的推移和事态的发展，或有负债对应的潜在义务有可能转化为现时义务，并且现时义务的金额也能够可靠计量，在这种情况下，或有负债就转化为企业的预计负债，应当予以确认。而预计负债属于负债，它的确认，将会增加公司的偿债负担，影响企业偿债能力的分析。

(三)相关比率的计算及分析

反映企业短期偿债能力的指标主要有流动比率、速动比率、现金比率和现金净流量比率等。计算偿债能力比率所运用的资料主要来自资产负债表。

1. 流动比率

流动比率是指企业的流动资产与流动负债的比例关系，它是衡量一个企业以流动资产偿还短期债务的能力，即每一元流动负债有多少流动资产可以为其提供支付保障。其计算公式为

$$流动比率 = \frac{流动资产}{流动负债}$$

一般情况下，流动比率越高，反映企业短期偿债能力越强，债权人的权益越有保障，债务安全越有保障；相反，流动比率越低，债权的安全保障程度越低，表明企业的资金捉襟见肘，难以如期偿还短期债务。但是从企业管理的角度来看，企业的流动比率也不是越高越好，过高的流动比率表明企业流动资产占用的资金过多，企业资产的使用效率较低，会影响企业的筹资成本进而影响企业的获利能力。究竟应保持多高水平的流动比率，要视企业对待风险与收益的态度予以确定。

从理论上讲，流动比率维持在2∶1是比较适宜的。但是由于行业性质不同，流动比率的合理性标准的界定也不同，因此在具体分析某公司的流动比率时，应将其与同行业的平均流动比率作横向比较，或者与本公司的历史流动比率进行纵向比较，才能得出正确的结论。

随着企业管理能力的增加，越来越多的企业都试图通过延长应付账款的期限等措施，更多地利用供应商的资金满足其营运资金的需要，从而使当前企业的流动比率越来越接近于1。流动比率与营运资金分别从相对数和绝对数的角度来衡量企业的流动性和短期偿债能力，可以配合使用，这样更有利于分析企业的短期偿债能力。

流动比率在运用中应注意以下几点。

(1) 流动比率所反映的是企业某一时点上可以动用的流动资产存量与流动负债的比率关系，而这种静止状态的资产与未来的资金流量并没有必然联系。流动负债是企业今后短时期内要偿还的债务，而企业现存的流动资产能否在较短时期内变成现金却难以保证。所以，流动比率只反映了企业短期内由流动资产和流动负债产生的现金流入量与流出量的可能途径，企业的经营、销售利润的取得与分配又与现金流入和流出有直接关系，这些因素在计算流动比率时未加以考虑。

(2) 企业应收账款规模的大小，受企业销售政策和信用条件的影响，信用条件越是宽松，销量越大，应收账款规模就越大，发生坏账损失的可能性就越大。因此，不同的主观管理方法，会影响应收账款的规模和变现程度，使指标计算的客观性受到损害，容易导致计算结果的误差。

(3) 企业现金储备的目的在于防范出现现金流入量小于现金流出量的现象，而现金是不能带来收益的资产，故企业应尽可能减少现金持有量，至于其他存货也应尽可能降到保证生产正常需要的最低水平。显然，增强企业的偿债能力与节约使用资金、减少流动资产上的资金占用的要求相矛盾。

(4) 存货资产在流动资产中占较大比重，而存货的计价方法企业又可以随意选择，不同的计价方式，对存货规模的影响也不同，也会使流动比率的计算带有主观色彩。同时，如果企业存货积压或在管理方面存在问题，反而会表现出较高的流动比率。

(5) 企业的债务并不是全部反映在资产负债表上，如企业支付的职工薪酬，是经常发生的，但却没有列入资产负债表中，只以资产负债表上的流动资产与流动负债相比较，来判断企业的偿债能力是不全面的。

尽管流动比率存在一些问题，但在没有更好的指标取代它时，它仍是目前最重要的判断企业短期偿债能力的指标。

2. 速动比率

速动比率是指速动资产对流动负债的比率。它表示企业每百元的流动负债有多少的速动资产来保障，是衡量企业流动资产中可以立即变现用于偿还流动负债的能力。其计算公式为：

$$速动比率 = \frac{速动资产}{流动负债}$$

速动资产是指几乎可以立即变现用来偿付流动负债的那些资产，一般包括：货币资金、应收票据、应收账款、应收利息、应收股利、其他应收款和其他流动资产。计算速动资产之所以要排除存货和预付账款等预付费用，是因为存货是流动资产中变现速度最慢的资产，而且存货在销售时受到市场价格的影响，使其变现价值带有很大的不确定性，在市场萧条的情况下或产品不对路时，又可能成为滞销货而无法转换为现金。至于预付账款，本质上属于预付费用，只能减少企业未来时期的现金支出，其流动性实际是很低的。速动资产的另一种表达方式是流动资产减去存货。

用速动比率来评价企业的短期偿债能力，消除了存货等变现能力较差的流动资产项目的影响，可以部分地弥补流动比率指标存在的缺陷。

一般情况下，速动比率越高，说明企业偿还流动负债的能力越强；反之，则说明企业的短期偿债能力越低。但是过高的速动比率，说明企业不能把足够的流动资金投入到存货、固定资产等生产、经营领域，会错失良好的获利机会。

传统经验认为，速动比率维持在 1∶1 是比较适宜的。它表明企业的每一元流动负债就有一元易于变现的速动资产来抵偿。如果速动比率过低，必然使企业面临较大的偿债风险。企业因为速动比率小于1，必然使企业面临很大的偿债风险；如果速动率大于1；尽管债务偿还的安全性很高,但却会因企业现金及应收账款资金占用过多而大大增加企业的机会成本。当然,由于行业不同,企业的经营特点不同,速动比率会有较大差异。

速动比率在运用时应注意以下几点。

(1) 与流动比率一样,速动比率也是描述企业某一时点债权能力的静态指标,只是说明了在某一时刻用于偿还流动负债的速动资产的多少,并不能说明企业未来的现金流量情况。同时,速动资产中的应收账款同样也存在着质量问题,从而影响速动比率的可靠程度。

(2) 在考察企业速动比率的同时,还应考虑企业在所处行业中的竞争地位以及获利能力。因为有时企业的速动比率虽然较低,但是企业预计在不远的将来会有大量的现金流入,从而缓解财务危机。

3. 现金比率

现金比率是指现金类资产与流动负债的比率。现金类资产主要是库存现金和银行活期存款。如果企业的交易性金融资产变现能力极强,也可以当作是现金类资产。其计算公式为

$$现金比率 = \frac{现金及现金等价物余额}{流动负债}$$

现金比率是对短期偿债能力要求最高的指标,主要适合于那些应收账款和存货变现能力存在问题的企业。现金比率越高,说明企业的短期偿债能力越强;反之,则说明企业能够随时偿还流动负债的能力越低。但是在正常情况下,企业不可能也没有必要始终保持过多的现金类资产,否则可能会丧失某些获利机会和投资机会,所以这一比率通常不会很高。保持较高的现金比率,就会使资产过多地保留在盈利能力最低的现金上,虽然提高了企业的偿债能力,但降低了企业的获利能力。只有当有迹象表明企业资产的变现能力存在较大问题的情况下,计算现金比率反映企业的短期偿债能力才更具有现实意义。

4. 现金净流量比率

现金净流量比率是企业一定时期的经营现金净流量同流动负债的比率,它可以从现金流量角度来反映企业当期偿付短期负债的能力。其计算公式为

$$现金净流量比率 = \frac{经营现金净流量}{年末流动负债}$$

上式中:经营现金净流量指一定时期内,由企业经营活动所产生的现金及其等价物的流入量与流出量的差额。

现金净流量比率指标是从现金流入和流出的动态角度对企业实际偿债能力进行考察。由于有利润的年份不一定有足够的现金来偿还债务,所以利用以收付实现制为基础的现金净流量比率指标,能充分体现企业经营活动所产生的现金净流量可以在多大程度上保证当期流动负债的偿还,直观地反映出企业偿还流动负债的实际能力。用该指标评价企业偿债能力更为谨慎。该指标较大,表明企业经营活动产生的现金净流量较多,能够保障企业按时偿还到期债务。但也不是越大越好,太大则表示企业流动资金利用不充分,收益能力不强。

二、长期偿债能力分析

(一)长期偿债能力分析的意义

长期偿债能力是指企业对长期债务的承担能力和对偿还到期债务的保障能力。长期偿债能力的强弱很大程度反映企业财务安全和稳定程度。对企业长期偿债能力进行分析,不论是对债权人、债务人还是对企业投资者、经营者,都具有十分重要的意义。

1. 有利于了解企业结构的合理性

资本结构合理的企业,拥有较强的、稳定的经济实力,从而能够偿付各种债务,对债权人的权益形成保障。在企业获利能力较强时,保持一定的负债比,其承担的风险不会很大,但如果是规模较小、获利能力较差的企业,保持较高的负债比率,则具有较高的风险。因此,通过对长期偿债能力的分析,了解企业的资本结构的合理性,可以为决策提供重要依据。

2. 有利于债权人了解债权的安全程度

债权人比较关心企业的经营情况和偿债能力,通过长期偿债能力指标的分析可以真实掌握债务人的经营情况、获利能力以及偿债能力的强弱,以便确定债款及时收回的可能性和安全程度,同时也为债权人进一步作出决策提供依据。

3. 有利于投资者确定投资方向

对于投资者来说,投资的目的是寻求较高的投资回报,通过对被投资公司长期偿债能力的分析,可以判断其投资的安全性和盈利性。

(二)影响企业长期偿债能力的因素

长期偿债能力是指企业偿还非流动负债的能力,或者说企业偿还非流动负债的保障程度。企业的非流动负债包括长期借款、应付债券、长期应付款、专项应付款、递延所得税负债及其他非流动负债。影响企业长期偿债能力的主要因素有以下几点。

1. 企业的盈利能力

企业短期偿债能力,主要考虑流动资产结构、流动负债结构、企业变现能力以及流动资产与流动负债的对比关系,从资产变现角度来分析。长期偿债能力则不同,由于所衡量的时间较长,对未来较长时间的资金流量很难作出可靠的预测,而且所包含的因素更加复杂,所以难以通过资产变现情况作出判断。

从企业的偿债义务来看,包括按期偿付本金和按期支付利息两个方面。短期债务可以通过流动资产变现来偿付,因为流动资产的取得往往以短期负债为其资金来源。企业的非流动负债大多用于非流动资产投资,形成企业的长期资产,在正常生产经营条件下,企业不可能靠出售资产作为偿债的资金来源,而只能依靠企业生产经营所得。从举借债务的目的来看,企业使用资金成本较低的负债资金是为了获取财务杠杆利益,增加企业收益,其利息支出自然要从所融通资金创造的收益中予以偿付。所以说企业的长期偿债能力是与企业的盈利能力密切相关的。就一般情况而言，企业的盈利能力越强，长期偿债能力越强；反之，则长期偿债能力越弱。如果企业长期亏损，则必须通过变卖资产才能清偿债务，否则企业的正常生产经营活动就不能进行，最终要影响投资人和债权人的利益。因此，企业的盈利能力是影响长期偿债能力的最重要因素。

2. 投资效果

企业所举借的长期债务，主要用于固定资产等方面，进行长期投资，投资的效果就决定了企业是否有能力偿还长期债务。特别是当某项具体投资的资金全部依靠非流动负债来筹措时，情况更是如此。当然，作为对债权人的一种保障，企业必须有相当比例的权益资金，不能因为某项投资的效果不佳而损害债权人利益。但如果企业每一项投资都不能达到预期目标时，即使有相当比例的权益资金做保证，其偿债能力也会受到相当程度的影响。

3. 权益资金的增长和稳定程度

尽管企业的盈利能力是影响长期偿债能力最重要的因素，但如果企业将绝大部分利润都分配给投资者，权益资金增长很少，就会降低偿还债务的可靠性。对于债权人来说，将利润的大部分留在企业，会使权益资金增加，减少利润外流，这对投资人并没有什么实质的影响，却会增加偿还债务的可靠性，从而提高企业的长期偿债能力。

4. 权益资金的实际价值

权益资金的实际价值是影响企业最终偿债能力的最重要因素。当企业结束经营时，最终的偿债能力取决于企业权益资金的实际价值。如果资产不能按其账面价值处理，就有可能损害债权人利益，使债务不能全部清偿。

5. 企业经营现金流量

企业的债务主要还是用现金来清偿，虽然企业的盈利能力是偿还债务的根本保证，但是企业盈利毕竟不等同于企业现金流量充足。企业只有具备较强的变现能力，有充裕的现金，才能保证其具有真正的偿债能力。因此，企业的现金流量状况是决定偿债能力的关键之所在。

(三)相关比率的计算及分析

1. 资产负债率

资产负债率又称负债比率，是指负债总额与资产总额的比率，反映了企业资产总额中有多少是债权人提供的资金，以及在清算时对债权人权益的保障程度。该比率是衡量企业筹集资金的能力，以及企业利用债权人资金进行财务活动的能力，它是分析企业长期偿债能力的核心指标。其计算公式为

$$资产负债率 = \frac{负债总额}{资产总额} \times 100\%$$

资产负债率是衡量企业负债水平及风险程度的重要标志。一方面，负债增加了企业的财务风险，负债越多，财务风险越大；另一方面，债务成本低于权益成本，可以提高企业获利能力，使股票价格上涨，增加股东财富。而作为企业的管理者，其主要任务就是要在利润和风险之间找出平衡点。资产负债率越小，表明企业的长期偿债能力越强。如果此项比率较大，从企业所有者角度来说，利用较大量的借入资金投资，形成较多的生产经营用资产，一方面使企业生产经营规模得以扩大，另一方面在企业经营状况良好的情况下，还可以利用财务杠杆作用，使其得到更多的投资收益。值得注意的是，如果资产负债率过大，则说明企业的债务负担过重，资金实力不强，会影响其在债权人心中的地位，而且企业也有因不能如期偿还债务、濒临倒闭的危险。大多数财务结构合理的公司一般将资产负债率维持在 50%以下。当然，需要指出的是，在进行财务分析时，应结合行业特点进行具体分析，例如银行的资产负债率一般比较高，常常超过 90%。

另外，对于同一个企业来说，所处生产周期不同，对资产负债率的要求也不同。当企业处于成长期或成熟期时，企业的前景比较乐观，预期的现金流入也比较高，可适当增大资产负债率，以充分利用财务杠杆的作用；当企业处于衰退期时，预期的现金流入有日趋减少的势头，应采取相对保守的财务政策，降低资产负债率，以降低财务风险。

2. 产权比率

产权比率是指负债总额与所有者权益的比率，是企业财务结构稳健与否的重要标志，也称资本负债率。它反映企业所有者权益对债权人权益的保障程度，或者说企业清算时对债权人的保障程度。其计算公式为

$$产权比率 = \frac{负债总额}{所有者权益} \times 100\%$$

产权比率越高，表明企业存在的风险越大，长期偿债能力越弱；产权比率越低，表明企业的长期偿债能力越强，债权人承担的风险越小。但该指标越低时，表明企业不能充分发挥负债所带来的财务杠杆作用；相反，该指标过高时，表明企业过度运用财务杠杆，增加了企业的财务风险。所以，在评价企业的产权比率是否合理时，应从提高获利能力与增加偿债能力两个方面综合进行，即在保障债务偿还安全的前提下，应尽可能提高产权比率。

产权比率是资产负债率的补充，两者都用于衡量企业的长期偿债能力，但两个指标在反映长期偿债能力的侧重点方面是有区别的，产权比率侧重于揭示债务资本与权益资本的相互关系，说明企业资本结构的风险性以及所有者权益对偿债风险的承受能力；资产负债率侧重于揭示总资产中有多少是靠借债取得的，说明债权人权益的受保障程度。

产权比率所反映的偿债能力最终是以净资产为物质保障的，但是，净资产中某些项目，如无形资产、商誉等，价值具有极大的不确定性，且不易形成支付能力，因此，在使用产权比率进行分析时，必须结合有形净值债务率指标。

3. 有形净值债务率

有形净值债务率是指企业负债与有形净值的比率。有形净值是所有者权益减去无形资产后的净值。其计算公式为

$$有形净值债务率 = \frac{负债总额}{所有者权益总额 - 无形资产净值} \times 100\%$$

$$有形净值 = 所有者权益总额 - 无形资产净值$$

这一比率反映了债权人权益受到所有者权益的保护程度，也就是企业在清算时，有多少原始资本用于保障债权人的权益，其主要用于衡量企业对债务的偿还能力，是一个更保守、更谨慎的产权比率。这个指标越大，表明企业面临的财务风险越大；反之，则表明企业面临的风险越小，偿债能力越强，从长期偿债能力来讲，该指标越低越好。

4. 权益乘数

权益乘数是指资产总额是所有者权益总额的多少倍。它表明了企业资产总额和所有者权益总额的倍数关系，表示该企业投资需要由多大规模的所有者权益支撑，是比较常用的财务杠杆计量方法。其计算公式为

$$权益乘数 = \frac{资产总额}{所有者权益总额}$$

权益乘数越小，表明所有者投入企业的资本占全部资产的比重越大，企业的负债程度越低，债权人权益受保护的程度也越高；相反，权益乘数越大，企业的负债程度越高，财务风险也就越大。

5. 已获利息倍数

已获利息倍数又称为利息保障倍数，是指企业经营的息税前利润相对于利息费用的倍数，它是用来衡量企业偿付债务利息能力的指标。其计算公式为

$$已获利息倍数 = \frac{息税前利润}{利息费用}$$

公式中的息税前利润是指利润表中没有扣除利息费用和所得税费用之前的利润。这里的利息费用是指本期发生的全部利息，包括应当由本期负担且在本期支付的利息费用和应当由本期负担但本期尚未支付的应计利息费用；不仅包括流动负债的利息费用，而且包括长期负债费用化和已经资本化的利息费用。因为，资本化利息费用虽然不影响利润，但是仍然是需要偿还的。在实际分析时，由于企业外部的分析很难获得利息费用的准确数额，往往只能以利润表中的"财务费用"项目的数额来代替。

【例8-1】 ABC公司2021年12月31日的资产负债表如表8-1所示。

表 8-1 资产负债表

编制单位：ABC 公司　　　　　　　　　　2021 年 12 月 31 日　　　　　　　　　　单位：元

资　产	年初余额	期末余额	负债和所有者权益(或股东权益)	年初余额	期末余额
流动资产：			流动负债：		
货币资金	1 500 000	1 205 000	短期借款	500 000	60 000
交易性金融资产	210 000		交易性金融负债	0	
衍生金融资产			衍生金融负债		
应收票据	99 000	65 000	应付票据	150 000	100 000
应收账款	100 000	922 000	应付账款	600 000	780 000
预付款项	100 000	530 000	预收款项	15 000	540 000
其他应收款	5 000	275 000	应付职工薪酬	120 000	150 000
存货	1 500 000	1 328 000	应交税费	30 000	20 000
一年内到期的非流动资产			其他应付款	65 000	220 000
其他流动资产			一年内到期的非流动负债	900 000	
流动资产合计	3 514 000	4 325 000	其他流动负债		
非流动资产：			流动负债合计	2 380 000	1 870 000
债权投资			非流动负债：		
其他债权投资			长期借款	900 000	1 130 500
长期应收款	0		应付债券		
长期股权投资	0	362 000	长期应付款		
其他权益工具投资			预计负债		
投资性房地产	0		递延收益		
固定资产	2 000 000	2 050 000	递延所得税负债		
在建工程	1 000 000	528 000	其他非流动负债		
生产性生物资产	0		非流动负债合计	900 000	1 130 500
油气资产	0		负债合计	3 280 000	3 000 500
无形资产	800 000	540 000	所有者权益(或股东权益)：		
开发支出	0		实收资本(或股本)	4 000 000	4 000 000
商誉	0		其他权益工具		
长期待摊费用	0		资本公积		
递延所得税资产		7 500	减：库存股		
其他非流动资产	0		其他综合收益	5 000	12 000
非流动资产合计	3 800 000	3 487 500	盈余公积	20 000	200 000
			未分配利润	9 000	600 000
			所有者权益(股东权益)合计	4 034 000	4 812 000
资产总计	7 314 000	7 812 500	负债和所有者权益总计	7 314 000	7 812 500

要求：运用上述指标，计算并分析该企业2021年年初及年末的偿债能力。

计算过程如下：

(1) 流动比率

$$2021\text{年年初的流动比率}=\frac{3\,514\,000}{2\,380\,000}\times 100\%=148\%$$

$$2021\text{年年末的流动比率}=\frac{4\,325\,000}{1\,870\,000}\times 100\%=231\%$$

计算表明，该公司的短期偿债能力年末比年初有所提高，说明企业的短期偿债能力有所加强，另外，该指标年初年末均维持在1.5以上，相对比较合理。

(2) 速动比率

$$2021\text{年初速动比率}=\frac{3\,514\,000-1\,500\,000}{2\,380\,000}\times 100\%=85\%$$

$$2021\text{年末速动比率}=\frac{4\,325\,000-1\,328\,000}{1\,870\,000}\times 100\%=160\%$$

计算表明，该公司的年末速动比率年初有所提高，说明企业的短期偿债能力有所加强。

(3) 现金比率

$$2021\text{年初现金比率}=\frac{1\,500\,000+210\,000}{2\,380\,000}\times 100\%=72\%$$

$$2021\text{年末现金比率}=\frac{1\,205\,000}{1\,870\,000}\times 100\%=64\%$$

计算表明，现金比率年末比年初有所降低，说明了该公司的支付能力下降，且该公司的这一比率明显偏高，持有的现金及其等价物过多，可能会影响到公司的盈利能力。

(4) 资产负债率

$$2021\text{年初资产负债率}=\frac{3\,280\,000}{7\,314\,000}\times 100\%=44.85\%$$

$$2021\text{年末资产负债率}==\frac{3\,000\,500}{7\,812\,500}\times 100\%=38.41\%$$

计算表明，该公司总体负债率偏低，尽管财务风险较小，但也体现了企业未能合理利用负债为所有者创造收益。

(5) 产权比率

$$2021\text{年初产权比率}=\frac{3\,280\,000}{4\,034\,000}\times 100\%=81\%$$

$$2021\text{年末产权比率}=\frac{3\,000\,500}{4\,812\,000}\times 100\%=62\%$$

计算表明，该公司产权比率降低，说明企业的长期偿债能力增强，债权人承担的风险减小。

(6) 权益乘数

$$2021\text{年初权益乘数}=\frac{7\,314\,000}{4\,034\,000}=1.81$$

$$2021\text{年末权益乘数}=\frac{7\,812\,500}{4\,812\,000}=1.62$$

计算表明，该公司年末的权益乘数较年初有所下降，通过不同时期原数据对比，说明该公司的财务风险提高，债权人权益受保护程度减弱。

第二节　盈利能力分析

企业的盈利能力是指企业利用各种经济资源赚取利润的能力。盈利是企业的重要经营目标，是企业生存和发展的基础，它不仅关系到企业所有者的权益，也是企业偿还债务的一个重要来源。因此，企业的投资者、债权人及经营管理者都非常关心企业的盈利能力。盈利能力是投资者关注的焦点，同时也是评价企业经营管理水平的重要依据，通过对盈利能力的分析，可以发现经营管理中的重大问题，进而采取措施加以解决，以提高企业的收益水平。盈利能力分析，是通过研究利润表中有关项目之间的对比关系，以利润表中有关利润项目和资产负债表中有关项目之间的联系，来评价企业当期的经营成果和未来获利能力的发展趋势。在进行企业的盈利能力分析时，主要是从与资产有关的盈利能力分析指标、与销售有关的盈利能力分析指标和与股东有关的盈利能力分析指标这三个指标进行。

一、与资产有关的盈利能力分析指标

(一)总资产报酬率

总资产报酬率是企业在一定时期内(即息税前利润总额)与平均资产总额的比率。它是反映企业资产综合利用效果的指标，也是衡量企业利用债权人和所有者权益总额所取得盈利的重要指标。其计算公式为

$$总资产报酬率=\frac{息税前利润总额}{平均资产总额}\times 100\%$$

其中：

$$平均资产总额=\frac{期初资产总额+期末资产总额}{2}$$

$$息税前利润总额=利润总额+利息支出$$
$$=净利润+所得税费用+利息支出$$

总资产报酬率全面反映了企业全部资产的获利水平，企业所有者和债权人对该指标都非常关心。一般而言，该指标越高，表明企业的资产利用效益越好，整个企业的获利能力越强，经营管理水平越高。分析时应注意以下内容。

(1) 总资产源于股东投入和债务资本两方面，利润的多少与企业的资产结构有密切关系。因此，评价总资产报酬率时要与企业资产结构图、经济周期、企业特点、企业战略结合起来进行。

(2) 应分析连续几年的总资产报酬率，对其变动趋势进行判断，才能取得相对准确的信息，在此基础上再与同行业其他企业进行比较，有利于提高分析结论的准确性。

(二)净资产收益率

净资产收益率是企业一定时期净利润与平均净资产的比率。它是反映自有资金投资收

益水平的指标，是企业获利能力指标的核心。其计算公式为

$$净资产收益率 = \frac{净利润}{平均净资产} \times 100\%$$

其中：

$$平均净资产 = \frac{所有者权益年初数 + 所有者权益年末数}{2}$$

净资产收益率是评价企业自有资本及其积累获取报酬水平的最具综合性与代表性的指标，反映企业资本运营的综合效益。通过该指标的综合对比分析，可以看出企业获利能力在同行业中所处的地位，以及与同类企业的差异水平。一般认为，净资产收益率越高，企业自有资本获取收益的能力越强，运营效益越好，对企业投资人和债权人的保证程度越高。

二、与销售有关的盈利能力分析指标

(一)营业毛利率

营业毛利率是毛利占营业收入的百分比。其计算公式为

$$营业毛利率 = \frac{营业收入 - 营业成本}{营业收入} \times 100\%$$

毛利是指企业的营业收入净额与营业成本的差额，营业收入净额是指营业收入扣除销售退回、销售折扣与折让后的净额。营业毛利率反映着每一元收入中包含着多少毛利，用来评价企业营业收入的获利能力。营业毛利率越高，表明同样的营业收入的获利能力越强；反之，则获利能力越弱。

营业毛利率指标随行业的不同而高低各异，但同一行业的营业毛利率一般相关不大，与同企业的平均营业毛利率相比较，可以揭示企业在价格政策、生产成本控制等方面存在的问题。

(二)营业利润率

营业利润率是企业一定时期营业利润与营业收入的比率。其计算公式为

$$营业利润率 = \frac{营业利润}{营业收入} \times 100\%$$

营业利润率反映企业营业利润占营业收入净额的比重，用来评价企业每单位营业收入能带来多少营业利润，表明了企业经营业务的获利能力。如果一个企业没有足够大的营业利润率的话，很难形成企业的最终利润。该指标越高，说明企业的产品的定价科学，产品附加值高，营销策略得当，发展潜力大，盈利水平高。

(三)营业净利率

营业净利率是净利润与营业收入的百分比，其计算公式为

$$营业净利率 = \frac{净利润}{营业收入} \times 100\%$$

该指标反映每 1 元营业收入带来的净利润的多少，表示营业收入的收益水平。企业在

增加营业收入额的同时，必须相应地获得更多的净利润，才能使营业净利率保持不变或有所提高。通过分析营业净利率的升降变动，可以促使企业在扩大销售的同时，注意改进经营管理，提高盈利水平。

三、与股东有关的盈利能力分析指标

(一)每股收益

每股收益也称每股利润或每股盈余，是指普通股股东每持有一股所能享有的企业利润或需承担的企业亏损。每股收益通常被用来反映企业的经营成果，衡量普通股的获利水平及投资风险，是投资者、债权人等信息使用者据以评价企业的盈利能力、预测企业成长潜力、进而作出相关经济决策的一项重要的财务指标。

每股收益的计算包括基本每股收益和稀释每股收益。

基本每股收益只考虑当期实际发行在外的普通股股份，按照归属于普通股股东的当期净利润除以当期实际发行在外普通股的加权平均数计算确定。其计算公式为

$$基本每股收益 = \frac{归属于普通股股东的当期净利润}{当期实际发行在外普通股的加权平均数}$$

$$当期实际发行在外普通股的加权平均数$$
$$= \frac{期初发行在外普通股股数 + 当期新发行普通股股数 \times 已发行时间}{报告期时间}$$
$$- \frac{当期回购普通股股数 \times 已回购时间}{报告期时间}$$

每股收益是评价上市公司获利能力的基本和核心指标，该指标反映了企业的获利能力，决定了股东的收益质量。每股收益越高，企业的获利能力越强，股东的投资效益就越好，每一股份获得的利润也越多，反之则越差；同时，每股收益还是确定股票价格的主要参考指标，在其他因素不变的情况下，每股收益越高，该股票的市价上升空间则越大，反之，股票的市价也越低。

(二)市盈率

市盈率也称价格/收益比率，是指普通股每股市价与每股收益的比值，它反映了投资者对每 1 元收益所愿支付的价格，可以用来判断本企业股票与其他企业股票相比较的潜在价值，是上市公司市场表现中最重要的指标之一。其计算公式为

$$市盈率 = \frac{每股市价}{每股收益} \times 100\%$$

市盈率是投资者衡量股票潜力、借以投资入市的重要指标。该指标比值越大，说明市场对公司的未来越看好，表明公司具有良好的发展前景，投资者预期能获得很好的回报。但过高的市盈率蕴含着较高的风险，除非公司在未来有较高的收益，才能把股价抬高，否则市盈率越高，则风险越大。

市盈率高低的评价还必须根据当时资本市场平均市盈率进行分析，在健全、完善的资本市场上，能吸引投资者的关键不是市盈率的高或低，而是将市盈率与企业未来的获利前

景相比较，发展前景较好、充满扩张机会的新兴行业市盈率普遍较高，而发展前景不佳、成熟工业行业的市盈率普遍较低。

(三)每股股利

每股股利是指上市公司本年发放的普通股现金股利总额与年末普通股数之间的比率。其计算公式为：

$$每股股利 = \frac{普通股现金股利总额}{年末普通股股数}$$

每股股利的高低，不仅取决于公司盈利能力的强弱，还取决于公司的股利政策和现金是否充裕。倾向于分配现金股利的投资者，应当比较分析公司历年的每股股利，从而了解公司的股利政策。每股股利越大，则企业股本的盈利能力就越强，股东获取的股利也越多，能直观的说明股本盈利能力的高低。

影响每股股利的高低，不仅跟企业的盈利能力有关，企业的股利政策也影响着每股股利的发放。如果企业为了今后扩大再生产，现在多留公积金，以增强企业发展的后劲，则当前的每股股利必然会减少；反之，则每股的股利就会相对较多。这也是投资者面对企业长远发展和当前利益所存在的矛盾。

(四)股利支付率

股利支付率也称股利发放率，是普通股每股分派的股利与每股收益之间的比率。它表明股份公司的净收益中有多少用于股利的分配。其计算公式为

$$股利支付率 = \frac{普通股每股股利}{普通股每股收益} \times 100\%$$

股利支付率是反映企业一定时期内净利润中股利发放程度的一个指标。股票持有者中，有部分短期投资者是为了获取股利，他们最为关心的问题是，在企业的净收益中有多少能用于发放现金股利的部分，他们希望这一比率越高越好；而对于长期投资者来说，他们并不是希望这一指标越高越好，因为过多地发放现金股利，会影响企业的支付能力、偿债能力和运营能力，他们希望这一指标既能维持企业在资本市场的形象和信心，又不影响企业的支付能力等。股利支付率主要取决于公司的股利政策，没有一个具体的标准来进行判断。对企业来说，如果现金充裕且无重大投资项目，可以发放较高的现金股利；反之，则可能发放较低的现金股利，将现金进行项目投资。

(五)每股净资产

每股净资产是指年度末股东权益与年度末普通股股数的比值，也称每股账面价值或每股权益，是上市公司的又一个重要评价指标。其计算公式为

$$每股净资产 = \frac{年度末股东权益}{年度末普通股股数}$$

该指标说明了每股股票所代表的净资产成本即账面价值，它在理论上提供了股票的最低价值。该指标越高，表明公司普通股每股实际拥有的净资产越大，公司的未来发展潜力越强。但该指标也并非越高越好，一个公司没有负债或未有效运用财务杠杆，均表现为每

股净资产较高，但净资产的运用效率即净资产收益率并不一定最好。所以，如果公司有较高的获利水平，在此前提下每股收益指标的上升才表明企业真正具有良好的财务状况。

(六)市净率

把每股净资产和每股市价联系起来，可以说明市场对公司资产质量的评价。反映每股市价和每股净资产关系的比率，称为市净率。其计算公式为

$$市净率(倍数) = \frac{每股市价}{每股净资产}$$

市净率指标越大，说明企业的资产质量越好，越有发展潜力，市场对其有良好评价，投资者对公司的未来发展有信心，但同时也蕴含了较大的投资风险；反之，则说明企业资产质量差，企业没有发展前途。

【例8-2】ABC公司2021年度利润表相关资料如表8-2所示。

表8-2 利润表

编制单位：ABC公司　　　　　　　　2021年度　　　　　　　　　　　单位：元

项　目	本期金额	上期金额(略)
一、营业收入	1 320 000	
减：营业成本	825 000	
税金及附加	15 000	
销售费用	30 000	
管理费用	150 000	
财务费用	21 500	
加：公允价值变动收益(损失以"-"号填列)	0	
资产减值损失(损失以"-"号填列)	-10 500	
投资收益(损失以"-"号填列)	21 500	
其中：对联营企业和合营企业的投资收益	0	
二、营业利润(亏损以"-"号填列)	289 500	
加：营业外收入	30 000	
其中：非流动资产处置利得		
减：营业外支出(亏损以"-"号填列)	15 000	
其中：非流动资产处置损失		
三、利润总额(亏损以"-"号填列)	304 500	
减：所得税费用	76 125	
四、净利润(亏损以"-"号填列)	228 375	
五、其他综合收益的税后净额	2 000	
六、综合收益总额	230 375	
七、每股收益		
(一)基本每股收益		
(二)稀释每股收益		

要求：
(1) 计算该企业 2021 年度下列财务指标：营业利润率；营业毛利率；营业净利率。
(2) 假设该企业 2021 年平均净资产为 10 000 000 元，计算净资产收益率。

计算过程如下：

(1)

$$营业利润率 = \frac{289\ 500}{1\ 320\ 000} \times 100\% = 21.93\%$$

$$营业毛利率 = \frac{1\ 320\ 000 - 825\ 000}{1\ 320\ 000} \times 100\% = 37.5\%$$

$$营业净利率 = \frac{228\ 375}{1\ 320\ 000} \times 100\% = 17.30\%$$

(2)

$$净资产收益率 = \frac{228\ 375}{10\ 000\ 000} \times 100\% = 2.28\%$$

第三节　营运能力分析

营运能力是指企业运用现有资源从事生产经营活动的能力，反映资金的使用效率。营运能力的强弱关键取决于资金周转速度。一般来说，资金周转速度越快，资产的使用效率越高，则资产营运能力越强；反之，营运能力就越差。营运能力分析是通过计算企业资金周转的有关指标分析其资产利用的效率，是对企业管理水平和资产运用能力的分析。营运能力大小是影响企业偿债能力和盈利能力的主要因素之一，营运能力越强，资金周转速度就快，企业就有足够的资金来偿还短期债务；另外，营运能力强，企业就能创造更多的利润，企业就有足够的资金来偿还长期债务。

分析营运能力时通常用周转率指标来反映资产的周转速度，所谓周转率即企业在一定时期内资产的周转额与平均余额的比率，它反映企业资金在一定时期的周转次数。周转次数越多，周转速度越快，表明营运能力越强。这一指标的反指标是周转期，它是周转次数的倒数与计算期天数的乘积，反映资产周转一次所需要的天数。周转期越短，表明周转速度越快，资产营运能力越强。反映企业营业能力的指标主要有总资产周转率、流动资产周转率、应收账款周转率、存货周转率、固定资产周转率等。周转率的计算公式为

$$周转率(周转次数) = \frac{周转额}{资产平均余额}$$

$$周转期(周转天数) = \frac{计算期天数}{周转次数}$$

$$= \frac{资产平均余额 \times 计算期天数}{周转额}$$

一、流动资产营运能力分析

反映流动资产营运能力的指标主要有应收账款周转率、存货周转率和流动资产周转率。

(一)应收账款周转率

应收账款周转率是一定时期赊销收入净额与平均应收账款余额的比率,是反映应收账款周转速度的一项指标。该指标有两种表现形式,即应收账款周转次数和应收账款周转天数。其计算公式为

$$应收账款周转次数=\frac{赊销净额}{平均应收账款余额}$$

$$应收账款周转天数=\frac{360}{应收账款周转次数}$$

$$赊销净额=现销收入-销售退回、折扣、折让$$

由于损益表中没有直接公布这一数据,所以计算时多以销售收入代替。

$$平均应收账款余额=\frac{应收账款年初余额+应收账款年末余额}{2}$$

应收账款周转率反映了企业应收账款变现速度的快慢及管理效率的高低,该比率主要用于分析企业信用政策和应收账款收账效率。通常情况下,如果企业赊销条件严格,则应收账款次数会增加,周转天数会减少,也就是说,周转率越高,说明应收账款收账迅速,账龄较短,发生坏账的可能性就越小,因而也会增强企业的短期偿债能力。应收账款周转率过低通常表明企业信用政策过松,或应收账款收账效率过低;相反,若应收账款周转率过高,则通常表明企业信用政策过严,只对少数信誉较好的客户赊销,或者给予客户的赊销期限过短。其结果必然会削弱企业的市场竞争力,使销售量下降,利润减少。

(二)存货周转率

存货周转率是企业一定时期内的销售成本与存货平均余额的比率,它是反映企业的存货周转速度和销货能力的一项指标,也是衡量企业生产经营各环节中存货运营效率的一个综合性指标。该指标有两种表现形式,即存货周转次数和存货周转天数。其计算公式为

$$存货周转次数=\frac{营业成本}{平均存货余额}$$

$$存货周转天数=\frac{360}{存货周转次数}$$

$$平均存货余额=\frac{存货年初余额+存货年末余额}{2}$$

存货周转率表明一定时期内企业存货的周转次数。可以用于分析企业存货的变现速度和管理效率。因为存货周转速度的快慢,不仅能反映出企业采购、储存、生产、销售各环节管理工作状况的好坏,而且会对企业的偿债能力及获利能力产生决定性的影响。一般来说,存货周转率越高越好,存货周转率越高,表明存货变现的速度越快,存货的资金占用水平越低。存货周转率过低,通常表明原材料、在产品或产成品积压严重,表明企业对存货缺乏有效的管理,或产品在市场竞争中处于不利地位。但是这并不是说,存货周转率高就一定表明管理当局对存货进行了有效的管理。如果企业一味追求较低的原材料库存量有可能导致频繁采购,使采购批量明显低于经济订货批量,造成采购成本较高,也可能会导致停工待料,造成生产中断或销售紧张;而产成品库存量过低,也可能是由于销售人员过

于追求销售量而采取了过于宽松的信用政策,这样会导致平均收账期较长,坏账损失率过高。可见,存货周转率的高低能综合反映出企业供产销各环节的管理水平。通过存货周转率分析,能发现各个环节存货管理中存在的问题。此外,存货是流动资产的重要组成部分,其质量和流动性对企业流动比率具有举足轻重的影响,并进而影响企业的短期偿债能力。故一定要加强存货管理,以提高其变现能力和盈利能力。

(三)流动资产周转率

流动资产周转率是指销售收入与流动资产平均占用额之间的比率,它是反映企业流动资产周转速度和综合使用效率的指标。该指标也是有流动资产周转次数和流动资产周转天数两种表现形式,其计算公式为

$$流动资产周转次数 = \frac{营业收入}{平均流动资产总额}$$

$$流动资产周转天数 = \frac{360}{流动资产周转次数}$$

$$平均流动资产总额 = \frac{流动资产总额年初数 + 流动资产总额年末数}{2}$$

流动资产周转率是一个分析流动资产周转情况的综合性指标,这一指标越高,说明流动资产周转速度越快。

流动资产周转天数是一个逆指标,周转天数越短,说明流动资产利用率越高。结合上述存货、应收账款周转率的分析,可知流动资产周转率速度缓慢的根源在于存货占用资金庞大、信用政策过严,要想改变目前这种状况,企业必须调整其信用政策,加强存货管理。流动资金加速周转,可能产生两种效果:一是在流动资金占用额不变的情况下,加速周转可以使资金运用的机会增多,从而扩大生产销售规模,使收入增加;二是在生产销售规模不变的情况下,加速周转可以使占用的资金减少,从而节约流动资金。

二、固定资产营运能力分析

反映固定资产周转情况的主要指标是固定资产周转率,它是企业一定时期营业收入与平均固定资产净值的比值,是衡量固定资产利用效率的一项指标。其计算公式为

$$固定资产周转次数 = \frac{营业收入}{平均固定资产净值}$$

$$固定资产周转天数 = \frac{360}{固定资产周转次数}$$

$$平均固定资产净值 = \frac{固定资产净值年初数 + 固定资产净值年末数}{2}$$

固定资产周转率高,周转期越短,表明企业固定资产利用率越高,同时也能表明企业固定资产投资得当,固定资产结构合理,能够充分发挥效率;反之,如果固定资产周转率不高,则表明固定资产使用效率不高,提供的生产成果不多,企业的营运能力不强。运用固定资产周转率时,需要考虑固定资产净值因计提折旧而逐年减少因更新重置而突然增加的影响;在不同企业间进行分析比较时,还要考虑采用不同折旧方法对净值的影响等。

三、总资产营运能力分析

反映总资产营运能力的主要指标是总资产周转率，它是指一定财务期间内，企业全部资产所占资金循环一次所需要的天数。它反映企业全部资产与它周转所完成的销售收入的比例关系。由此看出综合性指标的衡量要考虑经营性比率的影响。其计算公式为

$$总资产周转次数 = \frac{营业收入}{平均资产总额}$$

$$总资产周转天数 = \frac{360}{总资产周转次数}$$

$$平均资产总额 = \frac{资产总额年初数 + 资产总额年末数}{2}$$

企业的总资产周转率反映总资产的周转速度。总资产周转率越高，表明企业总资产的周转速度越快，企业的销售能力越强，企业利用全部资产进行经营的效率越高，进而使企业的偿债能力和盈利能力得到增强；反之，则表明企业利用全部资产进行经营活动的能力差，效率低，最终影响企业的盈利能力。企业应采取各项措施来提高企业的资产利用程度，如提高销售收入或处理多余的资产。

【例8-3】ABC公司2021年度营业收入为5 000万元，营业成本为3 600万元；年初、年末应收账款余额分别为700万元和800万元；年初、年末存货余额分别为500万元和600万元；年末速动比率为1.2，年末现金与流动负债的比为0.8。假定该企业流动资产由速动资产和存货组成，速动资产由应收账款和现金类资产组成，一年按360天计算。

要求：
(1) 计算2021年应收账款周转天数。
(2) 计算2021年存货周转天数。
(3) 计算2021年年末流动负债余额和速动资产余额。
(4) 计算2021年年末流动比率。

计算过程如下：

(1) $2021年应收账款周转次数 = \frac{5\,000}{(700+800)/2} = 6.67(次)$

$2021年应收账款周转天数 = \frac{360}{6.67} = 53.97（天）$

(2) $2021年存货周转次数 = \frac{3\,600}{(500+600)/2} = 6.55(次)$

$2021年存货周转天数 = \frac{360}{6.55} = 54.96（天）$

(3) 2021年年末流动负债余额和速动资产余额。

年末速动资产 ÷ 年末流动负债 = 1.2

(年末速动资产 − 800) ÷ 年末流动负债 = 0.8

则 2021年年末速动资产 = 2 400(万元)

2021年年末流动负债 = 2 000(万元)

(4) 2021 年年末流动比率 $= \dfrac{2\,400 + 600}{2\,000} = 1.5$

第四节　发展能力分析

发展能力是企业在生存的基础上，扩大规模，壮大实力的潜在能力。在分析企业发展能力时，主要考察以下四项指标：总资产增长率、营业收入增长率、营业利润增长率和资本保值增值率。

一、总资产增长率

总资产增长率是企业报告期总资产增长额与基期资产总额的比率，资产是用于获取利润的资源，也是偿还债务的保障。资产增长是企业发展的一个重要方面，发展性高的企业一般能保持资产的稳定增长。其计算公式为

$$总资产增长率 = \dfrac{本年资产增长额}{年初资产总额} \times 100\%$$

总资产增长率是从企业资产总量扩张方面衡量企业的发展能力的指标，它表明企业规模增长水平对企业发展后劲的影响。该指标越高，表明企业一个经营期内资产经营规模扩张的速度越快。但是应该注意资产规模扩张的质与量之间的关系及企业的后续发展能力，避免盲目扩张。

以 ABC 公司为例，根据表 8-1 的资料，该公司 2021 年年初资产总额为 7 314 000 元，年末资产总额为 7 812 500 元，则该公司 2021 年的总资产增长率为

$$总资产增长率 = \dfrac{7\,812\,500 - 7\,314\,000}{7\,314\,000} \times 100\% = 6.82\%$$

计算结果显示，ABC 公司 2021 年总资产增长率是 6.82%，资产总额呈现增长趋势，增长幅度不大，说明公司发展前景一般，有待进一步分析。

二、营业收入增长率

营业收入增长率是指企业本年营业收入增长额同上年营业收入总额的比率。它用相对数反映企业营业收入的增减变动情况，与绝对量的营业收入增长额相比，消除了企业规模的影响，更能反映企业的发展情况。其计算公式为

$$营业收入增长率 = \dfrac{本年营业收入增长额}{上年营业收入总额} \times 100\%$$

营业收入增长率是衡量企业经营状况和市场占有能力、预测企业经营业务拓展趋势的重要指标，也是企业扩张增量和存量资本的重要前提。不断增加的营业收入，是企业生存的基础和发展的条件，该指标若大于零，表示企业本年的营业收入有所增长，指标值越高，表明增长速度越快，企业市场前景越好；若该指标小于零，则说明企业或是产品不适销对路、质次价高，或是在售后服务等方面存在问题，产品销售不出去，市场份额萎缩。在对

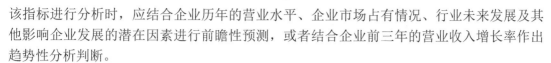

该指标进行分析时，应结合企业历年的营业水平、企业市场占有情况、行业未来发展及其他影响企业发展的潜在因素进行前瞻性预测，或者结合企业前三年的营业收入增长率作出趋势性分析判断。

以 ABC 公司为例，根据表 8-2 资料，该公司 2021 年的营业收入是 1 320 000 元，若 2020 年的营业收入是 1 050 000 元，可以计算该企业 2021 年度营业收入增长率为

$$营业收入增长率 = \frac{1\,320\,000 - 1\,050\,000}{1\,050\,000} \times 100\% = 25.71\%$$

计算结果显示，ABC 公司 2021 年度营业收入增长率为 25.71%，营业收入总额呈现增长趋势，增长幅度较大，说明公司发展前景较好，盈利能力在逐年转好。

三、营业利润增长率

营业利润增长率又称销售利润增长率，是企业本年营业利润增长额与上年营业利润总额的比率，反映企业营业利润的增减变动情况。其计算公式为

$$营业利润增长率(销售利润增长率) = \frac{本年营业利润增长额}{上年营业利润总额} \times 100\%$$

$$本年营业利润增长额 = 本年营业利润总额 - 上年营业利润总额$$

营业利润是企业积累、发展和给投资者回报的主要来源，营业利润率越高，说明企业百元商品销售额提供的营业利润越多，企业的盈利能力越强；相反，此比率越低，说明企业盈利能力越弱。而营业利润增长率则反映企业盈利能力的变动趋势，反映企业的发展趋势，该指标大于零，说明企业的获利能力和持续发展增强；该指标小于零，说明企业的获利能力有所下降。

以 ABC 公司为例，根据表 8-2 的资料，该公司 2021 年的营业利润是 289 500 元，若该公司 2020 年营业利润 221 055.26 元，可计算该企业 2021 年度营业利润增长率为

$$营业利润增长率 = \frac{289\,500 - 221\,055.26}{221\,055.26} \times 100\% = 30.96\%$$

计算结果显示，ABC 公司 2021 年度营业利润增长率为 30.96%，营业利润总额呈现增长趋势，增长幅度较大，说明公司发展前景较好，盈利能力在逐年转好。

四、资本保值增值率

资本保值增值率是指企业本年末所有者权益扣除客观增减因素后同年初所有者权益的比率。资本保值增值率表示企业当年资本在企业自身努力下的实际增减变动情况。其计算公式如下。

$$资本保值增值率 = \frac{扣除客观因素后的年末所有者权益}{年初所有者权益} \times 100\%$$

资本保值增值率是根据"资本保全"原则设计的指标，更加谨慎、稳健地反映了企业资本保全和增值状况。它充分体现了对所有者权益的保护，能够及时、有效地发现侵蚀所有者权益的现象。该指标反映了投资者投入企业资本的保全性和增长性，该指标越高，表明企业的资本保全状况越好，所有者的权益增长越快，债权人的债务越有保障，企业发展

后劲越强。该指标如为负值，表明企业资本受到侵蚀，没有实现资本保全，损害了所有者的权益，也妨碍了企业进一步发展壮大，应予充分重视。

仍以 ABC 公司为例，根据表 8-1 的资料，该公司 2021 年年初的所有者权益总额是 4 034 000 元，2021 年年末的所有者权益总额是 4 812 000 元，所有者权益净增加 778 000 元，则该公司 2021 年的资本保值增值率为

$$资本保值增值率 = \frac{778\ 000}{4\ 034\ 000} \times 100\% = 19.29\%$$

该结果表明 ABC 公司的资本保全状况良好，企业的发展能力较强。

本 章 小 结

本章重点介绍了财务会计报告分析的主要内容，包括偿债能力分析、盈利能力分析、营运能力分析和发展能力分析，分别考察企业资金运动的安全性、收益性、周转速度和成长性等四个方面的内容。偿债能力分析包括短期偿债能力分析和长期偿债能力分析；盈利能力分析包括与资产有关的盈利能力分析指标、与销售有关的盈利能力分析指标和与股东有关的盈利能力分析指标；营运能力分析包括流动资产营运能力分析、固定资产营运能力分析和总资产营运能力分析；发展能力分析主要考察总资产增长率、营业收入增长率、营业利润增长率和资本保值增值率这四项指标。

思 考 题

1. 分析短期偿债能力时使用的各种指标及其特点。
2. 分析长期偿债能力时使用的各种指标及其特点。
3. 反映企业盈利能力的指标有哪些？各指标特点是什么？
4. 反映企业营运能力的指标有哪些？各指标特点是什么？
5. 反映企业发展能力的指标有哪些？各指标特点是什么？

第九章

财务报告综合分析

【学习目标】

通过本章学习,使学生了解财务综合分析的含义和目的,明确财务综合分析的特点及方法体系,重点掌握杜邦财务分析体系和沃尔比重分析法的原理和基本程序,理解财务综合分析对了解公司的战略和竞争力的意义。

【知识结构图】

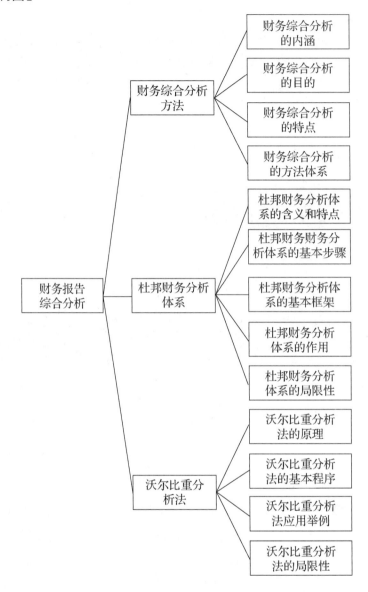

【引例】

宝钢股份与鞍钢股份盈利能力存在差异的原因

宝钢股份和鞍钢股份在国内钢铁业处于领先地位，宝钢股份2002—2006年的净资产收益率分别为13.92%、19.76%、22.59%、17.38%、16.25%，鞍钢股份2002—2006年的净资产收益率分别为7.62%、16.01%、17.53%、18.44%、22.70%。由数据可以看出，2004年以前，宝钢股份的净资产收益率大于鞍钢股份，而此后的净资产收益率小于鞍钢股份，即宝钢股份前期盈利能力是大于鞍钢股份的，2004年至2005年发生了变化，鞍钢股份的盈利能力超过了宝钢股份。到底是什么原因导致了这样的结果呢？

首先分析直接影响净资产收益率的因素：总资产净利率和权益乘数。通过分析得知，

2004年前宝钢股份总资产净利率大于鞍钢股份，2005年前宝钢股份的权益乘数大于鞍钢股份，而此后，总资产净利率、权益乘数小于鞍钢股份，造成了2004年前宝钢股份的净资产收益率大于鞍钢股份，而2005年、2006年小于鞍钢股份。

进一步分析影响总资产净利率的直接因素：销售净利率和总资产周转率。2004年前宝钢股份的总资产净利率大于鞍钢股份，是因为宝钢股份的销售净利率大于鞍钢股份。但是，宝钢股份的总资产周转率小于鞍钢股份，则减少了宝钢股份与鞍钢股份在总资产净利率方面的差异。2004年后，宝钢股份总资产净利率低于鞍钢股份，是鞍钢股份销售净利率增加，而宝钢股份销售净利率减少以及鞍钢股份总资产周转率增加等因素综合影响的结果。

通过分析宝钢股份和鞍钢股份净利润构成项目与净利润的比值、全部成本费用项目与营业收入的比值发现，鞍钢股份销售净利率的提高主要得益于在企业发展过程中能控制生产成本的增加，而宝钢股份销售净利率的下降则是由于近几年生产成本上涨对利润侵蚀的结果。

通过分析宝钢股份和鞍钢股份流动资产周转率和流动资产比重发现，鞍钢股份、宝钢股份总资产周转率的变化是这两个公司流动资产周转率和流动资产比重变化综合影响的结果。

通过分析宝钢股份和鞍钢股份的产权比率发现，2005年前宝钢股份的负债程度高于鞍钢股份，2006年则小于鞍钢股份，从而导致了2005年前宝钢股份的权益乘数高于鞍钢股份，2005年则低于鞍钢股份。

通过层层分解可以得出最终结论：2005年前宝钢股份盈利能力大于鞍钢股份的原因是宝钢股份的生产成本低于鞍钢股份以及负债程度高于鞍钢股份；而2005年后宝钢股份盈利能力小于鞍钢股份的原因是成本上升侵蚀了宝钢股份的利润。

从案例中我们可以发现，各个财务指标之间并不是彼此独立、互不干涉的，而是相互联系、环环相扣的。因此我们需要了解财务分析的综合分析和业绩评价。

(资料来源：李秉承，吴东，柏东海.财务管理案例教程[M].北京：中国财政经济出版社，2008)

第一节　财务综合分析方法

一、财务综合分析的内涵

(一)财务综合分析的概念

财务分析从偿债能力、盈利能力、营运能力和发展能力角度对企业的筹资活动、投资活动和经营活动状况进行了深入、细致的分析，以判明企业的财务状况和经营业绩，这对于企业投资者、债权人、经营者、政府及其他与企业利益相关者了解企业的财务状况和经营成效是十分有益的。但前述财务分析通常是某一特定角度，就企业某一方面的经营活动做分析，这种分析不足以全面评价企业的总体财务状况和财务成效，很难对企业总体财务状况和经营业绩的关联性得出综合结论。为弥补财务分析的这一不足，有必要在财务能力单项分析的基础上，将有关指标按其内在联系结合起来进行综合分析。

所谓财务综合分析，就是将企业偿债能力、盈利能力和营运能力等方面的分析纳入一个有机的系统中,全面综合地对企业财务状况、经营状况进行剖析,从而对企业经济效益作出较为准确的评价和判断。

(二)财务综合分析信息需求者

财务综合分析信息需求者主要包括权益投资者、债权人、经理人员、政府机构和其他与企业有利益关系的人士。他们出于不同的利益考虑使用会计报表,对财务信息有着不同的要求。

二、财务综合分析的目的

(1) 通过财务综合分析评价明确企业财务活动与经营活动的相互关系,找出制约企业发展的"瓶颈"所在。

(2) 通过财务综合分析评价企业财务状况及经营业绩,明确企业的经营水平、位置及发展方向。

(3) 通过财务综合分析评价为企业利益相关者进行投资决策提供参考。

(4) 通过财务综合分析评价为完善企业财务管理和经营管理提供依据。

三、财务综合分析的特点

与单项分析相比较,财务综合分析具有以下特点。

1. 分析方法不同

单项分析通常采用由一般到个别,把企业财务活动的总体分解为每个具体部分,然后逐一加以考查分析;而综合分析则是通过归纳综合,把个别财务现象从财务活动的总体上作出总结。因此,单项分析具有实务性和实证性,综合分析则具有高度的抽象性和概括性,着重从整体上概括财务状况的本质特征。单项分析能够真切地认识每一个具体的财务现象,可以对财务状况和经营成果的某一方面作出判断和评价,并为综合分析提供良好的基础。但如果不在此基础上抽象概括,把具体的问题提高到理性高度认识,就难以对企业的财务状况和经营业绩作出全面、完整和综合的评价。因此,综合分析要以各单项分析指标及其各指标要素为基础,要求各单项指标要素及计算的各项指标一定要真实、全面和适当,所设置的评价指标必须能够涵盖企业偿债能力、盈利能力及营运能力等诸方面总体分析的要求。只有把单项分析和综合分析结合起来,才能提高财务报告分析的质量。

2. 分析重点和基准不同

单项分析的重点和比较基准是财务计划、财务理论标准,而综合分析的重点和基准是企业整体发展趋势。因此,单项分析把每个分析的指标视为同等重要的地位来处理,它难以考虑各种指标之间的相互关系。而财务综合分析强调各种指标有主辅之分,一定要抓住主要指标。只有抓住主要指标,才能抓住影响企业财务状况的主要矛盾。在主要财务指标分析的基础上再对其辅助指标进行分析,才能分析透彻,把握准确、详尽。各主辅指标功能应相互协调匹配,在利用主辅指标时,还应特别注意主辅指标间的本质联系和层次关系。

因此，把财务报告综合分析同单项分析加以区分是十分必要的，它有利于报告分析者把握企业财务的全面状况，而不至于把精力仅局限于个别的具体问题上。

四、财务综合分析的评价方法

(一)传统财务分析评价方法

运用较广泛的传统财务分析评价方法主要包括杜邦财务分析体系和沃尔比重分析法。杜邦财务分析体系是利用各财务指标间的内在关系，对企业综合经营理财及经济效益进行评价的方法。其中，净资产收益率是一个综合性最强的财务指标，是杜邦指标系统的核心。沃尔比重分析法将流动比率、产权比率、固定资产比率、存货周转率、应收账款周转率、固定资产周转率与自有资产周转率等七项指标用线性关系结合起来，并分别给定各自的分数比重，然后通过与标准比率进行比较，确定各项指标的得分及总体指标的累计分数，从而对企业的信用水平作出评价。

(二)现代财务分析评价方法

自亚历山大·沃尔创建沃尔比重分析法以来，财务评价问题一直是国外财务学界研究的热点，并出现了诸多财务评价方法，如平衡计分卡、经济增加值及供应链绩效衡量等，虽然中国的很多企业已将它们运用于实践，但仍存在问题。

第二节 杜邦财务分析体系

一、杜邦财务分析体系的含义和特点

杜邦财务分析体系，又称杜邦分析法，简称杜邦体系，是指通过分析几个主要的财务比率之间的内在关系，来综合地分析企业的财务状况和经营绩效的一种方法，该方法是由美国杜邦(Dupont)公司率先采用的一种方法，故将其命名为杜邦分析法。从财务角度来看，杜邦分析法是一种评价企业绩效的经典方法，用来评价公司盈利能力和股东权益的回报水平。这种方法的基本思路是将企业净资产收益率逐级分解为多项财务比率相乘，通过对分解后的财务比率进行分析，有助于深入分析比较企业经营业绩。

杜邦财务分析体系的特点在于：它是通过几个主要的财务比率之间的内在关系，全面、系统、直观地反映出企业的财务状况和经营绩效，能大大节省财务报告使用者的时间，提高财务分析效率。杜邦财务分析体系中的几个主要的财务指标关系如下：

净资产收益率=总资产利润率×权益乘数

总资产利润率=销售净利率×资产周转率

净资产收益率=销售净利润×资产周转率×权益乘数

$$权益乘数 = \frac{1}{1-资产负债率}$$

另外，在应用杜邦财务分析体系时，还要特别要注意以下几点。

(1) 净资产收益率是杜邦财务分析体系的核心，是其中综合性最强的财务分析指标。财务管理与会计核算的共同目标是使股东财富最大化，而净资产收益率主要反映企业利用所有者投入资本的获利能力，分析企业从事筹资、投资、资产运营等各项经济活动的效率，使净资产收益率不断提高是股东权益最大化的根本保证。因而，这一重要财务分析指标是企业所有者、经营管理者都十分关注的。而影响净资产收益率高低的因素主要有三个指标，分别是销售净利率、总资产周转率和权益乘数。这样分解之后，就可以将净资产收益率这一综合指标发生升降变化的原因具体化，相比于只用一项综合性指标更能说明问题。

(2) 销售净利率反映企业形成的净利润与当期销售收入的关系，它的高低取决于销售收入与成本费用总额的高低。要想实现提高销售净利率这一目标，一方面要增加销售收入，另一方面是要降低成本费用。增加销售收入既可以提高销售净利率，又可以提高总资产周转率；降低成本费用是提高销售净利率的另一个重要途径，从杜邦分析图可以看出，成本费用的基本结构是否合理，从而找出降低成本费用的途径和加强成本费用控制的办法，如果企业财务费用支出过高，就要进一步分析其负债比率是否过高；如果是管理费用过高，就要进一步分析其资产周转情况；等等。从图中还可以看出，提高利润率的另一途径是提高其他利润，想办法增加其他业务利润，适时适量进行投资取得收益，千方百计降低营业外支出等。为了详细了解企业成本费用的发生情况，在具体列示成本总额时，还可根据重要性原则，将那些影响较大的费用单独列示(如利息费用等)以便寻求解释。

(3) 影响资产周转率的一个重要因素是企业的资产总额。它由流动资产与非流动资产组成，这二者的比例是否合理将直接影响资产的周转速度。一般来说，流动资产直接反映企业的偿债能力和变现能力，而非流动资产则是该企业的经营规模和发展潜力的体现。两者之间应保持一种合理的比例关系。如果发现某项资产所占比重过大，影响资金周转能力，就应深入分析原因。例如，企业持有的货币资金超过业务需要，就会影响企业的盈利能力；如果企业占有过多的存货和应收账款，则既会影响获利能力，又会影响偿债能力。因此，还应进一步分析各项资产在总资产中所占的比重以及各项资产的周转速度。

(4) 权益乘数主要是受资产负债率指标的影响。负债比率越大，权益乘数就越高，说明企业的负债程度比较高，给企业带来了较多的杠杆利益，同时也带来了较多的风险。对权益乘数的分析要结合销售收入，分析企业的资产使用是否合理，并结合权益结构分析企业的偿债能力。在资产总额不变的条件下，实行合理的负债经营，可以减少所有者权益所占的比重，从而实现提高所有者净资产收益率的目的。

二、杜邦财务分析体系的基本步骤

(1) 从净资产收益率开始，根据所掌握的会计资料(主要是资产负债表和利润表)逐步分解计算各指标。由于杜邦分析法已经找出各个主要指标的内在关系，因此我们首先要把这些指标分解，并直接从资产负债表或者利润表上取得数据并计算得出结果。

(2) 将计算出的指标填入杜邦分析图。杜邦分析图清楚地列示了各个指标之间的内在关系，把计算出的结果填入图中更有利于进行综合财务分析。

(3) 逐步进行前后期对比分析，也可以进一步进行企业间的横向对比分析。取得各指标数据后，就可以采用各种方法来评价企业各个期间以及不同企业间的财务差异。

三、杜邦财务分析体系的基本框架

利用杜邦财务分析体系进行综合分析时,可把各项财务指标之间的关系绘制成杜邦财务分析体系图,并用数字说明它们之间的相互关系。杜邦财务分析体系的基本框架,如图 9-1 所示。

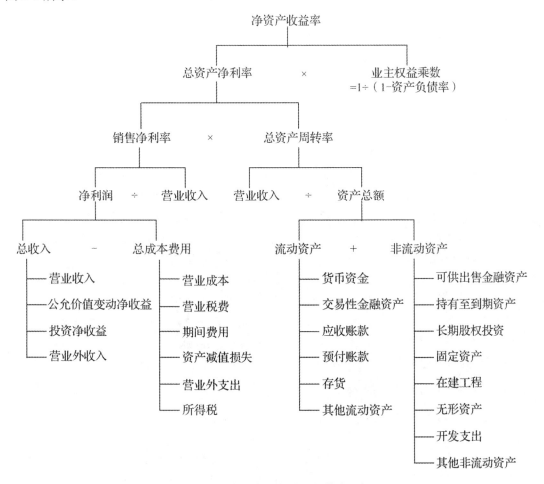

图 9-1 杜邦财务分析体系的基本框架

杜邦财务分析体系是一个多层次的财务比率分解体系。各项财务比率,可在每个层次上与本企业历史或同业财务比率比较,比较之后向下一级分解。逐级向下分解,逐步覆盖企业经营活动的每个环节,以实现系统、全面评价企业经营成果和财务状况的目的。

1. 净资产收益率的分解

净资产收益率是分析体系的核心比率,具有很好的可比性,可用于不同企业之间的比较。由于资本具有逐利性,总是流向投资报酬率高的行业和企业,因此各企业的净资产收益率会比较接近。如果一个企业的净利率经常高于其他企业,就会引来竞争者,迫使该企业的净资产收益率回到平均水平。如果一个企业的净资产收益率经常低于其他企业,就得不到资金,会被市场驱逐,从而使幸存企业的净资产收益率提升到平均水平。净资产收益率不仅有很好的可比性,而且有很强的综合性。杜邦分析图中第一层次的分解,是把净资产收益率分解为总资产净利率和权益乘数的乘积。那么总资产净利率和权益乘数与净资产收益率呈正比例关系。无论是提高总资产净利率还是提高企业的权益乘数,都能达到提高企业的净资产收益率的目的。进而把总资产净利率分解为净利润和资产总额两个因素,把权益乘数分解为资产总额和所有者权益两个因素,揭示出净利润的提高和所有者权益的相对减少会提高净资产收益率;反之亦然。其中,权益乘数的提高则意味着企业负债的增加,反映出财务杠杆的正效应对企业的有利影响。

2. 总资产净利率的分解

总资产净利率在杜邦财务分析体系中属于第二层次的指标,综合性也很强。对它的分解如下:

$$总资产净利率 = 销售净利率 \times 总资产周转率$$

把总资产净利率分解为销售净利率和总资产周转次数两个指标,并且这两个指标和总资产净利率也是正比例关系。销售净利率和总资产周转次数,可以反映企业的经营战略。一些企业销售净利率较高,而总资产周转次数较低;另一些企业与之相反,总资产周转次数较高而销售净利率较低。两者经常呈反方向变化。这种现象不是偶然的。为了提高销售净利率,就要增加产品附加值,往往需要增加投资,引起周转率的下降。与此相反,为了加快周转,就要降低价格,引起销售净利率下降。通常,销售净利率较高的制造业,其周转率都较低;周转率很高的零售业,销售净利率很低。采取"高盈利、低周转"还是"低盈利、高周转"的方针,是企业根据外部环境和自身资源作出的战略选择。正因为如此,仅从销售净利率的高低并不能看出业绩的好坏,应把它与总资产周转次数联系起来考察企业经营战略。真正重要的是两者共同作用得到的总资产净利率。总资产净利率可以反映管理者运用受托资产赚取盈利的业绩,是最重要的盈利能力。

3. 净资产收益率的进一步分解

通过上述指标的初步分解后,得出下面的分解式:

$$净资产收益率 = 总资产净利率 \times 权益乘数$$
$$= 销售净利率 \times 总资产周转次数 \times 权益乘数$$

决定净资产收益率的主要因素有三个:销售净利率、总资产周转次数、权益乘数,将企业经营活动、投资活动和筹资活动有机地联系在一起。这样进一步分解以后,可以把权益乘数这一综合指标发生变化的原因进行更具体、更细化的分析。

4. 销售净利率的分解

为了更加清晰、深入地分析净资产收益率变化的原因,可以对销售净利率作更细致的分解,分解式如下:

$$销售净利率 = \frac{净利润}{营业收入} \times 100\%$$

净利润 = 营业收入 – 营业成本 + 投资收益 + 营业外收入净额 – 所得税费用

式中的营业收入为扣除销售折扣、售后退回和销售折让后的营业收入净额；除了通常意义的营业成本外，式中的营业成本还包含期间成本、营业税金及附加和资产减值损失。

对销售净利率的分解实际上也就是间接地对净资产收益率的分解，这样，就对净资产收益率进行了部分的层层分解。当然，这种分解还可以继续进行下去。之所以进行这样的分解实际上是要找出引起净资产收益率变动的真正原因，然后发扬优势、改进劣势，使企业向着更健康的方向发展。

5. 总资产周转率的分解

总资产周转率=营业收入/资产总额。影响资产周转率的一个重要因素是资产总额。它由流动资产与长期资产组成。它们的结构合理与否将直接影响资产的周转速度。

6. 权益乘数的分解

权益乘数表示企业的负债程度，反映了公司利用财务杠杆进行经营活动的程度。资产负债率高，权益乘数就大，则公司负债程度就高，公司会有较多的杠杆利益，但风险也高；相反，资产负债率低，权益乘数就小，则公司负债程度低，公司会有较少的杠杆利益，但相应所承担的风险也低。权益乘数的分解式如下。

$$权益乘数 = \frac{资产总额}{股东权益总额} = \frac{1}{1 - 资产负债率}$$

从计算公式可以看出，负债比重越高，资产负债率越大，权益乘数越高，即权益乘数与负债比重同方向变动。

四、杜邦财务分析体系的作用

通过杜邦财务分析体系自上而下或自下而上地分析，不仅可以了解企业财务状况的全貌以及各项财务分析指标间的结构关系，而且可以查明各项主要财务指标增减变动的影响因素及存在问题。杜邦财务分析体系提供的上述财务信息，较好地解释了指标变动的原因和趋势，这为进一步采取具体措施指明了方向，而且为决策者优化经营结构和理财结构，提高企业偿债能力和经营效益提供了基本思路，即提高净资产收益率的根本途径在于扩大销售、改善经营结构，节约成本费用开支，合理资源配置，加速资金周转，优化资本结构等。在具体应用杜邦分析法时，应注意这一方法不是另外建立新的财务指标，它是一种对财务比率进行分解的方法。因此，它既可以通过所有者权益收益率的分解来说明问题，也可通过分解其他财务指标(如总资产收益率)来说明问题。总之，杜邦分析法和其他财务分析方法一样，关键不在于对指标的计算而在于对指标的理解和运用。

五、杜邦财务分析体系的局限性

杜邦财务分析体系虽然被广泛使用，但也存在某些局限性。

(一)计算总资产净利率的"总资产"与"净利润"不匹配

总资产为全部资产提供者享有,而净利润则专属于股东,两者不匹配。由于总资产利润率的"投入与产出"不匹配,该指标不能反映实际的报酬率。为了改善该比率,要重新调整分子和分母。

为公司提供资产的人包括无息负债的债权人,有息负债的债权人和股东,无息负债的债权人不要求分享收益,要求分享收益的是股东和有息负债的债权人。因此,需要计算股东和有息负债债权人投入的资本,并且计量这些资本产生的收益,两者相除才是合乎逻辑的总资产净利率,才能准确反映企业的基本盈利能力。

(二)没有区分经营活动损益和金融活动损益

杜邦财务分析体系没有区分经营活动和金融活动。对于大多数企业来说金融活动是净筹资,它们在金融市场上主要是筹资,而不是投资。筹资活动不产生净利润,而是支出净费用。这种筹资费用是否属于经营活动费用,在会计准则制定过程中始终存在很大争议,各国会计准则对此的处理不尽相同。从财务管理角度看,企业的金融资产是尚未投入实际经营活动的资产,应将其与经营资产相区别。与此相对应,金融损益也应与经营损益相区别,才能使经营资产和经营损益匹配。因此,正确计量基本盈利能力的前提是区分经营资产和金融资产,区分经营损益和金融损益。

(三)没有区分金融负债与经营负债

既然要把金融活动分离出来单独考察,就需要单独计量筹资活动成本。负债的成本(利息支出)仅仅是金融负债的成本。经营负债是无息负债。因此,必须区分金融负债与经营负债,利息与金融负债相除,才是真正的平均利息率。此外,区分金融负债与经营负债后,金融负债与股东权益相除,可以得到更符合实际的财务杠杆。经营负债没有固定成本,本来就没有杠杆作用,将其计入财务杠杆,会歪曲杠杆的实际效应。

第三节 沃尔比重分析法

一、沃尔比重分析法的原理

对于财务状况进行综合评价的早期探索者之一是亚历山大·沃尔(Alexander·Wall)。他在20世纪初出版了《信用晴雨表研究》和《财务报表比率分析》两部专题研究成果,其中提出了信用能力指数的概念,把若干个财务比率用线性关系结合起来,以此来评价企业的信用水平。他选择了七种财务比率,即流动比率、产权比率、固定资产比率、存货周转率、应收账款周转率、固定资产周转率、自有资金周转率,分别给定了各比率在总评价中所占的比重,总和为100分。然后确定标准比率,并与实际比率相比较,评出每项指标的得分,最后求出总评分,并据此对企业财务状况作出评价。我们用沃尔比重分析法给某公司的财务状况进行评分,其结果如表9-1所示。

表 9-1 利用沃尔比重分析法对某公司财务状况评分

财务比率/%	比重 (1)	标准比率 (2)	实际比率 (3)	相对比率 (4)=(3)÷(2)	评分 (1)×(4)
流动比率	30	1.00	1.22	1.22	36.60
产权比率	20	1.5	0.98	0.65	13.07
固定资产比率	10	2.5	3.53	1.41	14.10
应收账款周转率	15	8	12	1.50	22.50
存货周转率	10	8	14	1.75	17.50
固定资产周转率	10	4	2.98	0.75	7.50
自有资金周转率	5	3	1.53	0.51	2.55
合计	100	—	—	—	113.82

沃尔比重分析法的评价理念就是为了立体地观察、评价企业，全面综合地对企业打分。该方法所选择的七项指标主要是反映偿债能力和营运能力的指标。在理论上讲，沃尔比重分析法存在着一定的缺陷，就是未能证明为什么要选择七个指标，而不是更多或更少些，或者选择别的财务比率，也未能证明每个指标所占比重的合理性。尽管沃尔比重分析法有一定缺陷，但是该方法还是得到了广泛的应用，并且在应用的过程中得到了适当的改进。

二、沃尔比重分析法的基本程序

(一)选定评价企业财务状况的财务指标

财务指标的选择首先要符合现行财务制度的规定，所选择的指标要能反映财务特征，数量既要充分，又要适当。所选各项指标应尽量保持方向上的一致性，尽量选择正指标，不要选择负指标。评价企业的财务状况，不外乎从盈利能力、偿债能力、营运能力和发展能力等方面考虑，所以指标的选择也是要囊括这几个方面。1995 年财政部颁布了一套企业经济效益评价指标体系，主要包括以下指标

(1) 销售净利率＝利润总额÷产品销售收入净额×100%
(2) 总资产净利率＝息税前利润总额÷平均资产总额×100%
(3) 资本收益率＝净利润÷实收资本×100%
(4) 资本保值增值率＝期末所有者权益总额÷期初所有者权益总额×100%
(5) 资产负债率＝负债总额÷资产总额×100%
(6) 流动比率(速动比率)＝流动资产(速动资产)÷流动负债
(7) 应收账款周转率＝赊销净额÷平均应收账款余额
(8) 存货周转率＝产品销售成本÷平均存货成本
(9) 社会贡献率＝企业社会贡献总额÷平均资产总额×100%
(10) 社会累计率＝上交国家财政总额÷企业社会贡献总额×100%

上述指标可以分成四类：(1)～(4)为获利能力指标，(5)～(6)为偿债能力指标，(7)～(8)为营运能力指标，(9)～(10)为社会贡献指标。

(二)确定重要性系数

重要性系数是指某项指标达到其标准值(行业平均水平或理想值)时可以得到的分数,或称标准评分值,也就是各项财务指标得分的权重比重。各项财务指标的标准评分值之和应等于 100 分。

重要性系数的确定是财务比率综合评分法的一个重要问题,它直接影响到对企业财务状况的评分多少。重要性系数应根据各项财务指标的重要程度加以确定。某项指标的重要性程度应根据企业的经营活动性质、生产经营规模、市场形象和分析者的分析目的等因素来确定。例如,上述财政部颁布的企业经济效益评价指标体系标准值的重要性权数总计为 100 分,其中销售净利率为 25 分,总资产净利率为 15 分,资本收益率为 10 分,资本保值增值率为 10 分,资产负债率为 5 分,流动比率(速动比率)为 5 分,应收账款周转率为 5 分,存货周转率为 7 分,社会贡献率为 10 分,社会累计率为 8 分。

(三)确定各项财务指标的标准值

财务指标的标准值是指各指标在本行业现实条件下的理想的数值。标准的财务指标是指特定的国家、行业、时期的财务指标,通常是行业平均指标。行业平均指标一般是根据行业中部分企业抽样调查得来的,因为行业中不同公司所采用的会计方法不一定相同,每个企业的经营状况也可能存在较大差异,这些都会影响指标限值的代表性。因此,要根据实际情况对行业平均财务指标进行必要的修正,尽量保证财务指标限值的科学性、代表性。

(四)计算企业在一定时期各项财务指标的实际值

(五)计算出各项财务指标实际值与标准值的比率,即关系比率

关系比率总的说来等于财务指标的实际值与标准值的比值,具体计算方法要区分三种情况。

(1) 凡实际值大于标准值为理想的,其计算公式为

$$关系比率 = 1 + \frac{实际值 - 标准值}{标准值}$$

或

$$关系比率 = \frac{实际值}{标准值}$$

(2) 凡实际值小于标准值为理想的,其计算公式为

$$关系比率 = 1 + \frac{标准值 - 实际值}{实际值}$$

(3) 凡实际值脱离标准值为不理想的,其计算公式为

$$关系比率 = 1 - \frac{|实际值 - 标准值|}{标准值}$$

(六)计算出各项财务指标的实际得分

各项财务指标的实际得分是关系比率和标准评分值(权数)的乘积,每项财务指标的得分都不得超过上限或下限,所有各项财务指标实际得分的合计数就是企业财务状况的综合得

分。如果综合得分接近或大于 100 分，说明企业财务状况良好，符合或高于行业平均水平。如果综合得分低于 100 分，说明企业财务状况存在问题，各项财务能力较差。综合实际得分的计算公式如下。

$$综合实际得分 = \sum(权数 \times 关系比率)$$

三、沃尔比重分析法应用举例

ABC 企业表示盈利能力指标的三个财务比率指标即总资产净利率、销售净利率和净资产收益率，分别为 18%、14% 和 15%，行业标准值分别为 16%、16%、16%；表示偿债能力的四个财务比率指标有自有资本比率、流动比率、应收账款周转率和存货周转率，分别为 70%、180%、350% 和 600%，其标准比率分别为 50%、200%、500% 和 700%；表示成长能力的三个指标有销售增长率、净利增长率和人均净利增长率分别为 22%、17% 和 19%，其行业标准比率分别为 25%、20% 和 18%，则可根据上述资料编制该企业沃尔综合评分，如表 9-2 所示。

表 9-2　沃尔综合评分表

指标	评分值	标准值/%	实际值/%	关系比率/%	综合得分
盈利能力：					
总资产净利率	20	16	18	1.13	22.5
销售净利率	20	16	14	0.88	17.5
净资产收益率	10	16	15	0.94	9.38
偿债能力：					
自有资本比率	8	50	70	1.40	11.2
流动比率	8	200	180	0.90	7.2
应收账款周转率	8	500	350	0.70	5.6
存货周转率	8	700	600	0.86	6.86
成长能力：					
销售增长率	6	25	22	0.88	5.28
净利增长率	6	20	17	0.85	5.10
人均净利增长率	6	18	19	1.06	6.33
合计	100	—	—	—	96.95

从技术上讲，沃尔比重分析法有一个问题，就是某一个指标严重异常时，会对总评分产生不合逻辑的重大影响，这是由于关系比率与评分值相"乘"引起的。财务比率提高一倍，其评分增加 100%；而缩小一倍，其评分只减少 50%。

沃尔比重分析法是一种比较可取的评价企业总体财务状况的方法，但该方法的正确性取决于指标的选定、标准值的合理程度、标准值评分值的确定等。如上例中，同一企业由于标准值确定不同而产生两种完全不同的评分结果。只有经过长期连续实践、不断修正，才能取得较好效果。

四、沃尔比重分析法的局限性

从上述案例我们可以发现,沃尔比重分析法存在一定的缺陷。

(1) 沃尔比重分析法选择的指标并不能全面地反映公司的财务状况。表 9-1 中的比率主要是衡量企业短期的流动性(周转速度是其重要影响因素),用它来评价企业短期的偿债能力尚可,但若用于更广泛或更综合的财务分析则显然不够。即便在后来的应用中增加了其他的比率项目,仍然不能很好地解决比率选择上主观随意性较强的问题。

(2) 对这些比率赋予的权重具有很大的主观随意性。

(3) 财务比率标准值的确定显然也是经验性的。不同行业、不同规模的企业,甚至同一企业的不同时期,对各个财务比率所要求的"合理状态"也是千差万别的,选择一个唯一性的数值作为标准是不合理的。

(4) 评分规则很不合理。从该方法的评分规则看,比率的实际值越高,其单项得分就越高,企业的总体评价就越好,这并不符合企业的实际与常识。比如,流动比率就并非越高越好,因为这将对企业的盈利能力与发展能力造成不利影响,并削弱其长期偿债能力。

沃尔比重分析法的应用需要一定的改进以更适应综合财务分析的对象。除此之外,即便对这种方法不断予以改进,也难以完全解决该方法本身必然具有的主观随意性问题,因为它的应用要求较多的经验性或意会性的知识。因此,这种方法最好是用于企业对自身的分析和评价。若用于外部人员对企业的评价,则即便是让专家来打分,也难以弥补他们在所需的"意会性知识"上存在的较严重的不足。

本 章 小 结

本章重点介绍了财务综合分析的含义和目的,所谓财务综合分析,就是将企业偿债能力、盈利能力和营运能力等方面的分析纳入一个有机的系统中,全面综合地对企业财务状况、经营状况进行剖析,从而对企业经济效益作出较为准确的评价和判断。在阐述财务综合分析的特点及方法体系的基础上,详细介绍了杜邦财务分析体系和沃尔比重分析法的基本原理和程序,并指出财务综合分析对了解公司的战略和竞争力具有重大的意义。

思 考 题

1. 与财务单项分析相比,财务综合分析有哪些特点?
2. 杜邦财务分析体系涉及的主要指标有哪些,它们之间存在怎样的关系?
3. 指出杜邦分析法的局限性都有哪些?
4. 简述沃尔比重分析法的基本原理。

第十章

会计报表分析报告

【学习目标】

通过本章学习,使学生了解会计报表分析报告的概念,理解会计报表分析报告的类型,掌握会计报表分析报告的写作基本步骤。

【知识结构图】

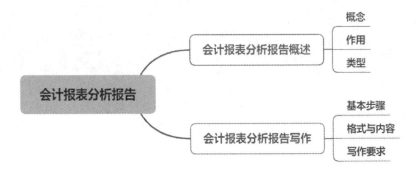

【引例】

格力电器在世界打响"中国制造"品牌

格力电器是我国家电行业的龙头企业，其生产经营活动受到企业内外部各利益相关者的高度重视。不论是企业内部管理者还是外部债权人等利益相关者，他们获取企业经营信息、判断企业发展前景、评估企业发展能力、作出相关经营或者投资决策的主要途径是分析企业的财务状况和经营成果，对企业的经营活动作出综合评价。企业的财务报表反映了企业的财务状况和经营成果，因此对财务报表进行分析，是对企业经营活动作出综合评价最有效、最直接的方式。

在进行会计报表分析时，仅以财务报表数据为基础进行会计环境分析和会计策略分析，同时也关注企业的经营环境和经营战略，包括对企业所在行业的政策分析、竞争分析、市场分析和人力分析等，在进行数字化定量分析的同时，也进行非量化指标的分析，从而使得分析结果具有全面性。通过财务报表的综合评估，从宏观整体上把握企业的经营状况，并以此来预测企业的发展前景。

(资料来源：http://www.jjykj.com/view.asp?nid=5753)

第一节 会计报表分析报告概述

一、会计报表分析报告的概念

会计报表分析报告是以会计报表及其会计报表附注的资料为主要依据，根据计划指标、会计核算、统计资料和通过调查研究获得的相关资料，对某一部门或某一单位的财务活动状况进行分析，找出差距，指出方向，提出建议，指导企业财务会计工作的一种书面报告。会计报表分析报告是财务分析的最后一步。它是将财务分析的基本问题、财务分析结论，以及针对问题提出的措施、建议以书面的形式表示出来，以便他们通过财务分析报告有利于掌握和评价企业的财务状况，经营成果和现金流量现状，制定符合客观经济规律的财务预算，有利于改善企业经营管理工作，提高财务管理水平。

二、会计报表分析报告的作用

会计报表分析报告主要作用在于通过对企业会计报表等相关资料的分析,阐述企业的现有状况,评价企业过去的经营状况,预测企业未来发展状况及趋势,进而满足各方会计信息使用者的需求,为其决策提供依据。会计信息使用者主要来自两个方面,分别是内部使用者和外部使用者。内部使用者包括经营者、企业职工等,外部使用者包括债权人、投资者、政府有关部门、供应商等。

(一)经营者

企业的经营者是指企业的经理以及各分厂、部门、车间的管理人员,编写的会计报表分析报告具有综合性和全面性,在分析时需要进行资产结构分析、营运状况与效率分析、经营风险与财务风险分析、支付能力与偿债能力分析等,使其在分析时能够及时了解企业当前的财务状况、经营成果和营运状况的全貌,并能针对企业经营活动中存在的各种问题及时提出改进措施,加强企业的经营管理,保证企业经营状况和财务状况不断改善,使企业在市场竞争中占有一席之地。

(二)债权人

企业的债权人通常包括向企业发放贷款的银行或金融机构,以及购买企业债券的单位或个人等。债权人主要关注企业能否按时偿还债务本金和利息。因此,债权人通过会计报表分析报告,可以分析出企业的偿债能力和盈利能力,判断企业有无违约或破产清算可能。一般情况下,银行、金融机构及其他债权人不仅要求本金及时收回,而且要得到相应的报酬和收益,而收益的多少与其承担的风险相适应。同时,还需要研究企业在市场上的信誉状况、企业的发展前景,以及国家的信贷政策变动情况,这样才能保证债权人的收益性和安全性。

(三)投资者

企业的现有和潜在的投资者要根据会计报表分析报告提供的信息,了解企业的盈利能力状况,判断其投入资本是否能够保值和增值。与此同时,投资人还会关注企业的权益结构、支付能力和营运状况,从而作出是否投资和如何投资等决策。只有投资者认为企业有良好的发展前景,企业的现有投资者才会保持或者追加投资,潜在的投资者才能够被吸引投资该企业。会计报表分析报告也可以用来评价企业经营者的经营业绩,发现其在经营过程中存在的问题,从而现有投资者可通过行使股东权利为企业未来发展指明方向。

(四)政府有关部门

政府有关部门主要是指工商、财政、税务以及审计等部门。通过会计分析报告提供的信息,可以监督检查企业对国家的各项经济政策、法规、制度等执行情况,同时在保证企业会计报表及相关信息的可靠性,为国际宏观决策提供依据,期望能够带来稳定增长的财政收入。政府考核企业经营理财状况,不仅需要了解企业资金占用的使用效率、为国家纳税的情况,有效地组织和调整社会资金资源的配置,而且要借助财务会计报告分析检查企业是否存在违法违纪的问题。

(五)供应商

供应商出于保护自身利益的需要，通常关注其往来单位的财务状况，集中体现在商业信用和财务信用两方面，其中商业信用是指按时、按质完成各种交易的行为；财务信用是指能够及时清算各种款项的信誉。通过会计报表分析报告提供的信息，对企业支付能力和偿债能力进行评估，同时对企业的利润表中反映的企业交易完成情况进行分析判断来说明。

三、会计报表分析报告的类型

由于进行会计报表分析的主体不同，分析的目的也不尽相同，因此采用的会计报表分析形式不同，编写会计报表报告的类型也会有所不同，通常，会计报表分析报告的类型可以从以下几个方面进行分类。

(一)按分析的内容分类

企业根据会计报表分析的目的和需求，结合其业务的特点，在分析时，可以选择进行全面分析、简要分析和专题分析，这也就形成了相应的全面分析报告、简要分析报告和专题分析报告。不同的分析报告有其自身的特点和作用，具体内容如下。

1. 全面分析报告

全面分析报告也称系统分析报告或综合分析报告，是对某一部门或某一单位在一定时期的经济活动，根据各项主要经济指标作全面系统的分析报告。

全面分析报告具有全面性的特点。在进行全面分析时能够找出企业生产经营中存在的普遍性问题，全面分析报告能全面地总结企业在某一会计期间的取得成果和存在问题，为协调企业各部门关系，做好下一会计期间的生产经营安排提供依据。

2. 简要分析报告

简要分析报告也称会计报表分析报告，一般是围绕几个财务指标、计划指标或抓住一两个重点问题进行分析，用于分析财务指标的完成情况。观察财务活动的发展趋势，提出工作改进的建议。

简要分析报告具有简明扼要、切中要害的特点。通过分析，能反映和说明企业在分析期内业务经营基本情况、企业内累计完成各项经济指标的情况，并预测今后发展趋势。简要分析报告主要适用于定期分析，可按月、按季等进行编制。

3. 专题分析报告

专题分析报告也称单项分析报告或专项分析报告，是对某项专门问题进行深入细致的调查分析后所写的一种书面报告。如经营者对生产经营过程某个环节或某一方面存在的突出问题进行分析，投资者或债权人对自身关心的某个方面的问题进行分析等，都属于专题分析，编写的报告就是专题分析报告。

专题分析报告能够深入地揭示企业在某一方面的财务状况，为分析者提供详细的资料

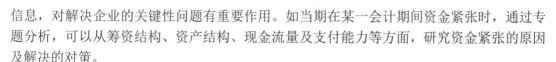

信息，对解决企业的关键性问题有重要作用。如当期在某一会计期间资金紧张时，通过专题分析，可以从筹资结构、资产结构、现金流量及支付能力等方面，研究资金紧张的原因及解决的对策。

在实际会计报表分析工作中，应将全面分析和专题分析相结合，编写分析报告，这样才能既全面又有针对性地揭示企业存在的问题，正确地评价企业的各方面状况。

(二)按分析的时间分类

1. 定期分析报告

定期分析报告，一般是由上级主管部门或企业内部制定的每隔一段相等的时间应予编制和上报的财务分析报告。如每半年、年末编制的综合分析报告就属定期分析报告。

2. 不定期分析报告

不定期分析报告，是从企业财务管理业务经营的实际需要出发。不做时间规定而编制的财务分析报告。如专题分析报告就属于不定期分析报告。

第二节　会计报表分析报告写作

一、会计报表分析报告写作的基本步骤

在分析企业会计报表时，应遵循一定的程序，它为开展财务分析工作，掌握财务分析技术指明了方向。同样企业在进行会计报表分析报告写作时也有具体的步骤，大体分为三个阶段。

(一)搜集和整理资料阶段

搜集和整理的资料是会计报表分析的基础，搜集和整理资料的完整性、及时性、可靠性直接关系到会计报表分析的正确性。在搜集和整理资料前，必须要明确会计报表分析的目的，是要评价企业经营业绩，进行投资决策，还是要制定未来企业经营决策。只有明确分析的目的，才能正确地搜集和整理资料，选择正确的分析方法，从而得出正确的结论。

在明确会计报表分析的目的后，企业可以进行相关资料的搜集和整理，一般情况下，分析人员会搜集以下几个方面的资料。

1. 会计资料

1) 会计报表

会计报表是会计报表分析的最基本形式，按会计报表的种类不同分为资产负债表、利润表、现金流量表、所有者权益变动表和会计报表附注。资产负债表分析可揭示企业的全部资产和权益的结构状况、总额变动情况等。利润表分析可揭示企业的收益状况和盈利状况，以及利润分配状况等。现金流量表分析主要揭示企业各项财务活动的现金流入量和现金流出量情况。所有者权益变动表分析主要揭示企业所有者构成和变动情况。会计报表之间是相互联系、相互制约的，因此，会计报表分析不能仅对某一报表进行孤立分析，而应

将全部会计报表结合起来分析，这样才能得出正确的结论。因此，在分析时就需要搜集和整理会计报表、账簿、凭证；与分析项目有关的历史资料，包括以前年度会计报表、账簿、历史统计台账、历史统计报表、历史文字总结、有关历史会议记录等。

根据中国证券监督管理委员会制定的信息披露法规规定，上市公司的年度报告中包括内容有：企业基本情况、会计数据和业务数据摘要、股东变动及股东情况、董事、监事、高级管理人员和员工情况、公司治理结构、股东大会情况简介、董事会报告、监事会报告、重要事项和财务报告。

2) 内部报表

内部报表是指除会计报表以外的其他与企业财务和会计活动有关的报表资料，最常用的是管理会计报表。内部报表是根据企业的生产经营特点和管理需求编制的，因此，内部报表更有利于揭示企业经营管理中存在的问题和不足，对企业的管理者尤为重要。在报表分析时，是会计报表分析的必要补充。内部报表一般很少对外公开披露，获取难度较大，但目前随着会计信息披露的范围逐渐扩大，有些内部报表会作为会计报表的附表对外公开。

在搜集会计资料时，分析人员还需要注意注册会计师审计意见与结论；企业采用的会计原则、会计政策、会计估计及其变更情况；会计报告附注中涉及的重大事项、表外资产情况、会计报表事后事项；财务情况说明书；等等。要抓住会计报告中的重要信息，为日后分析提供信息基础。

2. 审计报告

注册会计师审计报告是进行财务分析的重要信息。审计报告为财务分析人员提供了有关财务报告是否真实、可靠的对立性、权威性意见。审计报告类型按照注册会计师发表意见的不同，可分为无保留意见审计报告和非无保留意见审计报告，其中，非无保留意见审计报告包括保留意见审计报告、否定意见审计报告、无法表示意见审计报告。

审计报告是注册会计师对财务报表是否在所有重大方面按照财务报告编制基础编制并实现公允反映发表实际意见的书面文件，因此，注册会计师应当将已审计的财务报表附于审计报告之后，以便于财务报表使用者正确理解和使用审计报告。

3. 国家政策和市场信息

在进行财务分析过程中，无论是企业的经营者、投资者还是债权人，单单依靠企业会计信息是远远不够的，尤其是在我国经济飞速发展的今天，财务分析更加离不开国家政策和市场信息。涉及企业同行业的重大事件，如有关国家财经法律法规政策、技术经济标准、市场动态及变化趋势等有关文件均属于资料收集和整理的范围。这些企业宏观经济环境资料的分析对企业的会计报表分析发挥着十分重要的作用，企业财务活动的各个环节都受到宏观经济环境的影响，只有将宏观经济环境因素与企业经营活动有机结合起来，才能准确分析企业的财务状况和经营成果。宏观经济环境具体包括如下。

1) 经济周期

市场经济从来不是单向运动的，它的运行具有周期性和波动性的特征。人们对未来经济形势的预期，使得证券市场的变动一般先于经济周期的变动，由此起到"晴雨表"的作用。当经济繁荣接近顶峰时，明智的投资者意识到这一点，便开始少量抛售股票，致使股票上涨缓慢，当更多的投资者支持同样的观点时，股票市场的供求关系由平衡逐渐过渡到

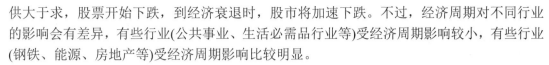

供大于求，股票开始下跌，到经济衰退时，股市将加速下跌。不过，经济周期对不同行业的影响会有差异，有些行业(公共事业、生活必需品行业等)受经济周期影响较小，有些行业(钢铁、能源、房地产等)受经济周期影响比较明显。

2) 货币政策

货币政策是指政府为了实现一定的宏观经济目标所制定的关于货币供应和货币流通组织管理的基本方针和基本准则。中央银行的货币政策对证券市场价格有非常重要的影响，从整体来说，宽松的货币政策使得证券市场价格上涨，紧缩的货币政策使得证券市场价格下跌。具体而言，中央银行主要通过利率、准备金等货币政策工具对证券市场产生影响。

从投资者角度来看，利率上升会影响投资者对金融资产的选择，较高的利率使更多的资金流入银行，从而分流股票市场的资金，使股票价格下跌。利率下降，资金流向的方向则相反。从上市公司角度来看，利率的升降使公司的融资成本相应增加或减少，进而影响盈利和股价水平。如果利率的升降伴随着金融紧缩或扩张政策，则会导致社会投资的减少或增加，影响经济增长速度，从而对股市形成长期向下的压力或向上的动力。

准备金率是中央银行调节货币供应量，影响货币市场和资本市场的资金供求，进而影响证券市场的货币政策工具。中央银行通过提高法定存款准备金率，限制商业银行创造派生存款的能力，致使货币市场供应量减少，证券市场价格下跌；反之，中央银行通过降低法定存款准备金率，增加货币市场供应量，推动证券市场价格上涨。

3) 财政政策

财政政策是指政府依据客观经济规律制定的指导财政工作和处理财政关系的一系列方针、准则和措施的总称。财政政策的手段主要包括国家预算、税收、国债、财政支出、财政补贴、转移支付等。财政政策对证券市场的影响时多方面的，其中财政收支状况和税收调节政策所产生的影响最为重要。

4) 汇率

汇率是外币市场上一国货币与他国货币相互交换的比率。汇率变化一方面会影响资本市场的外国资本流量，另一方面会影响本国企业的进出口。一般来说，如果一个国家的汇率上升，将导致外国资本流入本国，本国的证券市场将因需求旺盛而价格上涨；汇率下降，则资本流出本国，本国的证券市场因需求减少而价格下跌。汇率的高低对本国进出口贸易的影响表现在：本国汇率上升将导致更多的外币兑换本币，本国产品的竞争力下降，出口型企业受损，因而汇率上升对此类企业的证券价格将产生不利的影响；相反，进口型企业将因汇率上升、成本下降而受益，因此汇率上升对此类企业的证券价格会产生有利的影响。

4. 内部控制信息

根据财政部 2008 年颁布的《企业内部控制基本规范》，内部控制是由企业董事会、监事会、经理层和全体员工实施的，旨在实现控制目标的过程。内部控制的目标合理保证企业经营管理合法合规、资产安全、财务报告及相关信息真实完整，提高经营效率和效果，促进企业实现发展战略。继《企业内部控制基本规范》之后，财政部同五部委于 2010 年发布《企业内部控制配套指引》，并于 2012 年开始在沪深两市的主板公司内逐步推行。内部控制涉及公司的组织结构、业务环节和信息系统等方面，也是重要的财务分析信息来源。

根据《企业内部控制基本规范》的要求，企业建立与实施有效的内部控制，应当包括五个要素。

1) 内部环境

内部环境是企业实施内部控制的基础,一般包括治理结构、机构设置及权责分配、内部审计、人力资源政策、企业文化等。

2) 风险评估

风险评估是企业及时识别、系统分析经营活动中与实现内部控制目标相关的风险,合理确定风险应对策略,主要包括目标设定、风险识别、风险分析和风险应对。

3) 控制活动

控制活动是企业根据风险评估结果,采用相应的控制措施,将风险控制在可承受范围之内。主要包括不相容职务分离控制、授权审批控制、会计系统控制、财产保护控制、预算控制、运营分析控制和绩效考评控制等。

4) 信息与沟通

信息与沟通是企业及时、准确地收集、传递与内部控制相关的信息,确保信息在企业内部、企业与外部之间进行有效沟通。主要包括信息质量、沟通制度、信息系统、反舞弊机制。

5) 内部监督

内部监督是企业对内部控制建立与实施情况进行监督检查,评价内部控制的有效性,发现内部控制的缺陷,并及时加以改进,包括日常监督和专项监督。

为了评价内部控制设计和执行的有效性,企业应当在董事会或者类似机构围绕内部环境、风险评估、控制活动、信息与沟通和内部监督等要素,对内部控制设计和运行情况的有效性进行全面评价,形成内部控制评价报告。内部控制评价报告至少应当披露下列内容:董事会对内部控制报告真实性的声明;内部控制评价工作的总体情况;内部控制评价的依据;内部控制评价的范围;内部控制评价的程序和方法;内部控制缺陷及其认定情况;内部控制缺陷的整体整改情况及重大缺陷拟采取的整改措施;内部控制有效性的结论。

(二)分析阶段

分析人员在分析阶段主要进行企业战略分析和会计分析,具体分析内容如下。

1. 企业战略分析

企业战略分析是会计报表分析的导向,通过企业的战略分析,分析人员能够深入了解企业的经济状况和经济环境,从而能进行客观、正确的会计报表分析。战略分析是通过对企业所在行业或企业打算进入行业的分析,明确企业自身所处的行业地位及应采取的竞争战略。企业战略分析通常包括行业分析和企业竞争策略分析。

1) 行业分析

行业分析为企业财务分析指明方向,即通过对企业所处行业的分析,明确企业所处行业的竞争程度与地位,有利于分析者进行正确的决策。在进行行业分析时,通常采用波特五力分析模型,即行业内竞争者现在的竞争能力、潜在竞争者进入的能力、替代品的替代能力、供应商的议价能力、购买者的议价能力。以此衡量企业在同行业的竞争程度和盈利能力水平。

(1) 行业内竞争者现在的竞争能力分析。

在对企业行业竞争者现在的竞争能力分析时,一般从行业增长速度、行业集中程度以及规模经济性等方面进行分析。如在行业增长速度较快时，竞争者现有的竞争力不会过多集中在争夺市场份额上，行业竞争不会太激烈；相反，如果行业增长速度缓慢，行业竞争会加剧。如果行业集中程度高，市场份额集中在少数企业手中，行业竞争程度会较低。

(2) 潜在竞争者进入的能力分析。

当某一行业能够获取超额利润时，行业必然会面临潜在竞争者的进入。在对潜在竞争者进入的能力分析时，一般从企业的规模经济性、先进入优势以及法规政策等方面进行分析。但潜在竞争者进入新的行业需要大规模投资，如果投资规模较小达不到规模经济性，企业很难取得竞争优势，这样就加大了潜在竞争者的负担。并且行业现有企业为了防止潜在竞争者进入，在制定行业标准和规则上总会偏向于现有企业。

(3) 替代品的替代能力分析。

替代品是指那些与本行业产品具有相同或类似功能的产品，它直接关系到企业在行业中的竞争程度。消费者在选择产品时会考虑功能和价格，替代品的出现会引起价格竞争，如果替代品具有较大的盈利能力则会对本行业原有产品形成较大压力，本行业的原有产品竞争力会被削弱。通常当行业存在很多替代品时，竞争程度会加大；相反，替代品较少，则竞争性较小。

(4) 供应商的议价能力分析。

供应商的数量和重要程度直接影响供应商的议价能力。企业的供应商数量越少，可供选择的产品也会越少，供应商的议价能力就会越强。供应商对企业的重要程度主要在于其提供的产品对企业产品的重要程度，如果供应商提供的产品是企业产品的核心组成，并且替代品很少，则供应商的议价能力增强。

(5) 购买者的议价能力分析。

影响购买者议价能力的因素有很多，如产品差异、成本、质量及客户数量等因素。企业提供给购买者的产品差异程度越大，替代品的成本越高，购买者对产品的价格敏感度越低，议价能力越弱。

2) 企业竞争策略分析

企业采用不同的竞争策略，其财务状况和财务成果的反映是不同的，对财务状况和财务成果的评价标准也不尽相同。因此，企业竞争策略分析与会计报表分析密切相关。企业为了能够保持其竞争优势和高盈利水平，会选择适合自身发展的竞争策略。企业通常采用的竞争策略有低成本竞争策略和产品差异策略。

(1) 低成本竞争策略是指企业能以较低的成本提供与竞争对手相同的产品或服务。这一策略可以使企业用较低的价格与竞争对手争夺市场份额。当企业所处行业替代品威胁较小、潜在竞争者威胁较大时，企业愿意选择这一策略。企业要使其成本低于同行业其他企业成本，即取得低成本竞争优势，需要在成本方面下功夫。第一，优化企业规模，降低产品成本；第二，改善资源利用效率，降低产品成本；运用价值工程，降低产品成本；第四，提高与供应商的议价能力，降低采购成本；第五，强化管理控制，降低各项费用。

(2) 产品差异策略是指企业通过其产品的质量、独特的品牌形象与其他企业竞争，以争取在相同价格或较高价格的基础上占领各大市场份额，取得竞争优势和超额利润。企业更多的投资在研发产品和树立品牌形象上。企业选择产品差异策略，必须做好以下工作：第一，明确企业的产品或服务差异将满足哪一部分消费者的需求；第二，使企业的产品或服务差异与消费者的要求完全一致；第三，企业提供的差异产品或服务，其成本应低于消费者愿意接受的价格。而要做好这些工作，企业要在研究与开发、工程技术和市场容量等方面进行投资，同时要股利创造与革新。

传统的竞争策略分析认为，低成本竞争策略和产品差异策略是相互排斥的，处于两种策略中间的企业是危险的。实际上，这两种竞争策略并不是孤立存在的，两者相辅相成，企业在选择某一竞争策略时，不能完全忽视另一种竞争策略，即在鼓励创新追求产品差异化的过程中，不能忽视成本；在追求低成本过程中，不能忽视产品或服务的差异。

企业采取不同的竞争策略，其财务状况和经营成果反映是不同的，对财务状况和经营成果的评价标准也是不同的。因此，企业竞争策略分析与会计分析是紧密相关的。

2. 会计分析

会计分析的目的在于评价企业会计报表反映的财务状况与经营成果。在进行会计分析时，主要分析方法包括以下几种。

1) 对比分析

对比分析是对会计报表分析的基本方法，通过指标和数量的对比，进一步分析差异产生的原因。对比时可以选取不同的比较标准，主要包括：公认标准、目标标准、行业标准和历史标准等。其中，公认标准是指不同种类的企业在不同时期都会普遍适用的评价标准指标。通过与公认标准指标进行比较，可以了解企业的实际指标与社会公认的标准之间的差距，并进一步找出产生差异的原因。目标标准是指企业通过改善经营应该能够达到或实现的理想标准，如企业制订的销售计划。通过与目标标准指标进行比较，可以了解指标的完成情况，揭示产生差异的原因，提出有针对性的改进措施，以强化企业管理。

分析人员在进行行业分析时，通常会将企业某项指标与同行业标准(同行业平均水平或同行业的先进水平)进行比较，通过与行业标准比较，可以揭示该企业与先进企业之间的差距，了解该企业在同行业竞争中所处的地位。在分析时就需要搜集和整理同行业的标准指标、同行业对比企业的财务资料、有关部门对比分析所需的材料、与分析报告内容有关的计划列入国家或上级考核的经济技术指标等。这些企业外部的信息可以通过国家统计局定期公布的统计报告和统计分析、国家发改委的国民经济计划以及有关部门发布的部门信息、经济形势预测、各证券市场和资金市场有关股价、债券利息等信息获取。

企业在运用行业标准进行分析时，需要注意一些比较限制条件，主要包括：同一行业内的两个企业并不一定是可比的；一些规模较大的企业往往是跨行业经营，企业的不同经营业务可能有着不同的盈利能力和风险水平，这时用行业统一标准进行评价是不客观的；应用行业标准还受不同企业采用的不同会计政策、会计估计方法的限制，同行业企业如果采用不同的会计政策、会计估计方法，也会影响评价的准确性。

2) 比率分析

比率分析时通过计算两项相关数值的比率，来揭示企业财务活动的内在联系，分析企业某一方面的财务状况产生原因。比率分析法是财务分析最基本、最重要的方法。由于财务分析的目的不同、分析的角度不同，比率分析的形式有：第一，百分率，如流动比率为200%；第二，比率，如速动比率为1∶1；第三，如总负债是总资产的1/2。比率分析以其简单、明了、可比性强等优点在财务分析实践中被广泛应用。

债权人在分析企业长短期偿债能力时，会选择反映偿债能力的一些指标分析，如流动比率、速动比率、现金比率、资产负债率等指标；投资者在分析企业盈利能力时，会选择反映盈利能力的一些指标分析，如净资产收益率、总资产报酬率、盈利现金比率等指标；正确的选择和计算各项指标比率是正确判断与评价企业财务状况的关键。比率分析的指标通常是反映企业经济效率的指标，经济效率是企业经营管理所追求的核心目标。基于企业目标和财务目标的角度，比率分析指标通常包括盈利能力指标、营运能力指标、偿债能力指标和增长能力指标。

在比率分析中，分析时往往对比率进行各种各样的比较，比如时间序列比较、横向比较和依据一些绝对标准比较。不同的比较有着不同的评价目的和作用。标准比率是比率分析法中最常用的比较标准。标准比率的计算方法有如下三种。

(1) 算术平均法。应用算数平均法计算标准比率，就是指将若干相关企业同一比率指标相加，再除以企业数得出算数平均数。这里所说的相关企业根据分析评价范围而定，如进行行业分析比较，相关企业为同行业内企业；如进行全国性分析比较，则相关企业为国内企业；如进行国际分析比较，则相关企业为国际范围内的企业。

(2) 综合报表法。综合报表法是指将各企业报表中的构成某一比率的两个绝对数相加，然后根据两个绝对数总额计算的比率。这种方法考虑了企业规模等因素对比率指标的影响，但其代表性可能更差。

(3) 中位数法。中位数法是指将相关企业的比率按高低顺序排列；然后再划出最低和最高的各 25%，中间 50%就为中位数比率，也可将中位数再分为上中位数 25%和下中位数 25%；最后依据企业比率的位置进行评价。比率在上界的 25%，表示企业有很好的盈利能力；比率在下界的 25%，表示企业盈利能力较差；比率在中位数的 50%，说明企业有良好的盈利能力，而在上中位数表示盈利水平较高，在下中位数表示盈利能力一般。

虽然比率分析被认为是财务分析最基本、最重要的方法，但进行比率分析时必须了解它的不足：第一，比率的变动可能仅仅被解释为两个相关因素之间的变动；第二，很难综合反映比率与计算它的会计报表的联系；第三，比率给人们不保险的最终印象；第四，比率不能给人们会计报表关系的综合观点。

3) 因素分析

财务分析不仅要解释现象，而且要分析现象产生的原因。因素分析是在比率分析的基础上，把综合指标分解为各个组成要素，确定各要素对综合指标的影响程度和影响方法，为企业正确进行财务分析评价提供依据。当多种因素对分析指标产生影响时，先假定其他各因素保持不变，按顺序确定每一个因素单位变化所产生的影响。运用因素分析法进行分析时需要注意因素分解的关联性和因素替代的顺序性，不同顺序的替代会产生不同的结果。因素分析按其分析特点可分为连环替代法和差额计算法两种。

(1) 连环替代法是根据因素之间的内在依存关系，依次测定各因素变动对经济指标差异影响的一种分析方法。连环替代法是由其分析程序的特点决定的，为了正确理解连环替代法，首先应明确连环替代法的一般程序。连环替代法的程序由以下几个步骤组成：第一，确定分析指标与其影响因素之间的关系；第二，根据分析指标的报告期数值与基期数值列出两个关系式或指标体系，确定分析对象；第三，连环顺序替代，计算替代结果；第四，比较各因素的替代结果，确定各因素对分析指标的影响程度；第五，检验分析结果。连环替代法的各步骤是紧密联系的、缺一不可的，尤其是前四个步骤，其中任何一个步骤出现错误，都会出现错误结果。

连环替代法作为因素分析的主要形式，在实践中应用广泛。但是，在应用连环替代法的过程中必须注意以下几个问题。

第一，因素分解的相关性问题。所谓因素分解的相关性，是指分析指标与其影响因素之间必须真正相关，即有实际经济意义。各影响因素的变动确实能说明分析指标差异产生的原因。这就是说，经济意义上的因素分解与数学上的因素分解不同，不是在数学算式上相等就行，而要看经济意义。

第二，分析前提的假定性。所谓分析前提的假定性，是指分析某一因素对经济对经济指标差异的影响时，必须假定其他因素不变，否则就不能分清各单一因素对分析对象的影响程度。但是实际上，有些因素对经济指标的影响是共同作用的结果，如果共同影响的因素越多，那么这种假定的准确性就越差，分析结果的准确性也就会降低。因此，在因素分解时，并非分解的因素越多越好，而应根据实际情况，具体问题具体分析，尽量减少对相互影响较大的因素进行在分解，使之与分析前提的假设基本相符；否则，因素分解过细，从表面看，有利于分清原因和责任，但是在共同影响因素较多时，反而影响了分析结果的正确性。

第三，因素替代的顺序性。因素分解不仅因素确定要准确，而且因素排列顺序也不能交换。因为分析前提假定性的原因，按不同顺序计算的结果是不同的。

第四，顺序替代的连环性。所谓顺序替代的连环性，是指在确定各因素变动对分析对象的影响时，都是将某一因素替代后的结果与该因素替代前的结果对比，一环套一环。这样才既能保证各因素对分析对象影响结果的可分性，又便于检验分析结果的准确性。因为只有连环替代并确定各因素影响额，才能保证各因素对经济指标的影响之和与分析对象相等。

(2) 差额计算法是连环替代法的一种简化形式，当然也是因素分析的一种形式。差额计算法作为连环替代法的简化形式，其因素分析的原理与连环替代法是相同的。区别只在于分析程序上，差额计算法比连环替代法简单，即它可直接利用各影响因素的实际数与基期数的差额，在其他因素不变的假定条件下，计算各因素对分析指标的影响程度。或者说差额计算法是将连环替代法的第三步骤和第四步骤合并为一个步骤进行。这个步骤的基本点就是：确定各因素实际数与基期数之间的差额，并在此基础上乘以排列在该因素前面各因素的实际数和排列在该因素后面各因素的基期数，所得出的结果就是该因素变动对分析指标的影响数。

应当指出，应用连环替代法应注意的问题，在应用差额计算法时同样要注意。除此之外，还应注意的是，并非所有连环替代法都可按上述差额计算法的方式进行简化，特别是在各影响因素之间不是连乘的情况下，运用差额计算法必须慎重。

4) 趋势分析

趋势分析是会计分析的基本方法之一，是将企业各项目或指标当期实现的结果与历史数据进行比较，从而确定企业财务状况和经营成果的变化趋势和变化规律的分析，通过分析能够发现企业在经营中取得的成绩及存在的问题，并且企业可以根据各项目或指标的变动趋势对企业的未来发展进行预测。

趋势分析一般的步骤是：第一，计算趋势比率或指数。通常，指数的计算有两种方法：

一是定基指数；二是环比指数。定基指数就是指各个时期的指数都是以某一固定时期为基数来计算的。环比指数则是指各个时期的指数都是以前一期为基期来计算的。趋势分析通常采用定基指数。第二，根据指数计算结果，评价与判断企业各项指标的变化趋势及其合理性。第三，预测未来的发展趋势。根据企业以前各期的变动情况，研究其变动趋势或规律，从而可预测企业未来发展变动情况。

随着市场经济的迅速发展，市场环境的不断变化，企业经营过程中面临的不确定因素也越来越多，企业对外来发展信息的把握也越来越重要。趋势分析是根据企业以前会计期间的财务状况，结合企业现阶段所处的内部和外部的环境，作出有效的趋势判断，提前发现企业可能面临的财务风险，为决策提供依据。企业管理者通过趋势分析可以对企业的未来财务活动进行分析和判断，提高经营决策的质量，有利于企业目标的顺利实现。债权人通过趋势分析可以估计企业偿还贷款的可能性，进而决定其是否向企业发放贷款。投资者通过趋势分析可以初步判断对企业进行投资能否实现资本的保值和增值，从而获取更大的利益。

(三)评价阶段

评价阶段是在运用各种财务分析方法进行分析的基础上，将定量分析结果、定性分析判断和实际调查情况结合起来，得出财务分析结论的过程。评价阶段是财务分析的重要环节，财务结论是否正确是判断财务分析质量的唯一标准。分析人员想要得出一个正确的分析结果需要经过多次反复的验证。

会计报表分析报告是财务分析的成果，是对财务分析工作的总结。它将财务分析的基本问题、财务分析结论，以及针对问题提出的措施、建议以书面的形式展现出来，为财务分析主体及财务分析报告的使用者具体决策提供依据。因此，在编写分析报告时，应围绕报告的选题并按报告的结构进行，特别是专题分析报告是为了揭示企业在某一方面的财务状况，应将问题分析透彻，真正地解决企业的关键性问题。

二、会计报表分析报告的格式与内容

会计报表分析报告没有固定的格式和内容，分析人员根据会计报表分析的不同目的，选择不同类型的会计报表报告，不同类型的会计报表报告的格式和内容也会有所不同，如全面分析报告与专题分析报告的格式与内容就不相同。由于全面分析报告的内容较为完整、全面，下面就以全面分析报告为例大致介绍其格式与内容。

(一)摘要段

摘要段是简明概括企业基本情况，反映企业各项财务分析指标的完成情况等内容，如企业的盈利能力情况、权益状况、偿债能力状况、产品成本的升降情况等。对于一些对外报送的会计报表分析报告还应说明企业的性质、规模、主要产品、职工人数等情况，以便分析报告的使用者对企业有比较全面的了解。

(二)说明段

说明段是在全面反映企业总体财务状况的基础上，主要针对企业经营管理中取得的成绩及原因进行说明。该部分要求文字表述恰当、数据引用准确。对经济指标进行说明时可适当运用绝对数、比较数和复合指标数。特别要关注公司当前运作的重心，对重要事项要单独反映。公司在不同阶段、不同月份的工作重点有所不同，所需要的财务分析重点也不同，就需要做不同的分析报告。如公司正进行新产品的投产、市场开发，则公司各阶层需要对新产品的成本、汇款、利润数据进行分析的财务分析报告。

(三)分析段

分析段是会计报表分析报告的关键内容，对企业经营过程中存在的问题进行分析，要先抓住主要的问题，然后再分析原因。如果一个分析报告没有将企业经营过程中存在的问题弄清楚，那么分析就失去了真正的意义。在分析问题时，一般从主观因素和客观因素两个方面进行分析，找出导致问题的诱因。财务分析时可以运用一些表格、图示，突出表达分析的内容，使分析更加精细化。

(四)建议段

建议段是针对企业存在的问题，提出切实可行的意见和建议。需要注意的是，会计报表分析报告中的意见需要具体化，贴近企业的实际，不能太过于抽象。如分析出企业的资金短缺，并且筹资困难的情况，就要针对这一情况，提出减少企业闲置固定资产的意见。

会计报表分析报告的格式和内容不是固定不变的，根据分析目的和服务对象的不同，分析报告的内容侧重点有所不同，根据实际分析情况，在对企业的财务进行说明和分析后，可增加评价段对企业的经营情况、财务状况、盈利业绩，从财务角度给予公正、客观的评价和预测。评价段中可以在应用各种财务分析方法的基础上，将定量分析结果、定性分析判断及实际调查情况结合在一起，得出正确的分析结论。

三、会计报表分析报告写作的要求

分析人员编写出有效的会计报表分析报告，既需要明确分析报告的格式和内容，也需要具备一定的写作能力。这就要求在编写分析报告时能够达到突出要点、分析透彻、有理有据、能够满足报送对象的基本要求。

(一)突出要点、分析透彻

在编写会计报表分析报告时，必须要根据分析的目的和服务对象的要求，突出要点的同时兼顾一般，这就要求即使是在编写全面分析报告时，也要有主次之分，不能一概而论。在每一部分编写的过程中，都应该表明观点，指出企业在经营过程中取得的成绩和存在的问题，并抓住要点进行深入分析。

(二)有理有据、真实可靠

在编写会计报表分析报告时有理有据、客观公正，是分析报告发挥作用的关键。如果在分析报告中存在人为虚构、夸大其词等方面的内容，会使报告使用者获取虚假的信息，误导其作出错误的判断。有理有据的报告依赖于财务分析时企业基础的会计资料和战略分析资料的真实可靠，客观公正的报告就依赖于财务分析人员运用正确的分析方法，进行客观公正的评价。

(三)条理清晰、及时有效

在会计报表分析报告的写作过程中，要注意分析报告的结构的合理性和条理是否清晰。既要清晰表达又要简明扼要，不能为了清晰表达写得长篇大论，也不能为了简明扼要写得不清楚。分析报告是为使用者的决策服务的，所以时效性是十分重要的，一旦失去了时效性，会计报表分析报告就失去了作用。

本 章 小 结

本章重点介绍了会计报表分析报告的概述和写作。会计报表分析报告是以会计报表及其会计报表附注的资料为主要依据，根据计划指标、会计核算、统计资料和通过调查研究获得的相关资料，对某一部门或某一单位的财务活动状况进行分析，找出差距，指出方向，提出建议，指导企业财务会计工作的一种书面报告。本章系统阐述了会计报表分析报告的概念及分类，介绍了分析报告写作的基本步骤和要求。并以全面分析报告为例，具体地介绍了报告的格式和内容。

思 考 题

1. 会计报表分析报告的作用有哪些？
2. 会计报表分析报告写作的基本步骤有哪些？
3. 会计报表分析报告写作的要求有哪些？

第十一章

会计报表粉饰与识别

【学习目标】

通过本章学习,使学生了解会计报表粉饰的动机和常见手段,理解审计报告的分析内容,掌握会计报表粉饰的识别方法。

会计报表分析

【知识结构图】

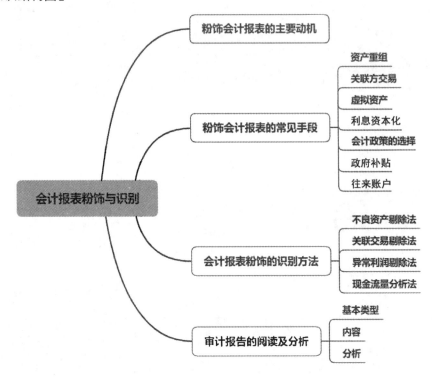

【引例】

南风化工财务报表粉饰案例

南风化工主要经营化工产品，承办境外化工工程和所需设备、材料的出口等。通过该公司 2006—2011 年财务报表数据看出，该公司坏账准备的计提在前几年保持稳定，而在 2009 年突然剧增，与上年相比增长率达 479.89%，而在 2010 年和 2011 年坏账准备的计提居高不下。所以，从报表数据中，可以预测南风化工为了调节利润掩盖了亏损，操作了坏账准备的计提，进行了报表粉饰。

企业在确认坏账时，对于那些有确凿证据表明已经无法收回的应收账款，应该予以全额计提坏账准备。许多公司会在公司需要亏损的年度，利用坏账准备计提创造巨额亏损，以此来调节利润。

(资料来源：http://www.cfi.net.cn/p20120820000193.html)

第一节 粉饰会计报表的主要动机

粉饰会计报表是指企业美化会计报表的各种活动。随着市场经济的发展，企业之间的竞争愈发激烈，处在劣势地位的企业为了不被淘汰会粉饰其会计报表。在我国企业中是一种普遍现象，如中农信倒闭、海南发展银行被接管、广东国际信托投资公司被关闭，到震惊中外的银广夏事件等。

一、为优化企业经营业绩考核

为优化企业业绩考核而进行的会计报表粉饰，是常见的动机之一。企业经营业绩的考核，不仅影响企业总体经营情况的外部评价，还影响到管理者自身的职位晋升、奖金福利等方面。在经营业绩考核时，企业一般会选取某些财务指标作为衡量企业经营业绩好坏的标准，如销售毛利率、销售净利率、资产周转率、销售计划的完成情况等指标。在进行财务指标核算时会涉及企业会计报表上的数据。

为了在企业经营业绩考核时达到或高于指标的要求，企业管理者就有可能对其会计报表进行粉饰。

二、为获取信贷资金和商业信用

企业贷款的银行和一些金融机构出于自身承担贷款风险和收益的考虑，一般不愿意贷款给亏损企业。但亏损企业更迫切需要资金来改善经营状况。企业在与供应商进行业务往来时，供应商会根据企业的经营状况和支付能力判定商业信用状况，给予一定优惠。企业为了获得银行或金融机构的贷款或其他供应商的商业信用，在经营状况较差的情况下，可能就会对其会计报表加以粉饰。

另外，银行或金融机构为了控制贷款的风险，根据企业的会计信息在贷款合同中的制定约定条款，如贷款期限、利率和一些限制条件等，甚至会对贷款企业的财务指标提出限制性要求。企业如果违反了与银行签订的贷款合同，企业将承担严重的经济后果，如银行可能提高贷款利率、要求追加抵押或质押品、提高信用担保条件、提前收回贷款等。因此，为了避免这一贷款风险，企业可能会采取会计报表粉饰手段。

三、为发行股票

我国《证券法》规定，股票发行者在以股票形式筹集资金时必须考虑并满足一定的条件，通常包括首次发行条件、增资发行条件和配股发行条件等。

(一)首次公开发行股票的条件

公司首次公开发行股票，应当具备健全且运行良好的组织机构，具有持续盈利能力，财务状况良好，三年内财务会计文件无虚假记载，无其他重大违法行为以及符合经国务院批准的国务院证券监督管理机构规定的其他条件。此外，还对发行公司的一些财务数据有具体的要求，如近三个会计年度的净利润均为正数且累计超过人民币 3 000 万元；连续三个会计年度经营活动产生的现金流量净额累计超过人民币 5 000 万元。

(二)增资发行股票的条件

上市公司向不特定对象增资发行股票时，需要符合发行股票的一般规定包括：上市公司组织机构健全、运行良好；上市公司的盈利能力具有可持续性；上市公司的财务状况良好；上市公司至今连续36个月内财务会计文件无虚假记载、不存在重大违法行为；上市公司募集资金的数额和使用符合规定；上市公司不存在严重损害投资者的合法权益和社会公共利益的违规行为。此外，在财务指标上还有相关规定，上市公司至今连续三个会计年度加权平均净资产收益率平均不低于6%，扣除非经常性损益后的净利润与扣除前的净利润相比以低者为计算依据。

(三)配股发行股票的条件

向原股东配售股份(配股)的条件，除满足发行股票一般规定的条件以外，还满足：上市公司至今连续三个会计年度的净资产收益率每年必须在10%以上。

在发行股票的一系列条件限制下，公司想要通过发行股票的方式获取资金难度加大。为了募集更多的资金，呈现良好的业绩形象，企业可能对会计报表进行粉饰。此外，股票发行价格的确定也与盈利能力有关，这都在一定程度上诱导公司人为操纵利润，粉饰其会计报表，控制公司的股票价格。

根据证监会颁布《科创板上市公司持续监督办法(试行)》规定，上市公司连续三年亏损必须暂停上市，而前后累计连续四年亏损就必须退市。这一规定给经营状况较差的上市公司带来了很大压力。暂停上市和退市对上市公司而言是巨大损失。因此，当一家上市公司连续两年出现亏损后，迫切要使公司在第三年盈利，避免被停止上市。当公司无法凭借实力经营扭亏为盈，就可能会对其会计报表进行粉饰。

四、为偷逃税款

企业在核算应纳税额时，是将会计利润调整为应纳税所得额，再乘以企业所适用的所得税率。企业为了达到偷税、漏税、减少或者推迟纳税的目的，就可能对其会计报表进行粉饰，如漏记收入、虚增费用。当然，也有的一些企业愿意虚增利润，虽然会加重企业的税务负担，但营造出企业获利能力强的假象，能使其获取投资者和债权人更大程度的利益。

五、为隐瞒违法行为

企业某些管理者在经营过程中会出现一些违法违规的行为，如挪用公款、非法交易、私设小金库等，为了隐瞒这些行为都需要通过粉饰会计信息将其"合理化"。在企业经营出现困难时，有些企业非法拆借资金或擅自改变募集资金的用途，都不会如实对外披露，就需要粉饰其会计报表。

尽管会计报表粉饰不等同于虚假会计报告，但这并不意味着会计报表粉饰没有危害。事实上，会计报表粉饰会引起会计信息的失真，具有危害性，主要表现为对投资者的危害、对企业的危害、对市场的危害、对国家及社会的危害。粉饰的会计报表在企业的经营状况和盈利能力上进行一定程度的美化，使得许多有意向的投资者不能及时准确的识别企业经营状况，从而作出错误的投资决策，严重损害投资者利益。企业的管理层在进行重大的投资决策或扩大企业规模时，一般都是根据自身的财务状况进行的，企业会计报表的真实性直接关系到企业的健康稳定发展，粉饰的会计报表导致会计信息不真实、不准确，不能及

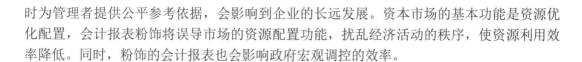

时为管理者提供公平参考依据，会影响到企业的长远发展。资本市场的基本功能是资源优化配置，会计报表粉饰将误导市场的资源配置功能，扰乱经济活动的秩序，使资源利用效率降低。同时，粉饰的会计报表也会影响政府宏观调控的效率。

第二节　粉饰会计报表的常见手段

粉饰会计报表的行为会对我国的市场经济造成多方面的危害。对于企业的投资者和债权人来说，被粉饰的会计报表会影响其准确判断，加大其投资和贷款的风险。同时，会计报表粉饰行为会导致会计信息的失真，增加了国民经济在运行过程中的不确定性，影响国民经济的运行。会计报表的使用者要想识别出粉饰行为，需要先了解常见的粉饰手段。

一、利用资产重组调节利润

资产重组是指企业资产的拥有者、控制者与企业外部的经济主体进行的，对企业资产的分布状态进行重新组合、调整、配置的过程，或对设在企业资产上的权利进行重新配置的过程。上市公司资产重组可分为五大类：收购兼并、股权转让、资产剥离、资产置换、其他。

近年来，在上市公司中，资产重组被广泛用于粉饰会计报表。如由非上市的关联股东将盈利能力较高的资产廉价出售给上市公司、用非上市公司的优质资产置换上市公司的劣质资产。以资产重组的名义达到转移利润的目的，即通过非上市的关联公司将其利润转移到上市公司，以满足增资和配股发行条件。若上市公司盈利能力较差，为了避免停止上市或退市，也可能选择这一粉饰手段提高其利润额。

二、利用关联方交易调节利润

关联方交易指在关联方之间转移资源、劳务或义务的行为，而不论是否收取价款。其中，关联方是指在企业财务和经营决策中，如果一方控制、共同控制另一方或对另一方施加重大影响，以及两方或两方以上受同一方控制、共同控制或重大影响的关联企业。《企业会计准则》中列举的关联方交易包括：购买或销售商品；购买或销售除商品以外的其他资产；提供或接受劳务；担保；租赁；代理等业务。关联方企业往往利用关联交易粉饰会计报表，人为的操纵企业的利润。

由于我国市场经济的发展还不够成熟，出台的各项规章制度还不够完善，无法跟上市场的发展速度。由于制度的不够完善，一些上市公司特别是拥有很多子公司的上市公司，在研究清楚准则后，开始打起了制度"擦边球"，在复杂的关联方交易中，粉饰会计信息以获取利益。如虚构经济业务，人为抬高上市公司业务和效益；采用大大高于或低于市场价格的方式，进行购销活动或资产置换；为了逃避税收，还会将利润从高税率企业转移到低税率的关联企业；关联方企业之间可能存在资产租赁关系，由于公允的资产租赁价格难以确定，资产租赁可能成为操纵利润的手段。

三、利用虚拟资产调节利润

虚拟资产是指已经实际发生的费用或损失，但由于企业缺乏承受能力而暂时挂列为待摊费用、递延资产、待处理流动资产损失和待处理固定资产损失等资产科目。常见的虚拟资产包括：三年以上的应收款项、待摊费用、长期待摊费用、待处理财产损失。企业利用某些虚拟资产科目，不及时确认、少摊销已经发生的费用和损失，从而造成利润虚增的假象。

雅百特于 2015 年至 2016 年 9 月通过虚构巴基斯坦旁遮普省木尔坦公交工程项目、虚构国际贸易和国内贸易等手段，累计虚增营业收入达 5.8 亿元，虚增利润约 2.6 亿元，其中 2015 年虚增利润占当期披露利润总额的 73%，2016 年前三季虚增利润占当期披露利润总额的约 20%。

四、利用利息资本化调节利润

根据《企业会计准则》规定，企业为在建工程和固定资产等长期资产而支付的利息费用，在这些长期资产投入使用前，可予以资本化，计入长期资产的成本中。当长期资产达到预定可使用状态时，应停止借款利息资本化。在实际工作中，有不少企业将已经完工投入使用的在建工程不办理竣工决算，减少费用的支出，蓄意调增利润。

天丰节能通过虚构固定资产采购和贷款利息支出资本化，2010—2011 年累计虚增固定资产和在建工程 10 316 140.12 元，占 2011 年末公司资产总额的 3.08%；2010 年至 2012 年共计虚增固定资产和在建工程 27 923 990.26 元，占公司 2012 年末资产总额的 5.83%。

五、利用会计政策的选择调节利润

利用会计政策的选择是粉饰会计报表的常用手段之一。企业的会计行为受会计准则和制度的约束，但是会计准则和制度在具有统一性和规范性特点的同时，还具有一定的灵活性，给会计人员处理业务时留有一定的判断空间，如存货的计价方式可以选择先进先出法、移动加权平均法、月末一次加权平均法等；固定资产的折旧方法可以选择平均年限法、年数总和法、双倍余额递减法等。

当投资企业对被投资企业具有共同控制或重大影响时，长期股权投资根据规定应采用权益法核算，但一些企业却违反规定采用成本法变更投资收益的核算，对利润进行操纵。企业往往通过变更固定资产折旧政策的办法调节会计利润，因为固定资产金额加大，对应计提折旧的金额较多，并且影响折旧的因素复杂，企业更容易找出变更的理由。关于减值准备等项目的计提，存在一定程度的职业判断，而这些对职业判断的依赖也为会计报表的粉饰留有空间，一些企业依靠主观判断确定某项资产是否发生减值，调节企业的利润。多种会计处理方法为企业操纵利润提供了机会，有些企业根据自身利益的需求选择会计方式，调节某一会计期间的利润，粉饰会计报表。

六、利用政府补贴调节利润

地方政府为了支持本地的经济发展,增加地方税收,有时会在企业财务困难时给予一定的补贴,当地政府会以税收减免、税收返还等税收优惠政策来支持企业的持续经营发展。一些企业凭借政府给予的优惠措施增加利润,甚至可以实现利润的扭亏为盈,因此,有些地方政府支持的企业在会计报表上呈现的盈利,实际上已经发生了亏损。

2011 年 11 月,新大地将五华县财政局应拨付其的政府补贴款 100 万元,经新大地控制使用的梅州维运新农业发展有限公司账户转款 45 万元至九州贸易,九州贸易于收款当日转出等额资金至新大地,新大地据此确认销售回款,虚增利润总额约为 2 600 万元。

七、利用往来账户调节利润

随着市场竞争的日趋激烈,为了扩大市场占有率,提高企业的竞争能力,企业会采用赊销或分析付款等方式吸引客户,这导致企业往来账户增加,一些企业就可以利用往来账户调节利润。企业粉饰会计报表常用的往来账户包括应收账款、其他应收款和其他应付款等。其中,应收账款用于企业销售业务而形成的往来款项;其他应收款和其他应付款主要用于反映除应收账款、预付账款、应付账款、预收账款以外的其他款项。有些企业为了虚增收入,虚构的交易货款根本无法收回,就会暂时计入应收账款中,然后在以后会计期间通过计提坏账准备逐步冲减。在正常情况下,其他应收款和其他应付款的期末余额不应过大。然而,许多上市公司披露的年报显示,其他应收款和其他应付款期末余额巨大,往往与应收账款、预付账款、应付账款和预收账款的余额不相上下,甚至超过这些科目的余额。之所以出现这些异常现象,主要是因为许多上市公司利用这两个科目调节利润。

一般而言,其他应收款主要用于隐藏潜亏,高估利润,而其他应付款主要用于隐瞒收入,低估利润。为此,通过分析这两个科目的明细构成项目和相应的账龄,便可发现上市公司是否利用这两个科目调节利润,粉饰会计报表。

第三节 会计报表粉饰的识别方法

一、不良资产剔除法

不良资产剔除法就是对那些不良资产在确认后应予以剔除,以正确界定公司的资产状况。不良资产既包括待摊费用、待处理流动资产净损失、待处理固定资产净损失、开办费、长期待摊费用等虚拟资产项目,又包括可能产生潜亏的资产项目,如账龄较长的应收账款、存货跌价等。

不良资产剔除法的具体应用体现在两方面:一方面可以将不良资产总额与净资产比较,如果不良资产总额接近或超过净资产,可能是企业的持续经营能力出现了问题,也可能是企业在以前会计期间因人为调节利润而导致资产虚高;另一方面可以将当期不良资产的增加额和增减幅度与当期的利润总额和利润增减幅度比较,如果不良资产的增加额及增加幅度超过利润总额的增加额及增加幅度,表明企业可能存在当期利润的虚增。

金亚科技 2014 年年度报告虚增利润总额 8 049 532.40 元。金亚科技通过虚构客户、伪造合同、伪造银行单据、伪造材料产品收发记录、隐瞒费用支出等方式虚增利润。经核实,金亚科技 2014 年年度报告合并财务报表共计虚增利润总额占当期披露的利润总额的比例为 335.14%,上述会计处理使金亚科技 2014 年年度报告利润总额由亏损变为盈利。

二、关联交易剔除法

关联交易剔除法是指将来自关联企业的营业收入和利润总额予以剔除,分析某一特定企业的盈利能力在多大程度上依赖于关联企业,以判断这一企业的盈利基础是否扎实、利润来源是否稳定。如果企业的营业收入和利润主要来源于关联企业,会计信息使用者就应当特别关注关联交易的定价政策,分析企业是否以不等价交换的方式与关联交易发生交易进行会计报表粉饰。

关联交易剔除法的延伸运用是将上市公司的会计报表与其母公司编制的合并会计报表进行对比分析。如果母公司合并会计报表的利润总额(应剔除上市公司的利润总额)远低于上市公司的利润总额,就可能意味着母公司通过关联交易将利润转移到上市公司。

三、异常利润剔除法

异常利润剔除法是指将其他业务利润、投资收益、补贴收入、营业外收入从企业的利润总额中剔除,以分析和评价企业利润来源的稳定性。当企业利用资产重组调节利润时,所产生的利润主要通过这些科目体现,此时,运用异常利润剔除法识别会计报表粉饰将是很有效的。通过分析发现某些利润发生较为异常,作为会计报表使用者应当将其从利润总额中剔除,以反映企业真实的获利能力。

一般情况下,主营业务收入增加的同时应收账款也会增加,但由于各行业的特性和竞争程度不同,导致主营业务收入增长幅度与应收账款增长幅度之间存在差异,但如果应收账款增幅惊人而收入增长幅度不明显甚至减少,则有可能是关联企业占用上市公司的巨额款项,结果是应收账款的回收期比正常往来的回收期长,甚至应收账款永远无法收回。伴随着主营业务收入的增加,应收账款或货币资金增加,同时主营业务成本和存货也必然增加,如果公司收入增幅巨大而存货增幅不明显甚至减少,则存在伪造收入和应收账款从而达到人为操纵利润的可能。

四、现金流量分析法

现金流量分析法是指将经营活动产生的现金净流量、投资活动产生的现金净流量、筹资活动产生的现金净流量分别与主营业务利润、投资收益和净利润进行比较分析,以判断企业的主营业务利润、投资收益和净利润的质量。一般而言,没有相应现金净流量的利润,其质量是不可靠的。如果企业的现金净流量长期低于净利润,将意味着与已经确认为利润相对应的资产可能属于不能转化为现金流量的虚拟资产，表明企业可能存在着粉饰会计报表的现象。

对于一个健康的正在成长的企业来说，其经营活动产生的现金流量为正数，投资活动产生的现金流量为负数，筹资活动产生的现金流量为正负相间的。通过对上市公司会计报表分析时，如果公司利润逐年大幅度提升，而现金及现金等价物净增加额却为负数，那么公司的利润变动可能是由关联方交易、资产重组等原因引起的，而不是公司真正的业绩增长。

不论企业运用会计报表粉饰的手段多么高明，总会留下"痕迹"。如果会计报表使用者在分析时发现以下情况，需要注意这些预警信号，主要包括：报表项目余额或金额变动幅度异常；收入和费用比例严重失调；报表项目的余额或金额变动主要是由一笔或几笔重大交易引起；连续几年盈利，经营活动产生的现金净流量为负数；企业高度依赖于持续不断的再融资才能持续经营；盈利能力远高于竞争对手的增长速度；企业的主要成本费用率远低于竞争对手；企业经营业绩与其所处的行业地位不相称；等等。

尔康制药最近三年的固定资产增长速度较快，从 2014 年账面价值 7.19 亿元增长到 2016 年底的 17.69 亿元，其中房屋建筑物占固定资产比例分别为 49.7%、71.01%、72.32%。2015 年和 2016 年从在建工程转入固定资产金额为 6.78 亿元和 5.55 亿元。公司固定资产占总资产比例远高于同行业公司。

第四节　审计报告的阅读及分析

审计报告中注册会计师对企业年度会计报表发表的审计意见，它是使用者判断公司中是否存在操纵利润、粉饰会计报表行为的重要依据。一般而言，对已经注册会计师审计过的会计报表，需结合审计报告的意见，重点分析会计报表粉饰状况；对未经注册会计师审计过的会计报表，除了分析会计报表粉饰状况外，还需要判断会计报表中是否存在技术性错误等。

一、审计报告的基本类型

审计报告是指注册会计师根据审计准则的规定，在实施了必要的审计程序后对被审计单位年度会计报表发表审计意见的书面文件。审计报告类型按照注册会计师发表意见的不同，可分为无保留意见审计报告和非无保留意见审计报告，其中，非无保留意见审计报告包括保留意见审计报告、否定意见审计报告、无法表示意见审计报告。

(一)无保留意见审计报告

无保留意见审计报告是指注册会计师对被审计单位的会计报表，依据中国注册会计师审计准则的要求进行审查后确认：被审计单位采用的会计处理方法遵循了会计准则及有关规定；会计报表反映的内容符合被审计单位的实际情况；会计报表内容完整，表述清楚，无重要遗漏；报表项目的分类和编制方法符合规定要求，因而对被审计单位的会计报表无保留地表示满意。无保留意见意味着注册会计师认为会计报表在所有重大方面按照适用的财务报告编制基础的规定编制并实现公允反映。

(二)非无保留意见审计报告

当注册会计师根据获取的审计证据，得出会计报表整体存在重大错报的结论时或是无法获取充分、恰当的审计证据，不能得出会计报表整体不存在重大错报的结论时，注册会计师应当在审计报告中发表非无保留意见审计报告。具体确定非无保留意见审计报告的类型情况如下。

1. 保留意见审计报告

保留意见审计报告是指注册会计师对会计报表的反映有所保留的审计意见。当存在下列情形之一时，注册会计师会出具保留意见审计报告：在获取充分、恰当的审计证据后，注册会计师认为错报单独或汇总起来对会计报表影响重大，但不具有广泛性；注册会计师无法获取充分、恰当的审计证据以作为形成审计意见的基础，但认为未发现的错报对会计报表可能产生的影响重大，但不具有广泛性。

2. 否定意见审计报告

否定意见审计报告是指与无保留意见审计报告相反，认为会计报表不能公允反映被审计单位财务状况、经营成果和现金流动情况。注册会计师在获取充足、适当的审计证据后，如果认为错报单独或汇总起来对会计报表影响重大且具有广泛性，注册会计师应当发表否定意见审计报告。

3. 无法表示意见审计报告

无法表示意见审计报告是指注册会计师说明其对被审计单位会计报表无法发表意见。注册会计师在审计过程中，如果无法获取充分、适当的审计证据以作为形成审计意见的基础，但认为未发现的错报对会计报表可能产生的影响重大且具有广泛性，注册会计师应当发表无法表示意见审计报告。

在极少数情况下，可能存在多个不确定事项。尽管注册会计师对每个独立的不确定事项获取了充分、恰当的审计证据，但由于不确定事项之间可能存在相互影响，以及可能对会计报表产生累积影响，注册会计师不可能对会计报表形成审计意见，在这种情况下，注册会计师应当发表无法表示意见审计报告。

二、审计报告的内容

审计报告应当采用书面形式。审计报告应当包括下列内容：标题；收件人；审计意见；形成审计意见的基础；管理层对会计报表的责任；注册会计师等对会计报表的责任；注册会计师的签字和盖章；报告日期。

(一)标题

审计报告的标题应当统一规范为"审计报告"。这一标题已经被社会大众接受，我国注册会计师出具审计报告时标题中没有"独立"两个字，但是注册会计师在执行会计报表

审计业务时,应当遵循独立性的要求。

(二)收件人

审计报告的收件人是指注册会计师按照业务约定书的要求致送审计报告的对象,一般是指审计业务的委托人,审计报告应载明收件人的全称。注册会计师应当与委托人在业务约定书中约定致送审计报告的对象,以防止在此问题上发生分歧或审计报告被委托人滥用。

(三)审计意见

以"审计意见"作为标题,包括以下内容:指出被审计单位的名称;说明会计报表已经审计;指出构成整套会计报表的每一财务报表的名称;提及会计报表附注,包括重要会计政策和会计估计;指明构成整套会计报表的每一会计报表的日期或涵盖的期间。如果对会计报表发表无保留意见审计报告,除非法律、法规另有规定,审计意见应当使用"我们认为,后附的财务报告在所有重大方面按照适用的企业会计准则的规定编制,公允反映了企业的财务状况和经营成果等"的措辞。如果适用的财务报告编制基础是国际财务报告准则,注册会计师应当在审计意见部分指明适用的财务报告编制基础是国际财务报告准则。

(四)形成审计意见的基础

审计报告应当包含标题为"形成审计意见的基础"的部分。该部分应当紧接在审计意见部分之后,并包括下列方面:说明注册会计师按照审计准则的规定执行了审计工作;提及审计报告中用于描述审计准则规定的注册会计师责任的部分;声明注册会计师按照与审计相关的职业道德要求独立于被审计单位,并履行了职业道德方面的其他责任。声明中应当指明适用的职业道德要求,如《中国注册会计师职业道德守则》;说明注册会计师是否相信获取的审计证据是充分、恰当的,为发表审计意见提供了基础。

(五)管理层对会计报表的责任

审计报告应当包含标题为"管理层对会计报表的责任"的部分,管理层对会计报表的责任部分应当说明管理层负责下列方面:按照适用的财务报告编制基础的规定编制会计报表,使其实现公允反映,并设计、执行和维护必要的内部控制,以使会计报表不存在由于舞弊或错误导致的重大错报;评估被审计单位的持续经营能力和使用持续经营假设是否恰当,并披露与持续经营相关的事项。对管理层评估责任的说明应当包括描述在何种情况下使用持续经营假设是恰当的。

(六)注册会计师等对会计报表的责任

审计报告应当包含标题为"注册会计师对会计报表审计的责任"的部分,注册会计师对会计报表审计的责任部分应当包括下列内容:说明注册会计师的目标是对会计报表整体是否不存在因舞弊或错误导致的重大错报获取合理保证,并出具包括审计意见的审计报表;说明合理保证是高水平的保证,但并不能保证按照审计准则执行的审计在某一重大错报存在时总能发现;说明错报可能因舞弊或错误导致,在说明时,注册会计师可以在两种做法中选取一种,其一是描述如果合理预期错报单位或汇总起来可能影响会计报表使用者依据会计报表作出的经济决策,则通常认为错报是重大的,其二是根据适用的财务报告编制基础,提供关于重要性的定义或描述。

注册会计师对会计报表审计的责任部分还应当包括:说明在按照审计准则执行审计工作的过程中,注册会计师运用职业判断,并保持职业怀疑;通过说明注册会计师的责任,对审计工作进行描述;等等。

(七)注册会计师的签字或盖章

审计报告是审计人员根据有关规范的要求,在对约定事项实施必要的实际程序后出具的,用于被审计单位会计报表发表审计意见的书面文件。审计报告是注册会计师在完成审计工作后向委托人提交的最终产品。注册会计师只有在实施审计工作的基础上才能报告。注册会计师通过对财务报表发表意见,从而履行业务约定的责任。审计报告上是需要盖章的,在审计报告尾部需要盖会计师事务所公章、两名注册会计师私章和本人签名。注册会计师在审计报告上签名并盖章,有利于明确法律责任。

《财政部关于注册会计师在审计报告上签名盖章有关问题的通知》(财会〔2001〕1035号)明确规定:"第一,会计师事务所应当建立健全全面质量控制政策与程序以及各审计项目的质量控制程序,严格按照有关规定和本通知的要求在审计报告上签名盖章。第二,审计报告应当由两名具备相关业务资格的注册会计师签名盖章并经会计师事务所盖章方为有效。其中,合伙会计师事务所出具的审计报告,应当由一名对审计项目负最终复核责任的合伙人和一名负责该项目的注册会计师签名盖章。有限责任会计师事务所出具的审计报告,应当由会计师事务所主任会计师或其授权的副主任会计师和一名负责该项目的注册会计师签名盖章。"

(八)载明会计师事务所的名称、地址及盖章

根据《中华人民共和国注册会计师法》的规定,注册会计师承办业务,由其所在的会计师事务所统一受理并与委托人签订委托合同。因此,审计报告除了应由注册会计师签名并盖章外,还应载明会计师事务所的名称和地址,并加盖会计师事务所公章。

注册会计师在审计报告中载明会计师事务所地址时,标明会计师事务所所在的城市即可。在实务中,审计报告通常载于会计师事务所统一印刷的、标有该所详细通信地址的信笺上,因此,无需在审计报告中注明详细地址。此外,根据国家工商行政管理部门的有关规定,在主管登记机关管辖区内,已登记注册的企业名称不得相同。因此在同一地区内不会出现重名的会计师事务所。

(九)报告日期

审计报告的日期不应早于注册会计师获取充分、恰当的审计证据,并在此基础上对会计报表形成审计意见的日期。在确定审计报告日时,注册会计师应当确信已获取下列两方面的审计证据:构成整套会计报表的所有内容已编制完成;被审计单位的董事会、管理层或类似机构已经认可其对会计报表负责。

三、审计报告的分析

在阅读审计报告时，首先需要判断审计报告的类型。如果注册会计师出具的是有保留意见、否定意见或是无法表示意见的审计报告，会计报表的使用者则需要考虑企业是否存在粉饰报表操纵利润的行为，应对审计报告意见段中所涉及的事项予以充分关注，从这些事项分析企业可能存在的粉饰会计报表的手段和方式，了解其对财务状况和经营成果的影响。

其次，即使注册会计师出具了无保留意见的审计报告，企业的会计报表也可能被粉饰，要保持清醒的认识。审计失败的现象也时有发生，常见原因包括被审计单位内部控制失效或高管人员逾越内部控制、注册会计师与被审计单位共同舞弊、缺乏独立性、没有保持应有的职业审慎和职业怀疑。如安达信对世界通信的审计失败。在我国，企业的管理层决定是否聘用注册会计师，会计师事务所在生存的压力下，很难保持完全的独立性。对于经常更换会计师事务所的企业，需要进一步了解企业经常更换事务所的原因，是否因为注册会计师在出具审计意见时不配合，妨碍了企业在会计报表上的操纵。

最后，会计报表使用者在分析审计报告时，还需要仔细阅读下列内容：注册会计师发表的审计意见可能不恰当，或是避重就轻、轻描淡写等；个别上市公司在对外报告时所披露的注册会计师的审计意见与实际发表的意见不一致；对注册报告说明段中的说明事项应认真阅读，因为这些事项直接反映了公司粉饰报表的方式及对会计报表数据的影响。

本 章 小 结

本章重点介绍了会计报表的粉饰与识别。粉饰会计报表是指企业美化会计报表的各种活动。对已经注册会计师审计过的会计报表，需结合审计报告的意见，重点分析会计报表的粉饰状况。企业粉饰会计报表的主要动机，包括优化企业经营业绩考核、获取信贷资金和商业信用、发行股票、偷逃税款、隐瞒违法行为。企业粉饰会计报表的主要手段包括：利用资产重组、关联方交易、虚拟资产、利息资本化、会计政策的选择、政府补贴和往来账户调节利润。审计报告是对会计报表合法性和公允性的鉴定，会计信息使用者据此判断会计报表，进行正确的决策。

思 考 题

1. 粉饰会计报表的主要动机有哪些？
2. 粉饰会计报表的常见手段有哪些？
3. 会计报表粉饰的识别方法有哪些？
4. 审计报告的内容有哪些？

参 考 文 献

[1] 张新民，钱爱民. 财务报表分析[M]. 5版. 北京：中国人民大学出版社，2019.

[2] 张先治，陈友邦. 财务分析[M]. 大连：东北财经大学出版社，2019.

[3] 池国华. 财务分析[M]. 北京：中国人民大学出版社，2021.

[4] 刘东辉. 会计报表编制与分析[M]. 北京：科学出版社，2018.

[5] 张新民. 从报表看企业——数字背后的秘密[M]. 4版. 北京：中国人民大学出版社，2021.

[6] 蔡永鸿，林丽. 财务分析[M]. 北京：高等教育出版社，2019.

[7] 王德发. 财务报表分析[M]. 北京：中国人民大学出版社，2011.

[8] 杨松涛，林小驰. 财务报表分析[M]. 北京：中国金融出版社，2015.

[9] 何韧. 财务报表分析[M]. 4版. 上海：上海财经大学出版社，2019.

[10] 刘文国. 财务报表分析[M]. 上海：上海财经大学出版社，2018.

[11] 黄世忠. 财务报表分析[M]. 北京：中国财政经济出版社，2020.

[12] 王化成，支晓强，王建英. 财务报表分析[M]. 2版. 北京：中国人民大学出版社，2018.

[13] 唐现杰，徐鹿. 财务分析[M]. 上海：上海人民出版社，2011.

[14] 中国证券监督管理委员会会计部. 上市公司执行企业会计准则案例解析[M]. 北京：中国财政经济出版社，2020.

[15] 肖星. 一本书读懂财报[M]. 杭州：浙江大学出版社，2019.

[16] 谢士杰. 读懂财务报表看透企业经营[M]. 北京：人民邮电出版社，2021.